MOUNTAINBIKE TREKS
Ammergauer Alpen und Wetterstein

Hans-Peter Wedl

Schwungvoller Aufgalopp durch das wildromantische Eschenlainetal

Inhaltsverzeichnis

Vorwort 6

Tagestouren im Estergebirge

1 Simetsberg-Umfahrung und Rechtlerhütte 14
Das Estergebirge von seinen schönsten Seiten

2 Rund um den Wank 20
Die Mountainbiker-Hochburg Esterbergalm und das wilde Finzbachtal

3 Seenrunde zwischen Kranzberg und Krüner Alm 26
Traumabfahrt mit unvergesslichem Flow und nicht geringem Suchtpotenzial

Tagestouren im Wettersteingebirge

4 Durchs Leutaschtal aufs Seefelder Plateau 36
Rund um die Große Ahrnspitze über die Wildmoosalm

5 Vom Eckbauer zum Kranzberg 42
Auf aussichtsreichen Wegen zwischen Garmisch und Mittenwald

6 Über Graseck zum Schachen 48
Auf König Ludwigs Spuren zum Schachenschloss hoch über dem Reintal

7 Auf den Osterfelderkopf 54
Sportliche Auffahrt zum Top-Aussichtspunkt der Region

8 Durchs Reintal zur Reintalangerhütte 60
Auf Trailpfaden tief hinein ins Herz des Wettersteingebirges

9 Hochthörlehütte und Eibseerunde .. 66
Genussvoller Weg im Schatten von Zugspitze und Waxenstein

Tagestouren in der Mieminger Kette

10 Seebensee und Rotmoosalm 74
Zwei Logenplätze der Extraklasse hoch über dem Gaistal

11 Wannig-Umfahrung 80
Konditionelle und fahrerische Herausforderung am Vorposten der Mieminger Kette

Tagestouren in den Ammergauer Alpen

12 Plansee-Runde mit Altenbergweg .. 88
Genusstour zwischen Garmisch und Reutte

13 Rund um den Daniel über die Tuftlalm 94
Fahrspaß am Plansee und ein Finale vis-à-vis dem Zugspitzmassiv

14 Säuling-Umfahrung und Dürrenbergalpe 100
Eine in jeder Hinsicht königliche Runde, die mit Schloss Neuschwanstein eröffnet wird

Inhaltsverzeichnis

15 Zur Kenzenhütte 106
Zum »Matterhorn der Ammergauer Alpen«

16 Durchs wilde Halblechtal 112
Mit Traileinlagen gespicktes Auf und Ab am Hohen Trauchberg

17 Königsweg zwischen Pürschling und Wieskirche 118
Ausrollen auf geschichtsträchtigen Pfaden nach einer strammen Auffahrt

18 Enningalm und Wiesgraben 124
Furioser Downhill zwischen Ruine Werdenfels und Pflegersee

19 Rund um die Notkarspitze 130
Genusstour über die Enningalm mit Traumabfahrt

20 Rund ums Ettaler Manndl 13?
Mit Bike & Hike-Option ab der Soile-Alm

Zweitagestouren

21 Durchs Estergebirge ins Karwendel 14?
Zwei kontrastreiche Tage zwischen Eschenlainetal und Karwendelhaus

22 Ins Tegestal und rund um die Mieminger Kette 156
Zweitägige Paradetour, die fahrerisch und landschaftlich kaum Wünsche offen lässt

Roadbooks zu den Touren 170
Fahrradservice 185
Register 188
Impressum 192

Besonders farbenprächtige Karwendelkulisse zwischen Mittenwald und Krün

Auf asphaltierten Radwegen ins Herz der Buckelwiesen

Vorwort

Die Region Ammergauer Alpen und Wetterstein

Nur eine Stunde Autofahrt bringen den Bergsportler von München aus an den Fuß von Deutschlands höchstem Gipfel, der Zugspitze – und damit mitten hinein in eine Region, die auch für den Mountainbiker kaum Wünsche offen lässt. Ammergauer Alpen und Wettersteingebirge treffen hier im Tal der Loisach aufeinander. Hinzu kommt das kleine, aber vor allem für Biker so lohnende Estergebirge, das die Regionen zwischen Forggensee und Walchensee komplettiert. Die schmale Kette des Mieminger Gebirges, auf Tiroler Boden gelegen und nur durch das schmale Hochtal des Gaistals vom Wettersteingebirge getrennt, drängt sich tourentechnisch auf und rundet die in diesem Buch vorgestellte Tourenregion geografisch ab. Im Zentrum stehen jedoch Ammergebirge und Wettersteingebirge, wobei jedes seine ganz eigenen Reize und Vorzüge hat. Das Wetterstein als kompakter, schwer zugänglicher »Klotz«, der es dem Biker nur gelegentlich gestattet, tiefer vorzudringen. So spielt sich hier vieles an seinen nördlichen Vorbergen ab. Lediglich die Fahrt tief hinein ins Reintal macht hier eine Ausnahme: Das Trogtal gewährt auch dem Biker hautnahes alpines Ambiente – jedoch ohne die entsprechenden Ausblicke. Die gibt es dafür quasi gleich nebenan, mit der Auffahrt zum Schachen oder gar zum Osterfelderkopf. Zwei Touren, die hoch hinaus führen und in Regionen vorstoßen, mit denen das weitläufige und zugängliche Ammergebirge nicht mithalten kann. Das waldreiche Gebirge zwischen Loisach und Forggensee glänzt vor allem durch seine Barrierefreiheit, die durch eher sanftere Hügel und lang gezogene Täler gewährt wird, die das großflächige Areal durchziehen. Dabei ist vor allem die Region um Bannwaldsee und Schloss Neuschwanstein einen mehrtägigen Aufenthalt wert. Neben dem großzügigen Tourenangebot lockt eine einzigartige Seenlandschaft mit Schloss Neuschwanstein als kulturellem Highlight. Als günstig gelegener Ausgangspunkt ist der Campingplatz am Bannwaldsee eine empfehlenswerte Adresse. Direkt am See gelegen (mit eigenem Badestrand), ist der erstklassig geführte Platz geradezu prädestiniert für erfüllte Tage im Sattel.

Tourismus der Region

Auch die Campingplätze in Grainau und Ehrwald (Camping Dr. Lauth) sind für Biker hervorragend geeignet, gleich mehrere Touren zu bündeln und lästige Anfahrtswege mit dem Auto zu minimieren, zugleich aber auch der Umwelt einen Dienst zu erweisen. Das gilt in doppeltem Maße für das Nadelöhr am Autobahnende von Eschenlohe. Die Zu- und Abfahrt ins Loisachtal ist notorisch überfüllt und zehrt vor allem zu Stoßzeiten an schönen Wochenenden nicht selten an den Nerven der Ausflügler, die zur Erholung in die Bergwelt wollen. Und so geht nicht selten ein Teil der gerade in der Bergwelt erlangten Entspan-

Vorwort

nung auch prompt schon auf der Fahrt zurück in den Alltag wieder verloren. Einmal vor Ort, kann man das Auto ruhig stehen lassen und viele der aufgeführten Touren direkt von den o. a. Ausgangspunkten in Angriff nehmen. Der Grainauer Campingplatz an der Straße zwischen Garmisch-Partenkirchen und Ehrwald ist dabei allerdings nicht gerade ein lauschiges Plätzchen, denn seine günstige Lage wird mit den Motorengeräuschen erkauft, die von der nahen Durchgangsstraße herüberdröhnen. Auch hat der Platz wohl insgesamt schon bessere Tage gesehen, und es verwundert doch ein wenig, dass ein so prominenter Tourismusort mit einem so mäßig geführten Campingplatz aufwartet. Immerhin sind alle Güter des täglichen Bedarfs bequem im gegenüberliegenden kleinen »Industriegebiet« zu bekommen – ein weiterer, nicht zu unterschätzender Standortvorteil. Das Ehrwalder Becken zwischen Ammergauer Alpen, Lechtaler Alpen, Wettersteingebirge und Mieminger Kette ist ein weiterer touristischer Hotspot der Region und gerade auch für den Mountainbiker ein 1a-Tourenrevier. Denn nur wenige Gebiete im Alpenraum gingen schon so früh und so dezidiert auf die speziellen Bedürfnisse der Mountainbiker ein und sprachen diese touristische Zielgruppe als eine der Ersten damit direkt an. Das sahen auch die Leser

Gleich ist es geschafft! Schon vor der letzten Kurve zur Tuftlalm lässt sich das atemberaubende Panorama erahnen, das die Alm für ihre Besucher bereithält.

Vorwort

des Magazins »Mountainbike« so. Denn bei den Leserumfragen zur besten österreichischen Mountainbike-Region landete die Tiroler Zugspitz-Arena sowohl 2005 als auch 2006 auf dem ersten Platz.

Wer sich einen Überblick über die so einzigartige Lage im Schnittpunkt von vier Gebirgen machen will, der sollte sich zum Seebensee oder, noch eindrücklicher, zur Tuftl-Alm aufmachen; unterwegs bieten beide Anstiege beziehungsweise Abfahrten umfassende Tiefblicke auf die von Gipfeln umkränzte Hochfläche. Außer den beiden vorgenannten können weitere in diesem Buch vorgestellten Touren von Ehrwald aus angegangen werden – auch hier lohnt bei weiterer Anreise die Überlegung, vielleicht ein Tourenpaket zu schnüren. Camping Dr. Lauth, idyllisch unterhalb der Zugspitzwände gelegen, ist ein kleiner, aber feiner und gut geführter Platz, um nach kraftraubenden »Ausritten« den Bike-Tag ausklingen zu lassen.

Von der Terrasse der Rechtlerhütte im Estergebirge sind Neuankömmlinge schon von weitem zu erkennen.

Auswahl und Zusammenstellung der Touren

20 Touren aus einem so reichhaltigen Angebot auszuwählen, ist alles andere als eine einfache Aufgabe. Jede Menge Klassiker und Standardrouten haben sich über die Jahre herauskristallisiert und fordern natürlich ihr Recht. Dazu kommen persönliche Präferenzen, der Anspruch auf eine halbwegs gerechte Verteilung von leichten, mittleren und schweren Touren, der Vorsatz, die gesamte Region zu erfassen usw. Zuletzt ist es schließlich der Faktor Zeit, der allen Spielereien ein Ende macht und einen imaginären Schlussstrich zieht. Zwei Touren, die der ein oder andere Biker erwarten würde, sind hier nicht mit dabei: der Alpenrandklassiker und die Wettersteinumfahrung. Dabei sind jedoch fast alle der einzelnen Passagen dieser Routen sehr wohl in diesem Tourenführer enthalten, nur eben aufgegangen als Abschnitte in anderen

Vorwort

Großartige Endstation: Am Seebensee angekommen lohnt es sich, die Stichstraße bis auf die letzten Meter auszukosten, bevor es retour geht.

Touren. Beide sind auf ihrer gesamten Länge hinreichend ausgeschildert (blau-gelbe Schildchen mit Namensbezeichnung) und somit zusammen mit Informationen der Tourismusämter vor Ort problemlos nachvollziehbar. Beide haben außerdem in den Augen des Autors deutliche Schwächen im Streckencharakter: Dem Alpenrandklassiker mangelt es an einem entscheidenden Argument, einem echten Ziel – denn die Route oszilliert irgendwie indifferent oberhalb von Garmisch entlang. Sie hat also vor allem eine sportliche Komponente. Die Wettersteinumfahrung hat vor allem einen wohlklingenden Namen, ist allerdings als Tagestour ein wenig verschenkt: Zu lange sitzt man im Sattel, viel zu wenig Zeit bleibt für die Schönheit der Strecke. Das gilt zumindest für den Durchschnittsfahrer, denn allein das fabelhafte Gaistal ist es wert, einen ganzen Tag dort zuzubringen.

Unter dem Strich sind 20 Tagestouren und zwei Zweitagestouren aufgenommen worden, die, so hoffe ich, die ganze Schönheit und Vielfalt der Tourenregion erschließen und dabei das fahrerische Moment nicht aus den Augen verlieren. Mal steht das eine, mal das andere im Vordergrund, und manchmal ist hoffentlich auch die Synthese gelungen.

Anforderung und Schwierigkeit der Touren

Welche Tour welchen Schwerpunkt hat und welche Anforderungen an den Biker gestellt werden, geht schnell und übersichtlich aus der jeder Tour vorangestellten Streckencharakteristik hervor. Anhand der »Sternchen-Bewertung« wird schnell klar, wohin, im wahrsten Sinne des Wortes, die Reise geht. Eine der wichtigsten Angaben bei der Tourenplanung ist sicherlich die Fahrzeit. Sie ist als reine Nettozeit anzusehen, d. h. nur wenn sich die Räder drehen, läuft auch die Uhr. Je nachdem, mit welchem Ansatz man unterwegs ist – ob rein sportlich oder mehr im Sinne einer Erlebnistour –, darf kräftig dazuaddiert werden. Wer halbwegs genussvoll unterwegs sein will, der sollte die angegebene Fahrzeit ruhig verdoppeln, um zu einer vernünftigen Aussage bezüglich der Dauer der Tour zu gelangen. Denn neben den Pausen, Fotostops und der obligatorischen Einkehr auf der Alm sind die Ablenkungen am Wegesrand oftmals mannigfaltig. Und es würde dem Charakter der Touren auch nicht gerecht werden, sie einfach nur abzustrampeln. So reizvolle und unterschiedliche Ziele wie Kloster Ettal, die Ruine Werdenfels, der Plansee (mit Schifffahrtsoption) oder Schloss

Vorwort

Alpenidyll unter der Wettersteinwand: Heidi und der Geißenpeter lassen Grüßen

Neuschwanstein liegen an oder direkt auf der Route und sind es für sich genommen schon wert, sich dafür etwas Zeit zu nehmen. Ein Paradebeispiel dafür ist auch die Tour auf den Schachen, ein Ziel, das mit dem Schachenschloss, dem Alpengarten und der wenig oberhalb liegenden Meilerhütte fast schon ein Überangebot aufweist. Wo diese Ablenkungsvielfalt besonders hoch ist, lässt sich grob aus der Erlebniswert-Bewertung herausdeuten. Hier wird auch klar, welcher Art diese sind, sei es, dass man sich auf besonders geschichtsträchtigem Boden bewegt oder dass es eher die landschaftliche Schönheit als solches ist, die der Tour ihren Stempel aufdrückt.

Anders als beispielsweise beim Bergsteigen ist die Schwierigkeitsbewertung beim Mountainbiken nicht standardisiert und bleibt folglich subjektiven Färbungen unterworfen. Deshalb sollte man zum Einstieg, um ein Gefühl für die Touren dieses Buches zu bekommen, eher etwas tiefstapeln. Denn es ist am Ende des Tages sicher angenehmer, Luft nach oben zu haben, als ständig am Limit (oder darüber) unterwegs zu sein. Die vorgestellten Touren kommen diesem Gedanken insofern entgegen, als dass alle Schwierigkeitsgrade vertreten sind. Neben den harten Kriterien »Kilometer« und »Höhenmeter« – die Kondition betreffend – ist die Fahrtechnik ausschlaggebend für die Schwierigkeitsbewertung. Mehr als die vergebene Zahl der Sternchen hilft hier die Wegbeschreibung und vor allem der Textteil zur Tour, um sich ein Bild vom Anspruch der Strecken zu machen.

Vorwort

Ausrüstung

Neben der passenden Tourenauswahl ist für einen gelungenen Tourentag noch eines ganz wichtig: die Ausrüstung. Die Frage »In welcher Höhe bewege ich mich?« ist dabei von entscheidender Bedeutung. Bei Auffahrten in alpine Regionen muss immer an entsprechende Zusatzkleidung gedacht werden, auch wenn das Wetter am Morgen noch so freundlich lächelt. Dies gilt natürlich in besonderem Maße für mehrtägige Unternehmungen. Zweiter möglicher Spielverderber am Berg: eine Panne. Wie es der Teufel will, passiert diese natürlich fernab der »Zivilisation« an den unpassendsten Orten. Und von den sonst zahlreichen Bikern, die einem an allen Ecken und Enden begegnen, ist weit und breit nichts zu sehen. So auf sich allein gestellt, sind Reserveschlauch, Flickzeug, Luftpumpe und das entsprechende Werkzeug das Mindeste, was mit auf Tour genommen werden sollte, um die gröbsten Pannen beheben zu können.

Nicht dass es einem so ergeht, wie dem Biker, den ich an einem Spätsommertag mitten im Eschenlainetal getroffen habe. Dunkle Wolken kündigten ein aufkommendes Gewitter an, und der Sportskamerad war gerade zum zweiten Mal innerhalb von wenigen Hundert Metern mit einem Plattfuß liegen geblieben, wie er niedergeschlagen zu berichten wusste. Es sollte nur ein kurzer Ausritt werden. Doch derart vom Pech verfolgt, stand ihm nun ein längerer Fußmarsch bevor – und eine Gratisdusche. Und eben wegen der anrückenden Gewitterfront und einer schon fortgeschrittenen Stunde waren selbst auf einem sonst so viel befahrenen Streckenabschnitt seit geraumer Zeit keine Biker mehr vorbeigekommen. Der Vorfall ist außerdem ein eindrucksvoller Beleg dafür, immer auch den Reifen auf Fremdkörper zu untersuchen, bevor man sich daranmacht, den Platten zu beheben – sonst ist unter Umständen die Weiterfahrt schon bald wieder beendet. Ich selbst hatte auf all den Touren relativ wenig Ärger mit technischen Defekten. Lediglich zweimal nach langen Abfahrten, am Rückweg vom Schachen und vom Osterfelderkopf, ging mir spontan die Luft aus. Schuld war jeweils ein gerissenes Ventil. Denn nach den vielen steilen Abfahrtskilometern kann der Reifen zusammen mit dem Schlauch allmählich auf der Felge verrutschen, sodass das Ventil eine Schrägstellung im Ventilloch bekommt und schließlich am Ventilschacht aufgerissen wird. Dieser Effekt ist umso stärker, je mehr Luft man vor der Abfahrt aus dem Reifen lässt. Deshalb zwischen den Abfahrten auch mal einen Blick auf das Ventil werfen und – noch wichtiger – rechtzeitig handeln. Das heißt, die Luft komplett rauslassen und Reifen und Schlauch wieder so zurechtrücken, dass das Ventil senkrecht steht. Wer wie ich denkt »Bis unten geht's schon noch«, der sieht sich nicht selten getäuscht. Und man sollte sein Glück nicht überstrapazieren – ab und an braucht man es wirklich besonders dringend. So wie ich, als gegen Ende der Runde um die Notkarspitze tatsächlich der Sattel unter dem Hintern wegbrach. Der Sattelklemmbolzen war gebrochen. Wohl schon lädiert, hatte ihm der wilde Trail durch den Bergwald von der Enningalm hinunter zur Rotmoosalm den Rest gegeben. Gott sei Dank passierte das Malheur in einem leichten Anstieg bei entsprechend niedrigem Tempo und ging dementsprechend glimpflich aus – nicht auszudenken, was auf einer rauschenden Abfahrt hätte passieren können. So waren also auf den letzten Kilometern Steherqualitäten gefragt, und in meinem Kopf kreiste die Frage, ob ich im Rahmen eines ordentlichen Checks dieses Unglück hätte verhindern können. Die Frage muss unbeantwortet bleiben; der Vorfall hat aber dafür gesorgt, dass ich seither vor jeder Tour (und nicht nur ab und an und halbherzig) die wenigen Minuten darauf verwende, die notwendig sind, um sicherheitsrelevante Teile zu überprüfen.

Diese Erkenntnis und viele wunderbare Tage im Sattel habe ich der Arbeit an diesem Tourenführer zu verdanken, und ich hoffe, dass dieses Buch seinen Teil dazu beiträgt, dem Leser Lust auf diese so facettenreiche Region zu machen und dem Mountainbiker erfüllte Tage in den Ammergauer Alpen und dem Wettersteingebirge zu bescheren.

Ihr
Hans-Peter Wedl

Tagestouren im Estergebirge

Hoch über dem Finzbach leitet die sonnige Forststraßenauffahrt hinauf zur Esterbergalm.

1 Simetsberg-Umfahrung und Rechtlerhütte

Das Estergebirge von seinen schönsten Seiten

3	★★★★★	31,1 km	3 Std. bis Rechtlerhütte	1070 m
Schwierigkeit	Erlebniswert	Länge	Zeit	Höhendifferenz

TOURENCHARAKTER

AUSGANGSPUNKT/ENDPUNKT
Eschenlohe, Wanderparkplatz oberhalb Tonihof an der Asamklamm

ANFAHRT
Bahn/Auto: Eschenlohe

KONDITION ★★★☆☆

FAHRTECHNIK ★★☆☆☆

Im Trail: ★★★★☆

ERLEBNISWERT

Fahrspaß: ★★★☆☆

Landschaft: ★★★★☆

KULTUR UND GESCHICHTE
★★☆☆☆

EINKEHRMÖGLICHKEITEN
Rechtlerhütte, im Sommer geöffnet
Tonihof am Ausgangs-/Endpunkt, Tel. 08824/929 30

STRECKENPROFIL
Gesamtstrecke: 31,1 km
(Asphalt: 0,5 km; Schotter: 28,5 km; Trail: 2,1 km)

HÖCHSTER PUNKT
Rechtlerhütte, 1623 m, bzw.
Hohe Kisten, 1922 m (Bike & Hike)

NIEDRIGSTER PUNKT
Parkplatz Eschenlohe 700 m

TOURIST-INFO
Eschenlohe, Tel. 08824/82 28

LANDKARTEN
Kompass Karte Nr. 5, 1:50 000
Wettersteingebirge/Zugspitzgebiet

GPS-TRACK
Tour 01 – Simetsberg.GPX

Landschaftlich großartige Rundtour mit einem längeren Singletrail-Abschnitt. Der Abstecher zur Rechtlerhütte auf 1623 Meter erschließt dem Biker eine tolle Aussicht und die Möglichkeit, ohne großen Aufwand die höchsten Gipfel des Estergebirges im Bike & Hike-Stil zu erobern.

Die Radauffahrt hinauf in den Gipfelbereich von Krottenkopf und Hohe Kisten ist zu Recht eine der beliebtesten Touren im Estergebirge. Wer ganz hoch hinaus will, kommt hinauf auf über 1700 Meter – erst hier endet die befahrbare Forststraße. Die meisten Biker lassen es aber mit der Rechtlerhütte auf 1623 Metern gut sein. Beim finalen Schinder sind zwar nur knapp 100 Höhenmeter zu knacken, die sind jedoch deutlich steiler und auch fahrtechnisch deutlich anspruchsvoller im Vergleich zur Forststraße, die bis dahin ganz ohne Macken ist. In der einzigen Kehre zwischen dem Ende des Fahrwegs (Diensthütte) und der Rechtlerhütte zweigt auch der Steig ab hinauf zur Hohen Kisten und hinüber zur Krottenkopfhütte sowie zum Krottenkopf. Ein verlockendes Gipfelangebot, das kaum einer ausschlägt, da es von dort aus nur mehr 200 Höhenmeter zum Gipfelkreuz der Hohen Kisten auf 1922 Meter sind. Und ist die Aussicht von der Rechtlerhütte schon eine der beeindruckendsten der Region, so gibt es am Gipfel logischerweise noch eine Draufgabe: Jetzt ist nicht mehr nur der Blick nach Osten frei, sondern auch vorbei am Simetsberg hinüber zum Walchensee mit Herzogstand und Heimgarten. Tief unten im Loisachtal liegt die Ortschaft Eschenlohe, dem 1000 Meter tiefer gelegenen Ausgangspunkt, wo der schweißtreibende Aufstieg seinen Anfang nahm.

Eine Abfahrt durch wildes Terrain, gepaart mit Kick und Nervenkitzel

Wer nur eine einfache sportliche Trainingseinheit absolvieren will, der rollt – hat er sich erst einmal von dem über zwölf Kilometer langen Ritt erholt – gemütlich auf der schön geebneten Kiespiste auf demselben Wege wieder zurück zum Ausgangspunkt. Wer jedoch das Bikeabenteuer sucht, der sticht nach wenigen Kilometern Abfahrt rechts weiter hinab auf einem groben Schotterweg Richtung Wildsee. Nach wilder, holpriger Abfahrt (ein völlig neues Gefühl nach endlosen braven Forststraßenkilometern) wird bald eine flache Rechtskurve erreicht, wo ein Singletrail beginnt. Zuvor sollte man sich aber in jedem Fall noch einen Abstecher zum nahe gelegenen Wildsee gönnen, wo ein überaus idyllischer Rastplatz lockt. Aufmerksamen Bikern mag dieser schon bei der Auffahrt ins Auge gefallen sein. Zurück auf dem Trail ist es endgültig vorbei mit der Gemütlichkeit, denn was mit einem sanften Feldweg

| 31,1 km | 1070 Hm | Tagestour |

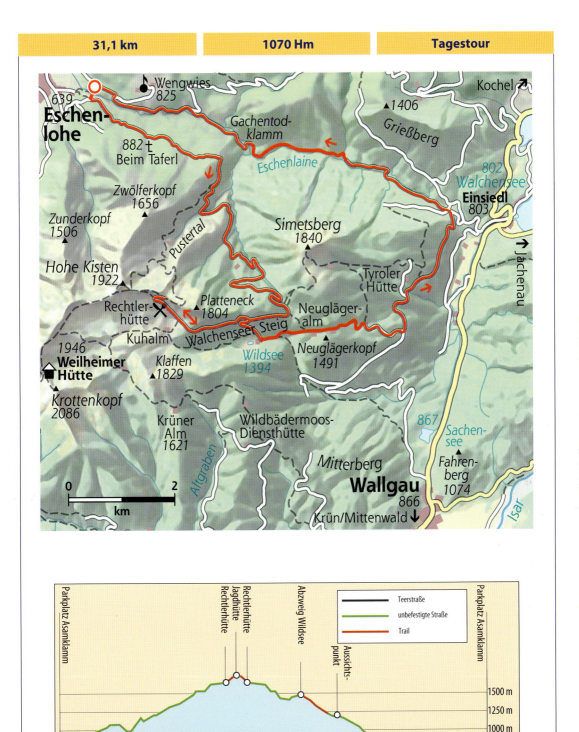

Tagestouren im Estergebirge

Wetterscheide Estergebirge: Während von Westen her aus dem Loisachtal schon Wolken heraufziehen, ist die flache Ostabdachung noch wolkenfrei. In der linken oberen Bildecke ist die Krottenhütte zu erkennen.

Zum Greifen nahe: Das Gipfelkreuz der Hohen Kisten ist von der Rechtlerhütte nur 200 Hm entfernt.

beginnt, entpuppt sich schon bald als ein Pfad, der über Stock und Stein in den Wald hineinführt. Es folgen Bergab- und Bergaufpassagen, und zumindest letztere heben mit ihrem Steig-Charakter so ziemlich jeden aus dem Sattel. Und nur wenn es längere Zeit nicht geregnet hat, dann kommen die Biker auch schadlos und trocken wieder aus dieser Spezialnummer raus. Wobei für manch einen ein Trail sowieso nur dann ein guter ist, wenn hinterher Spuren zu sehen sind, insbesondere auf den Klamotten – vom Dreck geadelt, sozusagen! Mit Erreichen der halb verfallenen Neuglägeralm ist der anspruchsvollste Teil des Trails (insgesamt 2 km, etwas mühsam) dann auch schon fast geschafft, und es geht ein letztes Mal für diesen Tag bergauf, bevor endgültig Downhill-Fahrkünste gefragt sind.

Simetsberg-Umfahrung und Rechtlerhütte

Sicher werden bei dem steilen, mit Felsrippen durchsetzten Geläuf die meisten Biker vorsichtshalber noch des Öfteren aus dem Sattel gehen, doch schon nach wenigen Spitzkehren verwandelt sich der Trail fast unmerklich in einen steilen Holzwirtschaftsweg, der zwar ein wenig verwahrlost, aber dafür weniger schwierig ist und talwärts Meter für Meter an Qualität gewinnt. Bald schon ist unbeschwertes Dahinrollen auf konventionellen Forststraßen angesagt, was bis hinunter ins Eschenlainetal für Spaß an der Freude sorgt.

Pause: Eintauchen ins kühle Nass

Wer noch einmal einen Blick auf den Walchensee erhaschen will, der sollte den aussichtsreichen Rastplatz mit Ruhebank auf 1200 Metern ansteuern, denn die restliche Abfahrt geht durch den Wald. Der Trail ist gesäumt von hohen Fichten, die optischen Genüssen leider im Wege stehen. Ganz anders hingegen verhält es sich auf dem Rückweg durch das wildromantische Eschenlainetal. Auf den letzten acht Kilometern lädt hier und da ein »nettes Plätzchen« zum Verweilen oder zu einem kurzen Badespaß ein, und wer oben gebummelt hat, der wird sich vornehmen, beim nächsten Mal etwas mehr Zeit für diesen letzten Abschnitt der Tour einzuplanen. Eine kurze und rasante Teerabfahrt zurück zum Parkplatz beschließt die Runde da, wo alles begann, nämlich nahe der Asamklamm, und die Gedanken wandern noch einmal zurück zum spektakulären Auftakt der Tour: das Rad auf der Schulter, der Balance-Akt über die schmale Fußgängerbrücke und tief unten die Eschenlaine, die sich immerfort tosend ihren Weg durch die Klamm bahnt.

Hitzeschlacht im Estergebirge: Bei hochsommerlichen Temperaturen auf über 1500 m darf's auch mal der »Tropenhut« sein.

Routenbeschreibung

Feucht-fröhliches Intermezzo: Furt-Durchfahrung im Eschenlainetal

Start der Tour

Ausgangspunkt: Parkplatz an der Asamklamm. Von dort führt der Trail rechtwinklig von der Teerstraße ab zur Asamklamm (ausgeschildert), 200 m quer über die Wiese und in den Wald zu den Stufen; diese runter und über die Brücke der Asamklamm, dann drüben die wenigen paar Stufen wieder hoch.

Route

GPS-Wegpunkt 1 – 0,3 km – 707 m: Dem kurzen Trail links hoch zur Forststraße folgen. **GPS-Wegpunkt 2 – 0,4 km – 719 m:** Traileinmündung in die Forststraße, dieser nach links bergan folgen. Bis zum Brandeck versteckt sich die Forststraße hinter hohen Bäumen, erst mit der kurzen Zwischenabfahrt hinein ins Pustertal und dem anschließenden Wiederanstieg öffnet sich die Landschaft dem Biker ein wenig. Spektakulär wird es mit der Umfahrung des Pustertaleck, wenn sich die Straße ganz nahe an die Bachschluchten der Kessellaine herantraut. **GPS-Wegpunkt 3 – 5,5 km – 1127 m:** Der Forststraße links über eine Brücke folgen. **GPS-Wegpunkt 4 – 7 km – 1159 m:** Erneut links über eine Brücke und in die Serpentinen, die um die Kesselköpfe herumführen. Der Blick zurück geht über das Eschenlainetal hinweg bis hinüber zum Heimgarten. **GPS-Wegpunkt 5 – 10,5 km – 1522 m:** Von der Forststraße zweigt links die Karrenweg-Abfahrt zum Wildsee ab, zunächst aber geht es weiter auf der Forststraße bergauf. Der Bergwald tritt immer mehr in den Hintergrund, und kurz blinken links unten die Wasser des Wildsees auf, bevor sich dem Biker mit Überfahren einer Kuppe die ganze Pracht des Hochplateaus zwischen Krottenkopf und Hoher Kisten präsentiert. **GPS-Wegpunkt 6 – 12,3 km – 1647 m:** Rechtlerhütte. Bilderbuchlage mit Blick weit hinaus gen Osten; der Weg hinauf zur Hohen Kisten scheint nunmehr ein Katzensprung zu sein. Unterhalb der Hütte im Almengrund etwas abseits der Forststraße liegt die Kuhalm. Doch noch ist für den Biker nicht Schluss: An der Hütte vorbei geht es weiter in den schwierigen und ruppigen Karrenweg, der hinauf zum Ende des Weges führt. **GPS-Wegpunkt 7 – 13,1 km – 1723 m:** Die Jagdhütte am Ende der Fahrstraße ist erreicht. Ab hier wieder zurück entlang der Auffahrt. **GPS-Wegpunkt 8 – 13,3 km – 1700 m:** Hier zweigt in der einzigen Kehre zwischen den beiden Hütten der Steig Richtung Hohe Kisten und Krottenkopfhütte ab (Bike & Hike-Variante). Das bedeutet nur wenig mehr als 30 Min., und die Rundumsicht ist perfekt. Ansonsten in die Abfahrt die Straße entlang bis zum nächsten Wegpunkt. **GPS-Wegpunkt 9 – 15,6 km – 1522 m:** Rechts ab von der Forststraße in den steilen, von grobem Schotter geprägten Karrenweg Richtung Wildsee. **GPS-Wegpunkt 10 – 16,4 km – 1344 m:** Der Karrenweg geht in eine flache Rechtskurve; hier links ab auf den undeutlichen Singletrail. Die Forststraße erreicht kurz darauf die Diensthütte und anschließend den Wildsee, bevor sie sich unweit hinter dem See in einen Steig verliert. Der Abstecher zum idyllisch gelegenen See inmitten einer kleinen, moosigen Lichtung kostet nur wenige Minuten und sollte nicht vergessen werden. **GPS-Wegpunkt 11 – 16,6 km – 1421 m:** An der Steig-Verzweigung schräg links in den Wald einfahren und auf den Weg 473 (der Abzweig rechts führt Richtung Wallgau). Der Neugläger-Trail ist für den Normalbiker ein Mix aus fahren, schieben und tragen; meist in wechselvollem Auf und Ab durch den Bergwald. **GPS-Wegpunkt 12 – 17,4 km – 1437 m:** Mit Erreichen der halb verfallenen Neuglägeralm auf der winzigen Lichtung ist der anstrengendste Teil geschafft. Jetzt folgt nur mehr ein kleiner letzter Aufschwung, und es geht in eine rustikale Abfahrt, die mit jedem Meter bergab mehr an Qualität gewinnt. **GPS-Wegpunkt 13 – 18,1 km – 1422 m:** Der felsdurchsetzte Singletrail mündet in einen verwahrlos-

Simetsberg-Umfahrung und Rechtlerhütte

ten Holzwirtschaftsweg, diesem links abwärts folgen. **GPS-Wegpunkt 14 – 18,3 km – 1414 m:** Der Forststraße rechts bergab folgen. **GPS-Wegpunkt 15 – 18,7 km – 1385 m:** Einmündung in die von links oben vom Simetsberg kommende Forststraße an einem Holzlagerplatz. Der Straße nach rechts bergab folgen, Weg 470. **GPS-Wegpunkt 16 – 19,7 km – 1210 m:** Bei der Einmündung in die Forststraße am Aussichtspunkt links talwärts abbiegen und dem Wegverlauf in die Forststraßenabfahrt folgen, Weg 474. Direkt nach dem Aussichtspunkt bietet sich noch die eine oder andere Gelegenheit, zwischen dem Spalier aus Bäumen einen kurzen Blick auf den Walchensee zu erhaschen, dann ist der Vorhang endgültig zugezogen. **GPS-Wegpunkt 17 – 20,7 km – 1165 m:** Linksabzweig ignorieren und weiter geradeaus talwärts fahren. **GPS-Wegpunkt 18 – 23 km – 920 m:** Große Forststraßenkreuzung am Holzlagerplatz, nach zuletzt einem weiteren Linksabzweig kurz vorher. Das Eschenlainetal ist erreicht. Hier nach links Richtung Eschenlohe wenden. Ab hier immer der dominierenden Forststraße durch das Eschenlainetal Richtung Eschenlohe (Weg 475, ausgeschildert!) folgen. Die Furt bei km 25,4 durch Grieß- bzw. Erzlaine ist an heißen Tagen gleich ein doppeltes Vergnügen. **GPS-Wegpunkt 19 – 27,4 km – 903 m:** Geradeaus über die Holzbrücke am kleinen Stausee und in einen letzten kleinen Zwischenanstieg auf der anderen Seite der Eschenlaine. **GPS-Wegpunkt 20 – 28,7 km – 868 m:** Nach der Überquerung der neuen und unansehnlichen Betonbrücke dem Verlauf der Forststraße weiter folgen. **GPS-Wegpunkt 21 – 29 km – 850 m:** Den Rechtsabzweig (zum Heimgarten) ignorieren und weiter dem Verlauf der Forststraße folgen. **GPS-Wegpunkt 22 – 30,6 km – 793 m:** Die Forststraße mündet in die Teerstraße; dieser bergab nach links folgen.
Endpunkt 31,1 km – 700 m: Parkplatz am Feldweg zur Klamm.

Gern genommen: das verlockende Bike & Hike-Angebot am Krottenkopf

Vom Gipfel der Hohen Kisten reicht der Blick weit hinein ins Karwendel. Unten in der Bildmitte die Rechtlerhütte

2 Rund um den Wank

Die Mountainbiker-Hochburg Esterbergalm und das wilde Finzbachtal

3	★★★★☆	🚵 35 km	🕐 4 Std.	⛰ 1190 m
Schwierigkeit	Erlebniswert	Länge	Zeit	Höhendifferenz

TOURENCHARAKTER

AUSGANGSPUNKT/ENDPUNKT
Parkplatz der Talstation Wankbahn

ANFAHRT
Bahn/Auto: Garmisch

KONDITION ●●●○○

FAHRTECHNIK ●●●○○

ERLEBNISWERT

Fahrspaß: ●●●○○

Landschaft: ●●●●○

KULTUR UND GESCHICHTE
●●●●○

EINKEHRMÖGLICHKEITEN

Esterbergalm, Tel. 08821/32 77;
Mitte Dezember–Ende Oktober
Finzalm, im Sommer teilweise
bewirtschaftet
Gschwandtnerbauer, Tel. 08821/21 39;
Mitte Dezember–Ende Oktober
Pfeifferalm, Tel. 08821/27 20;
Mitte Dezember–Mitte November

STRECKENPROFIL
Gesamtstrecke: 34 km
(Asphalt: 2,8 km;
Schotter: 29,4 km;
Trail: 1,8 km)

HÖCHSTER PUNKT
Esterbergalm, 1264 m

NIEDRIGSTER PUNKT
Brünnhäuslweg, 730 m

TOURIST-INFO
Garmisch-Partenkirchen,
Tel. 08821/18 07 00

LANDKARTEN
Kompass Karte Nr. 5, 1:50 000
Wettersteingebirge/Zugspitzgebiet

GPS-TRACK
Tour 02 – Wank.GPX

Landschaftlich vielseitige Durchquerung des Estergebirges mit zwei gänzlich unterschiedlichen Singletrail-Abschnitten und aussichtsreichen Höhenwegen über Partenkirchen. Der stramme Aufstieg zur Esterbergalm sorgt für die entsprechende sportliche Würze.

Die Bike-Region Garmisch geizt wahrlich nicht mit Strecken, wo es schon von Anfang an zur Sache geht. Die routentechnisch so wichtigen Berganstiege zur Partnachalm, nach Graseck oder gar über Wamberg hinauf zum Eckbauer sind allesamt alles andere als ein gemütlicher Toureneinstieg. Auch die Auffahrt zur Esterbergalm reiht sich in diese Kategorie mit ein. Hier kommt der Kreislauf gleich zu Beginn ordentlich in Schwung, wenn auch nicht gar so unvermittelt wie bei den zuvor genannten. Ein kurzes Warm-up sei dem Mountainbiker gegönnt, denn erst knapp unterhalb der Daxkapelle geht es dann in die Vollen. Wer das weiß, der nimmt sich vielleicht auch gern noch ein wenig Zeit, nahe der Kapelle vom Rad zu steigen und einen letzten Blick auf Garmisch-Partenkirchen und die Gipfel des Wettersteingebirges zu werfen, bevor sich der Weg in nordwestlicher Richtung an den Hängen des Wank emporzieht und mitten hinein ins Estergebirge führt. Doch bevor der 1279 Meter hoch gelegene Scheitelpunkt auf der Fahrt zur Esterbergalm erreicht ist, wird die herausfordernde Bergstraße zum Prüfstein für den Ehrgeiz und die Steigungshärte der Gipfelstürmer. In den extremsten Passagen (Steigungsprozente in den hohen Zwanzigern) ist sie mit einem arg ramponierten Teerbelag versehen, der sich mehr und mehr mit losem Geröll vermischt. All das zusammengenommen ergibt einen Muskel strapazierenden Mix, der nicht nur Kraft und Kondition, sondern auch fahrerisches Geschick fordert, will man sich nicht die Blöße geben und sein Bike schieben.

Treffpunkt Esterbergalm

Hier wartet schon die nächste Talabfahrt für alle, die auf abwechslungsreiche Parcours mit Fun-Faktor stehen. Vorbei an den Steigabzweigen hinauf zum Hohen Fricken und zum Wank geht es dann mit immer noch leicht gerötetem Kopf flach hinunter und quer durch schottriges Geläuf auf die Esterbergalm, die mitten auf der weiten Almwiese steht. Schon von Weitem blitzen die Bergradl, eins neben dem anderen, was von der Popularität des Ortes bei den Mountainbike-Freaks zeugt. An sonnigen Tagen, so scheint es, ist die Alm erste Anlaufadresse im gesamten Estergebirge, denn auch die zahlreichen Wanderer legen hier eine erste Rast ein. Viele von ihnen sind aber mit der Wankbahn heraufgekommen. Hier findet sich praktisch immer

| 35 km | 1190 Hm | Tagestour |

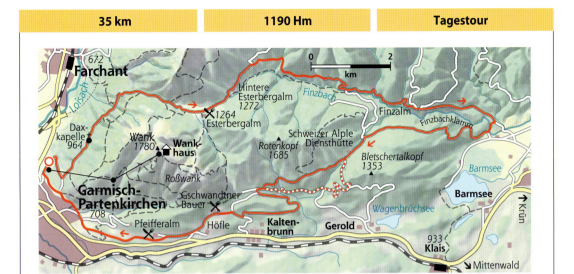

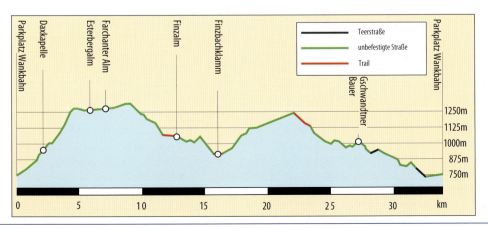

Rund um den Wank

Der Holzsteg über den wilden Angerlgraben sorgt für zusätzliche fahrerische Abwechslung auf dem Finzalm-Trail.

Finzbach die Marschroute an. Die lange Finzbachtalabfahrt erfreut sich dabei einer Auflockerung durch eine kleine, aber feine Traileinlage: Die stimulierende Steigpassage führt hinab zum Angerlgraben, über dessen breites, kiesiges Bachbett sich eine schmale Holzbrücke spannt. Zuletzt geht es direkt am Bachbett entlang in sanftem Gleittempo zur Finzalm, wo die monotone Forststraße dem Trailvergnügen einen Schlusspunkt setzt. So mancher Biker soll an dieser Stelle schon mit dem Gedanken gespielt haben, noch einmal kehrtzumachen, um sich den allzu kurzen Spaß-Abschnitt ein zweites Mal zu geben.

Bergauf- und Bergab-Passagen mit fantastischen Ausblicken

Sehnsüchtig gehen die Blicke dann auch von dem kleinen Aussichtspunkt, der kurz darauf passiert wird, zurück zur romantisch im Wiesengrund gelegenen Finzalm und dem Finzbach, der diese so friedlich in einem Bogen umfließt, bevor er sich in wildem Getöse durch eine Klamm vom Biker verabschiedet. Ein Wiedersehen gibt es am Ende der Abfahrt hinunter Richtung Krün, wo der Finzbach am Ende der Klamm überquert wird und der forststraßenmäßige Wiederaufstieg zum Schweizer Alple beginnt. Dort oben heißt es bald noch einmal vollste Konzentration für den harten Downhill über grobes Gestein. Die Talfahrt führt teils steil am Fels entlang und erinnert durchwegs an das Befahren eines ausgetrockneten Bachbettes. Zu-

eine Gelegenheit, sich über die letzten Touren auszutauschen oder neue Bike-Bekanntschaften zu machen. Mit jedem Meter hin zur Hinteren Esterbergalm über freies Weidegelände verliert sich aber auch schon bald der ganze Trubel, und hat der Biker erst das letzte Weidegatter hinter sich geschlossen, dann gibt der tief unten im Talgrund sich schlängelnde

An der Daxkapelle: Logischer Stopp, bevor es so richtig steil wird.

Die Mountainbiker-Hochburg Esterbergalm und das wilde Finzbachtal

rück auf bravem Kiesuntergrund führt die Tour an den südlichen Rand des Estergebirges, vorbei am Gschwandtnerbauer-Einödhof mit tollen Ausblicken, und erreicht in Schlattan erstmals wieder bebautes Gebiet. Der Rest ist pures Vergnügen, geht es doch auf gekiesten Panoramawegen (langsam fahren und auf Spaziergänger achten!) zumeist leicht bergab oberhalb von Partenkirchen um den Wank herum und zuletzt auf dem Philosophenweg, vorbei am König-Ludwig-Denkmal, zur Talstation der Wankbahn.

Variante:
Vor Beginn der Trailpassage kann die Tour abgekürzt werden. Dafür direkt über den Bauerngraben und die Schweizer-Alpe-Diensthütte Richtung Gschwandtnerbauer fahren. Kurz vor dem Hof vereinigen sich die beiden Routen wieder. Das nimmt der Tour allerdings die kurze, aber beschwingte Traileinlage und den Abstecher zur Finzbachklamm. Dafür entfallen die Kilo- und Höhenmeter, die für die Abfahrt zur Finzbachklamm und den Wiederaufstieg zum Schweizer Alple notwendig sind.

Das Herz des Wettersteingebirges präsentiert sich an einem strahlenden Herbsttag in seiner ganzen Pracht: Zugspitze, Alpspitze und Hochblassen (v. r. n. l.).

Routenbeschreibung

Beliebter Treffpunkt für Wanderer und Mountainbiker: die Esterbergalm

Start der Tour
Ausgangspunkt: Parkplatz an der Wankbahn-Talstation auf 750 m. Von hier auf der Teerstraße hoch am Kletterwald vorbei bis zu dessen Eingang. Hier endet nach 800 m die Teerstraße, Weg 413.

Route
GPS-Wegpunkt 1 – 1,2 km – 840 m: Die schmale Teerstraße führt weiter den Berg hoch. Links ab führt der Messnerweg hinauf zum Wank; diesen ignorieren und weiter geradeaus. Vor der Daxkapelle steilt der Versorgungsweg erstmals deutlich auf. Im Steilstück werden bis zu 22 % Steigung erreicht. In diesen Abschnitten ist der Weg mit einer stark in Mitleidenschaft gezogenen, aber trotzdem hilfreichen Teerschicht überzogen. GPS-Wegpunkt 2 – 2,1 km – 947 m: Die Daxkapelle mit Brunnen und weiterem Abzweig rechts hoch zum Wank ist erreicht: gute Gelegenheit für einen ersten Zwischenstopp mit Blick über Garmisch. Ab hier weiter der Forststraße bergan folgen. Nach 3,5 km wird es erneut steiler, bis eine finale, extrem steile S-Kurve endlich zum Scheitelpunkt führt. GPS-Wegpunkt 3 – 4,9 km – 1275 m: In der anschließenden Flachpassage folgen die Steigabzweige rechts hoch zum Wank, 100 m danach links ab der Steig zum Hohen Fricken. Weiter der Straße geradeaus zur Esterbergalm folgen. GPS-Wegpunkt 4 – 5,9 km – 1264 m: Esterbergalm. Der wohl bestfrequentierte Stützpunkt im Estergebirge liegt mitten in einem Hochtal und ist fast das gesamte Jahr über bewirtschaftet. An der Alm vorbei führt der Weiterweg über Almengrund entlang der Forststraße durch diverse Weidegatter hindurch und erst flach, später leicht ansteigend zur Farchanter Alm, wo es im Vergleich zur Esterbergalm deutlich ruhiger ist. GPS-Wegpunkt 5 – 7,1 km – 1270 m: Die Farchanter Alm oder Hintere Esterbergalm, wie sie manchmal auch genannt wird, ist erreicht. GPS-Wegpunkt 6 – 7,8 km – 1288 m: Kurz nach einem Brunnen am Wegesrand führt links der Fußweg hinauf zur Krottenkopfhütte (Weilheimer Hütte). Der Forstweg 452 führt oberhalb des Finzbachs an den Hängen entlang zuletzt noch schwach ansteigend weiter in die Abfahrt hinunter in den Bauerngraben. GPS-Wegpunkt 7 – 11,3 km – 1071 m: Forststraßenverzweigung: Nicht der Forststraße über die Brücke Richtung Bauerngraben folgen, sondern links am Finzbach entlang Richtung Finzalm. Der Finzbachtrail beginnt mit dem Weidegatter, Weg 452. GPS-Wegpunkt 8 – 12,7 km – 1077 m: Ende des Trails an der idyllisch am Finzbach gelegenen Finzalm. Die Alm ist nur sporadisch bewirtschaftet, in jedem Fall aber ein Plätzchen, wo ein Halt sich lohnt. GPS-Wegpunkt 9 – 12,8 km – 1083 m: Oberhalb der Finzalm mündet eine Forststraße von oben kommend ein und vereinigt sich mit der Auffahrt; dem gemeinsamen Verlauf folgen. GPS-Wegpunkt 10 – 13,6 km – 1104 m: Der Biker trifft hier auf die breite Forststraße, die sich links bergauf Richtung Hinterbärenbad, Wallgauer Alm und Krüner Alm windet. Im spitzen Winkel etwas versteckt, mündet auch der Saumweg durch den Altgraben hier direkt an der Rastbank ein. Bleibt Zeit und Energie, so lässt sich an dieser Stelle die Runde bequem um diese

Die Mountainbiker-Hochburg Esterbergalm und das wilde Finzbachtal

Schleife ergänzen (siehe Tour 3 Krüner Alm). Der Weiterweg rund um den Wank hingegen führt direkt geradeaus in die Forststraßenabfahrt hinunter Richtung Krün. **GPS-Wegpunkt 11 – 15,8 km – 920 m:** Gegen Ende der Abfahrt scharf rechts ab von der Forststraße auf den schmalen, spitz und ein wenig versteckt abgehenden Kiesweg in den Wald hinein zum Ende der Finzbachklamm. Nach der kurzen Durchfahrt durch den dichten Wald je nach Wasserstand direkt geradeaus durch den Bach oder rechts in die kleine Schleife über den Steig zum Wehr. Hierbei muss das Bike ein- oder zweimal kurz in die Hand genommen werden, um die Wurzeln und Stufen zu überwinden. **GPS-Wegpunkt 12 – 16,3 km – 925 m:** Der gekieste Trail auf der anderen Seite der Klamm trifft auf die Forststraße; dieser rechts ab Richtung Gschwandtnerbauer folgen. Die Straße mit schlecht geteerten Abschnitten, Kies und Schotter führt durch waldreiches Gebiet zurück hinauf zum Bauerngraben. Unterwegs bitte nicht von den unzähligen Holzwirtschaftswegen ablenken lassen, die von der Hauptstraße abgehen. Einfach immer dem Straßenverlauf folgen. **GPS-Wegpunkt 13 – 20,2 km – 1185 m:** Im Bauerngraben angekommen, mündet von rechts die Forststraße von der Esterbergalm kommend ein. Dem gemeinsamen Verlauf schräg links hoch folgen, Weg 461. Im dichten Wald ist kurz darauf rechter Hand die Schweizer-Alpe-Diensthütte zu erkennen, die etwas abseits des Weges liegt. **GPS-Wegpunkt 14 – 21 km – 1214 m:** An der Forststraßenverzweigung rechts ab Richtung Gschwandtnerbauer/Partenkirchen, Weg 462. Der Linksabzweig führt hinunter nach Gerold und bis zur B 2. **GPS-Wegpunkt 15 – 22,1 km – 1241 m:** Ab hier wird die Forststraße zum Trail, der nach links unten in den Wald abgeht. Der Trail ist auf der Kompass-Karte als solches nicht zu erkennen. Er wird hier als höherwertiger Weg dargestellt – also nicht wundern! Er führt steil und vor allem hart und gar nicht unspektakulär am Hang entlang bergab durch dichten Wald. Am besten stellt man ihn sich als ein ausgetrocknetes Bachbett vor. **GPS-Wegpunkt 16 – 23,4 km – 1160 m:** Hier endet der Trail (für manch Zartbesaiteten sicher eine Erlösung!) und trifft unvermittelt auf die Forststraße, die von Gerold herüberkommt. Dieser rechts ab hinauf Richtung Gschwandtnerbauer folgen. Wer den Trail partout nicht anpacken mag, der schwenkt am vorletzten Wegpunkt links und umfährt so die Trailpassage und trifft hier wieder auf die Tour. **GPS-Wegpunkt 17 – 23,6 km – 1127 m:** Der Linkskurve folgen Richtung Gschwandtnerbauer/Kaltenbrunn. **GPS-Wegpunkt 18 – 26,4 km – 1019 m:** Schräg rechts hoch in den Karrenweg im Rücken der Forststraße zweigt der Weg hier ab Richtung Gschwandtnerbauer. Nach der kurzen Waldpassage werden die grünen Hügel rund um den Gschwandtnerbauer passiert, der mit seiner gastlichen Terrasse mit Blick auf die Wettersteinwand wohl der zweite Fixpunkt der Runde sein dürfte. **GPS-Wegpunkt 19 – 27,2 km – 1017 m:** Gschwandtnerbauer. Über die Terrasse am kleinen Spielplatz vorbei und geradeaus in den nach unten abfallenden, tiefen Karrenweg, Weg K10. **GPS-Wegpunkt 20 – 28,2 km – 917 m:** Nach der Abfahrt vom

Forststraßenabfahrt hinunter zur Finzbachklamm

Gschwandtnerbauer ist man hier nun endgültig am Rande von Garmisch-Partenkirchen angelangt. Ab hier bewegt man sich kurz auf Teer, und nach 40 Metern geht es schräg rechts bergan nach Schlattan und zur Pfeifferalm. **GPS-Wegpunkt 21 – 28,7 km – 955 m:** Bei den ersten Häusern nach der Auffahrt links übers Pflaster abwärts zum Kiesweg Richtung Wankbahn-Talstation. **GPS-Wegpunkt 22 – 30,5 km – 893 m:** Nach dem Weidegatter geradeaus weiter Richtung Talstation entlang des gekiesten Höhenwegs. Der Weg führt aussichtsreich oberhalb der Ortschaft entlang, wobei Schautafeln einen Überblick über die gegenüberliegende Bergwelt bieten. Aufgrund der Ortsnähe in diesem Bereich sind viele Wanderer und Spaziergänger unterwegs, deshalb hier besonders rücksichtsvoll fahren – auch wenn die coupierten, feingekiesten Höhenwege sehr zum Tempomachen verleiten. **GPS-Wegpunkt 23 – 30,6 km – 849 m:** Höhenwege kreuzen sich. Rechts dem Höhenweg folgen. **GPS-Wegpunkt 24 – 31,1 km – 857 m:** Diesem Höhenweg nun weiter geradeaus folgen. **GPS-Wegpunkt 25 – 31,6 km – 850 m:** An der Futterkrippe links hinab ins bebaute Gebiet am Ortsrand. **GPS-Wegpunkt 26 – 31,8 km – 807 m:** Die Teerstraße ist bei den ersten Häusern erreicht. **GPS-Wegpunkt 27 – 32 km – 787 m:** An der nächsten Kreuzung weiter rechts bergab die Hasentalstraße entlang und anschließend weiter in die Michael-Sachs-Straße. **GPS-Wegpunkt 28 – 32,4 km – 730 m:** An der Straßenverzweigung am Ende der Michael-Sachs-Straße rechts ab Richtung Wankbahn-Talstation entlang des Brunnhäuslwegs. Am Ende der Teerstraße in den mittleren der drei Kieswege, den Philosophenweg, einfahren und diesem immer im Verlauf Richtung Wankbahn folgen. Dabei führt die Route durch den St.-Anton-Park, einem Erholungsgebiet unter dichtem, hohem Blätterdach mit Spielplatz und einem weit verzweigten Wegenetz, und direkt vorbei an der König-Ludwig-Statue. Auch der Philosophenweg ist vornehmlich als Fußweg gedacht – deshalb entsprechend langsam und rücksichtsvoll fahren! **GPS-Wegpunkt 29 – 33,4 km – 740 m:** Zuletzt schräg rechts hoch zur Wankbahn-Talstation. **Endpunkt – 34 km – 750 m:** Parkplatz Talstation Wankbahn.

3 Seenrunde zwischen Kranzberg und Krüner Alm

Traumabfahrt mit unvergesslichem Flow und nicht geringem Suchtpotenzial

2 Schwierigkeit	Erlebniswert	50,2 km Länge	4.30 Std. Zeit	1090 m Höhendifferenz

TOURENCHARAKTER

AUSGANGSPUNKT/ENDPUNKT
Parkplatz Talstation Kranzberglift

ANFAHRT
Bahn/Auto: Mittenwald

KONDITION ●●●○○

FAHRTECHNIK ●●●○○

ERLEBNISWERT

Fahrspaß: ●●●●○

Landschaft: ●●●●○

KULTUR UND GESCHICHTE
●●○○○

EINKEHRMÖGLICHKEITEN
Alpengasthof Gröbelalm,
Tel. 08823/91 10
Goas-Alm »Zum Bergbauer«,
Tel. 08823/24 73;
Juni–September 10–17 Uhr (kein Ruhetag), Oktober–Mai 11–16 Uhr, Dienstag Ruhetag
Krüner Alm, im Sommer bewirtschaftet
Gasthof Post in Klais, Tel. 08823/22 19
Luttenseehof, Tel. 08823/24 59

STRECKENPROFIL
Gesamtstrecke: 50,2 km
(Asphalt: 13,7 km; Schotter: 31,6 km; Trail: 4,9 km)

HÖCHSTER PUNKT
Bikedepot Krüner Alm, 1470 m

NIEDRIGSTER PUNKT
Barmsee, 890 m

TOURIST-INFO
Mittenwald, Tel. 08823/339 81

LANDKARTEN
Kompass Karte Nr. 5, 1:50 000
Wettersteingebirge/Zugspitzgebiet

GPS-TRACK
Tour 03 – Kruener Alm.GPX

Bizarre Buckelwiesen und sieben strahlend blaue Seen, flankiert von den schroffen Wänden des Karwendelgebirges, bilden die Kulisse für den Anstieg hoch hinauf ins Estergebirge.

Die Buckelwiesen zwischen Mittenwald und Krün am Schnittpunkt zwischen Estergebirge, Wettersteingebirge und Karwendel gehören sicher zu den schönsten Radwandergebieten der gesamten Region. Es ist durchzogen von einem breiten Netz an Radwanderwegen und hat zahlreiche Seen – und die so nahe heranreichenden Felswände des Karwendel machen die Bilderbuchlandschaft perfekt. Die Hochfläche der Buckelwiesen ist ein Überbleibsel des in der Würmeiszeit vorgerückten Isargletschers, der den tonhaltigen Moränenschutt zu länglichen, in Nord-Süd-Richtung verlaufenden Höhenwellen geformt hat. Die ausgeprägte Heideflora dieser Bergwiesen wird dabei durch den mageren Boden begünstigt, der eine nur sehr dünne Humusschicht aufweist. Zu finden sind dort allerlei Bergkräuter und eine reiche Alpenflora, insbesondere Minze, Salbei, Primeln, Bergdisteln und verschiedenste Enzianarten. Vom Kranzberg kommend durchfährt der Bergradler die Buckelwiesen entlang des Bockweges in Richtung Krün. Die »grünen Wellen« kommen nahe der Anhöhe oberhalb des Schmalensees besonders gut zur Geltung. Gleich anschließend wird die Terrasse des »Bergbauern« passiert. Aussichtsreich inmitten der Buckelwiesen gelegen, ist das der perfekte Ort für eine erste kleine Einkehr. Im angeschlossenen Hofladen, der »Goas-Alm« gibt es Ziegenkäse, Wurst von der Ziege, Schafwollprodukte und sogar Ziegenmilcheis.

Auf dem Downhill über einen alten Saumweg hinunter ins Finzbachtal

Die anschließende Abfahrt durch lieblichen Almengrund führt über den Tennsee ins Naturschutzgebiet Geißschädel. Fein gekieste Radwege schlängeln sich von dort in munteren Rechts-Links-Kombinationen hinunter zum Geroldsee und weiter zum Barmsee – zuletzt gar in einer überraschend steilen Abfahrt, die man hier kaum vermuten würde. Kurz vor Wallgau beginnt der Forststraßenanstieg ins Finzbachtal und weiter nach Wildbädermoos auf 1420 Metern. Nach der kurzen Abfahrt, bei der man schon die prominent auf einer Kuppe stehende Krüner Alm auf der anderen Talseite erkennen kann, steht man am Abzweig in Richtung Altgraben. Hier ist zu entscheiden, ob die Wandereinlage zur Alm noch mitgenommen werden soll oder ob es bereits zu sehr in den Händen prickelt. Der anstehende Saumweg durch den Altgraben ist zusammen mit dem Finzbach-Trail das fahrerische Herzstück der Runde und gehört zum Besten, was die Region dem Biker zu bieten hat. Nach der stei-

| 50,2 km | 1090 Hm | Tagestour |

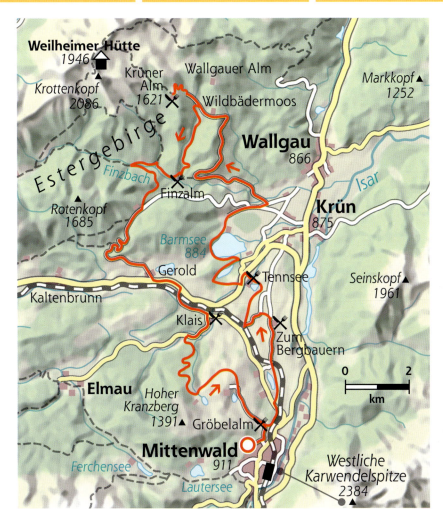

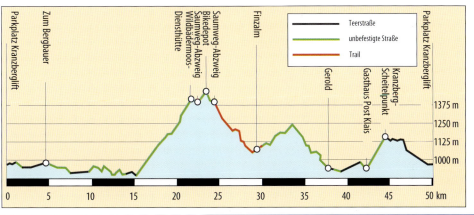

Seenrunde zwischen Kranzberg und Krüner Alm

len Einfahrt über einen tiefen Schotteracker führt der dem Fels abgerungene Saumweg hoch über dem wilden Altgraben talwärts. Etliche kühn angelegte Holzbrücken, die über tiefe Schluchten führen, verleihen der spektakulären Route einen zusätzlichen Hauch von Abenteuer. Im weiteren Verlauf wird der Weg zu einem schmalen Trail, der sich nun immer weiter vom Graben entfernt und zuletzt wieder in die Forststraße mündet, die man schon von der Auffahrt kennt. In ähnlichem Stil geht es auf dem Finzalm-Trail weiter. Kurz, aber mit viel Flow führt er durch den Bachgrund des Finzbachs, über den Angerlgraben hilft ihm ein schmaler Holzsteg, bevor er viel zu früh in der Forststraße aufgeht, die zum Schweizer Alple hinaufführt und schließlich beim Weiler Gerold wieder die Buckelwiesen erreicht. Von hier aus ist auch der nahe gelegene Wagenbrüchsee in wenigen Minuten zu erreichen.

Abstecher zu malerischen Seen

Das kurze Stück entlang der Deutschen Alpenstraße führt nach Klais und auf die für Autofah-

Unterwegs auf Panoramastraßen zwischen Schmalensee und Tennsee

Traumabfahrt mit unvergesslichem Flow und nicht geringem Suchtpotenzial

rer mautpflichtige Straße zum Schlosshotel Elmau. Kurz vor Kranzbach geht es dann in den Schlussanstieg über den Kranzberg zurück zur Gröbelalm. Der Kreuzberg ist mit einem ausgiebigen Wegenetz durchzogen, über das in Mini-Abstechern auch die Seen Nummer sechs und sieben, der Wildsee und der Luttensee, zu erreichen sind. Nach so vielen Seen sollte spätestens jetzt, am Ende der Tour, der Sprung ins erfrischende Nass drin sein. Wo doch die meisten in der heimischen Badewanne ohne Karwendelblick auskommen müssen.

Variante:
Bleibt noch Zeit und Kraft, ist auch ein Abstecher zur benachbarten Wallgauer Alm von Wildbädermoos eine lohnenswerte Option. Der Anstieg ist nicht lang, aber knackig und MTB-tauglich. Und nun die gute Nachricht für alle abfahrtsorientierten Biker: Für die elegante Saumabfahrt ins Finzbachtal ist nur der Wildbädermoos-Sattel zu erklimmen – beide Almen sind also »nur« eine Draufgabe. Denn von hier fehlt nur mehr ein kurzer Fußmarsch zur »anderen Seite« des Estergebirges.

Routenbeschreibung

Start der Tour
Ausgangspunkt: Parkplatz an der Kranzberglift-Talstation auf 974 m. Schon von hier aus ist der Blick hinunter auf Mittenwald, und auf die gegenüberliegenden Karwendelwände mit Seilbahn ein erstes kleines Highlight. Vom Parkplatz oberhalb von Mittenwald geht es entlang der schmalen Teerstraße flach ansteigend zur Gröbelalm. Auch direkt hier an der Alm bestehen Parkmöglichkeiten.

Route
GPS-Wegpunkt 1 – 1,1 km – 983 m: Am Parkplatz Gröbelalm geht es rechts ab auf den schmalen Fußgänger-Kiesweg Richtung Schmalensee, Weg 839. Der wellige Ritt führt leicht fallend quer über die Almwiesen und hinein in den Bergwald. GPS-Wegpunkt 2 – 1,6 km – 970 m: Der Kiesweg mündet in die Forststraße. Flach geht es auf dieser links ab Richtung Klais. GPS-Wegpunkt 3 – 1,9 km – 938 m: Einmündung in die Fahrstraße – über die Straße wechseln und dieser nach links ab kurz folgen. GPS-Wegpunkt 4 – 2,2 km – 954 m: Nach 300 m geht es rechts ab auf eine schmale Teerstraße, den »Bockweg«, Weg 400. Der Weg führt am Schmalensee vorbei mitten hinein in die Buckelwiesen zwischen Mittenwald und Krün. GPS-Wegpunkt 5 – 3,3 km – 949 m: Schräg rechts dem Bockweg weiter folgen (»Buckelweg«) und die nachfolgenden Abzweige ignorieren. GPS-Wegpunkt 6 – 4,6 km – 980 m: Einkehr »Beim Bergbauer« auf einer kleinen Anhöhe inmitten der Buckelwiesen. Der Bauernhof mit eigenem Hofladen und gemütlicher Terrasse liegt direkt am Radweg, und es ist schwer, einfach vorbei zu radeln, obwohl hier erst knapp 5 km zurückgelegt sind. Zur Weiterfahrt nach wenigen Metern links ab auf den schmalen Kiesweg Richtung Tennsee in den weiten, malerischen Wiesengrund, der mit zahllosen Heuschobern gespickt ist. GPS-Wegpunkt 7 – 5,4 km – 940 m: Richtung Tennsee und dem Weg bis zu den Gleisen der Zugstrecke Mittenwald – Garmisch folgen. GPS-Wegpunkt 8 – 6,4 km – 935 m: An den Gleisen rechts ab Richtung Tennsee auf den Weg 403. GPS-Wegpunkt 9 – 7,5 km – 909 m: Nach einem kleinen Wäldchen geht es rechts ab zum Tennsee. Der Weg umrundet den kleinen, moorigen See und mündet direkt auf dem Gelände des Campingplatzes »Tennsee«. An der nachfolgenden Kreuzung geht es zwischen Wohnwägen, Zelten und Wohnmobilen links ab Richtung Eingang/Ausgang und Campingplatz-Restaurant. GPS-Wegpunkt 10 – 8,4 km – 911 m: Beim Ausgang des Campingplatzes rechts ab und auf dem Weg 403 vor zur B 2. GPS-Wegpunkt 11 – 8,9 km – 900 m: Nach der Unterführung jenseits der Straße links auf den geteerten Radweg (Weg 407) und diesem entlang der Bundesstraße folgen. GPS-Wegpunkt 12 – 9,6 km – 920 m: Rechts ab vom Radweg und von der Bundesstraße auf den Kiesweg, der über die Kranzbach-Brücke hinein ins Naturschutzgebiet Geißschädel führt. Den Auftakt macht erneut das bizarre Szenario der Buckelwiesen, das man jetzt bereits kennt, das aber immer noch den Blick von der Strecke ablenkt. GPS-Wegpunkt 13 – 10,6 km – 950 m: An der Wegkreuzung erneut rechts ab Richtung Grubsee/Barmsee. Der schmale Kiesweg (Weg 406) führt durch engmaschigen Nadelwald hinunter zum Grubsee, der in der Folge den Augen des Bi-

Im Land der Buckelwiesen: Zwischen Schmalensee und der Einkehr »Zum Bergbauer« sind die bizarren Buckelwiesen besonders gut »erfahrbar«.

Traumabfahrt mit unvergesslichem Flow und nicht geringem Suchtpotenzial

Startpunkt mit Aussicht: der Parkplatz am Kranzberglift

kers verborgen bleibt, obwohl er nur wenige Meter vom Wegesrand entfernt liegt. **GPS-Wegpunkt 14 – 11,6 km – 933 m:** Am Ende des Grubsees links ab auf den Barmsee-Rundweg und diesem immer geradeaus folgen, Weg 405/406. Der Weg führt nach einem kurzen Anstieg in eine überraschend steile Serpentinenabfahrt, an dessen Beginn ein Schild den Vorschlag macht, doch besser aus dem Sattel zu springen. Unten am Barmsee zieht der Weg direkt an der Trennlinie zwischen Schilf und Wasser entlang, bevor an der Westseite der Forstweg beginnt. Tolle Ausblicke auf das Karwendel-Massiv sind hier inklusive. Die grasigen Uferregionen, die im weiteren Verlauf passiert werden, locken mit heißen Cross-Country-Einlagen, die nicht selten mit einem erfrischenden Vollbad gekrönt werden. **GPS-Wegpunkt 15 – 14 km – 904 m:** Weiter geradeaus auf dem geteerten Radweg (Weg 406) durch offene Kulturlandschaft. Auf diesem Abschnitt wird der tiefste Punkt der Strecke durchfahren. Der Abzweig rechts führt zum Maximilianshof. **GPS-Wegpunkt 16 – 14,5 km – 897 m:** Die erste Auffahrt zur Esterbergalm ignorieren und geradeaus weiter dem Radweg folgen. Dieser erste Abzweig führt unter Auslassung der Finzalm über den Bauerngraben direkt zur Esterbergalm. **GPS-Wegpunkt 17 – 14,8 km – 893 m:** An der Weggabelung links ab Richtung Wallgau, Weg 416. **GPS-Wegpunkt 18 –** **15,1 km – 890 m:** An der Kreuzung jetzt links auf die Forststraße Richtung Finzalm/Krüner Alm und durch das breite Bachbett des Finzbachs in den Anstieg hinein. **GPS-Wegpunkt 19 – 15,6 km – 903 m:** Dem Verlauf der Forststraße geradeaus folgen. Kurz nach dem Rechtsabzweig links auf dem Waldweg in wenigen Metern zum Ende der Finzbachklamm. Ein schattig-erfrischender Abstecher, bevor es anschließend in den langen Forststraßenanstieg nach Hinterbärenbad geht. **GPS-Wegpunkt 20 – 18 km – 1070 m:** Wegverzweigung mit Rastbank. Hier tritt der Wald erstmals wieder zurück und gibt den Blick frei – ein logischer Zwischenstopp nach knapp der Hälfte des Anstieges, bevor es in einer Rechtsschleife weiter stetig bergan geht (Weg 450). Geradeaus geht es auf direktem Wege zur Finzalm. **GPS-Wegpunkt 21 – 21,8 km – 1420 m:** Auf der Lichtung unweit der Wildbädermoos-Diensthütte ist der Scheitelpunkt der Strecke erreicht. Geradeaus weiter fällt die Straße schon bald in die kurze Zwischenabfahrt, die hinauf zu Krüner Alm führt. Der Rechtsabzweig führt kurz und anspruchsvoll als Stichtour zur Wallgauer Alm, von wo aus ein kurzer Fußmarsch hinauf Richtung Wallgauer Eck führt; dieser gibt sogar nordseitige Einblicke in den Hochkessel der Kuhalm. **GPS-Wegpunkt 22 – 22,5 km – 1390 m:** Abzweig in den Altgraben-Trail, Weg 453. Wer den Fußmarsch zur Krüner Alm weglässt, der fahrt hier direkt links in den Saumweg ein. Zur Krüner Alm der Forststraße weiter geradeaus in den Anstieg folgen. **GPS-Wegpunkt 23 – 23,4 km – 1470 m:** Bikedepot für den Anstieg zur Krüner Alm etwa 200 m vor Ende der Forststraße. Rechts geht der unschwierige Steig ab zur Krüner Alm, die in etwa einer halben Stunde erreicht werden kann. Von einer kleinen, lichten Anhöhe unterhalb des mächtigen Krottenkopfs lässt sich von der Alm fast die gesamte Route aus der Vogelschau betrachten. Der Blick schweift zum Kranzberg, über die Buckelwiesen, bis hinunter ins Isartal und darüber auf die hohen Wände zwischen Schöttelkarspitze, Karwendel und Wettersteinwand. **GPS-Wegpunkt 24 – 24,3 km – 1390 m:** Nach der Abfahrt vom Bikedepot geht es rechts ab von der Forststraße in den Altgrabentrail (Weg 453) Richtung Finzalm. Dabei sind die steilen, schottrigen Kurven zu Beginn nicht überzubewerten – schon bald wird es der reinste Genusstrail. **GPS-Wegpunkt 25 – 28 km – 1090 m:** Am Ende des Altgraben-Saumwegs mündet der Singletrail in den Auffahrtsweg; jetzt spitz rechts ab zur Finzalm, Weg 452. **GPS-Wegpunkt 26 – 28,8 km – 1046 m:** Dem Weg 452 in einem leichten Linksknick nach unten zur Finzalm folgen. Direkt hinter der idyllisch am Finzbach gelegenen Alm beginnt die kurze Trailpassage. **GPS-Wegpunkt 27 – 30 km – 1086 m:** Einmündung des Finzalm-Trails in die Forststraße; dieser weiter nach links folgen, Weg 452. **GPS-Wegpunkt 28 – 30,4 km – 1045 m:** An der Forststraßenkreuzung links über die Brücke auf die andere Seite des Finzbachs und hinein in den dichten Nadelwald, der den Biker bis hinauf zum Schweizer Alpe und hinunter nach Gerold begleitet (Weg 452). **GPS-Wegpunkt 29 – 32,6 km – 1215 m:** An der Forststraßenverzweigung rechts hoch (Weg 461) Richtung Gerold. **GPS-Wegpunkt 30 – 33,5 km –**

Routenbeschreibung

Ständiger Begleiter zwischen Schmalensee und Barmsee: das Massiv der Westlichen Karwendelspitze.

1236 m: In den linken Abzweig Richtung Gerold einfahren, Weg 461 (rechts geht es zum Gschwandtnerbauer). **GPS-Wegpunkt 31 – 35,7 km – 1210 m:** Dem Verlauf der Straße in die Linkskurve folgen (rechts erneut zum Gschwandtnerbauer), die in der Folge den Wald verlässt und durch Buckelwiesen vorbei am nahe gelegenen Wagenbrüchsee (auch: Geroldsee) in Gerold mündet. Der sumpfige See ist von Gerold aus in wenigen Minuten zu erreichen. **GPS-Wegpunkt 32 – 37,7 km – 935 m:** Der hier beginnenden Teerstraße durch den Weiler Gerold geradeaus folgen. **GPS-Wegpunkt 33 – 37,9 km – 934 m:** An der Kreuzung schräg links vor Richtung Bundesstraße und auf dem Radweg durch die Unterführung. Dem Radweg links an den Gleisen entlang parallel zur B 2 Richtung Klais folgen. Ab km 38,3 ist der Radweg wieder gekiest. **GPS-Wegpunkt 34 – 39,2 km – 920 m:** Geradeaus weiter an den Gleisen entlang, jetzt wieder auf Teer. **GPS-Wegpunkt 35 – 40,1 km – 933 m:** Am Gasthof Post in Klais schräg rechts Richtung Kranzbach und Elmau der Fahrstraße folgen, die bald zur Mautstraße (für Radfahrer natürlich frei!) wird. Klais gehört zur Gemeinde Krün und ist der älteste Ort im Werdenfelser Land mit urkundlicher Erwähnung (736 n. Chr.). Amüsanter Superlativ, mit dem sich Klais schmückt: höchstgelegener Intercity-Bahnhof Deutschlands! **GPS-Wegpunkt 36 – 40,7 km – 945 m:** Weiter geradeaus dem Straßenverlauf folgen.

GPS-Wegpunkt 37 – 41,5 km – 978 m: Von der Teerstraße links bergauf in die Forststraße Richtung Kranzberg und Wildensee abbiegen. Anschließend immer der dominanten Forststraße bergauf folgen und alle (Rechts-)Abzweige ignorieren. **GPS-Wegpunkt 38 – 44,5 km – 1162 m:** An der Wegverzweigung links ab Richtung Wildensee. Die Bundeswehrstraße ist ab hier geteert und fällt zum Luttensee hin stark ab; wer will, der kann es also ordentlich laufen lassen. **GPS-Wegpunkt 39 – 45,7 km – 1150 m:** Am Teerstraßenrondell erneut links Richtung Gebirgsjäger-Ehrenmal abfahren. Das Ehrenmal wurde 1957 von den zurückgekehrten Gebirgsjägern in Erinnerung an die im Zweiten Weltkrieg gefallenen Kameraden errichtet. Alljährlich zu Pfingsten treffen sich hier am Hohen Brendten Gebirgsjäger-Kriegesveteranen um ihrer Kameraden zu gedenken. Der geradeaus weiterführende Abstecher zum Wildensee kostet weitere 500 m. **GPS-Wegpunkt 40 – 47,6 km – 1038 m:** An der Einmündung nach der Bundeswehreinrichtung nahe dem Luttensee links ab. **GPS-Wegpunkt 41 – 48,6 km – 1008 m:** Am Linksabzweig geradeaus dem Verlauf der Straße weiter zur Gröbelalm folgen. **GPS-Wegpunkt 42 – 49,1 km – 1019 m:** Parkplatz an der Gröbelalm; ab hier zurück entlang der Auffahrtsroute; zum Ausgangspunkt.

Endpunkt: 50,2 km – 974 m: Parkplatz am Kranzberglift.

Hier macht das Mountainbiken Spaß: Natur pur

Tagestouren im Wettersteingebirge

Blick von der Terrasse des »Bergbauern« auf die höchsten Gipfel des Wettersteingebirges

4 Durchs Leutaschtal aufs Seefelder Plateau
Rund um die Große Ahrnspitze über die Wildmoosalm

		66 km	4.30 Std.	1000 m
Schwierigkeit	Erlebniswert	Länge	Zeit	Höhendifferenz

TOURENCHARAKTER

AUSGANGSPUNKT/ENDPUNKT
Wanderparkplatz am Schachen

ANFAHRT
Bahn: Klais/Auto: Elmau

KONDITION ✪✪✩✩✩

FAHRTECHNIK ✪✩✩✩✩

ERLEBNISWERT

Fahrspaß: ✪✪✩✩✩

Landschaft: ✪✪✪✪✩

KULTUR UND GESCHICHTE
✪✪✪✪✩

EINKEHRMÖGLICHKEITEN
Gasthaus Ferchensee, Tel. 08823/15 94
Klammstüberl, Tel. 0043-(0)664/8654811
Reiterklause, Tel. 0043-(0)5214/52 35
Wildmoosalm, Tel. 0043-(0)5212/30 02;
Juni–Mitte Oktober
Lautersee-Alm, Tel. 08823-85 00

STRECKENPROFIL
Gesamtstrecke: 66 km
(Asphalt: 15,9 km; Schotter: 49,8 km;
Trail: 0,3 km)

HÖCHSTER PUNKT
Sattel vor der Wildmoosalm, 1368 m

NIEDRIGSTER PUNKT
Mittenwald, 930 m

TOURIST-INFO
Mittenwald, Tel. 08823/339 81,
Seefeld, Tel. 0043/(0)50 88 00

LANDKARTEN
Kompass Karte Nr. 5, 1:50 000
Wettersteingebirge/Zugspitzgebiet

GPS-TRACK
Tour 04 – Leutaschtal.GPX

Gleich einem Fragezeichen schlängelt sich die Route um die Wettersteinwand und die Große Ahrnspitze und folgt dabei der Leutascher Ache und der Isar. Das i-Tüpfelchen ist der Abstecher hinauf aufs Seefelder Plateau zur beliebten Wildmoosalm.

Sportliche Höchstleistungen und Trailspaß treten an dieser Stelle respektvoll ein wenig zurück und machen Platz für Kultur und Genuss. Dafür ist die »Bildungsreise« auf zwei Rädern voller geschichtlicher, landschaftlicher, ja sogar künstlerischer Ausrufezeichen. Allerdings sollte man für diese Unternehmung jede Menge Zeit veranschlagen, denn das Ablenkungsangebot am Wegesrand ist wirklich zu verlockend.

In der Aufwärmphase geht es über den Bannholzerweg zum Ferchen- und Lautersee. Die beiden so fotogenen Bergseen trennt nur etwa ein Kilometer, doch der ist entscheidend, wenn es darum geht, wohin die Fahrt gehen soll – dies gilt nicht gerade für den Mountainbiker, wohl aber für alles Wasser aus den umliegenden Bergen. Der Bergsattel zwischen den beiden Seen ist nämlich zugleich die Wasserscheide zwischen Loisach und Isar. Wir entscheiden uns für die Isar und folgen der Abfahrt hinunter Richtung Mittenwald, ohne den geteerten Wiederaufstieg ins Leutaschtal zu verpassen. Dass man hier schon bald aus dem Sattel muss, hat nichts mit extremen Rampen zu tun, sondern mit dem Klammgeist, der hier sein Unwesen treibt. Dessen Welt und die Geisterklamm lassen sich am besten zu Fuß erkunden, und so bleiben die Bikes an der Höllbrücke zurück. Die Brücke ist ein möglicher Einstieg in den 3000 Meter langen Klammgeistweg. Er führt teils auf Eisenstegen und bis zu 75 Meter über dem tief unten brodelnden Sitz der Klammgeister hinweg – atemberaubende Blicke in die tiefen Schluchten der Klamm inklusive.

Achweg – eine Entdeckungsreise durchs Leutaschtal

Der Achweg ist der Steuermann auf der weiteren Route hinauf ins Leutaschtal. Er folgt dabei immer dem Lauf der Leutascher Ache, die sich auf der orografisch linken Talseite zwischen der Großen Ahrnspitze und dem Wettersteingebirge ihren Weg in die Isar bahnt. Das Leutaschtal ist etwa 16 Kilometer lang und besteht aus insgesamt 24 Ortsteilen, die sich entlang der Leutascher Ache und der Fahrstraße hinaufziehen. Einen Ortsteil Leutasch selbst gibt es dabei aber nicht; das ganze Tal und die Ansammlung der Weiler tragen den Namen Leutasch! Ab Weidach, dem größten Ort im Leutaschtal, ist der Achweg gleichzeitig Lehrpfad und gibt anhand von Infotafeln direkt am Wegesrand Einblick in den Lebensraum Ache. Hier steht auch eine Miniaturausgabe der alles dominierenden Hohen Munde

| 66 km | 1000 Hm | Tagestour |

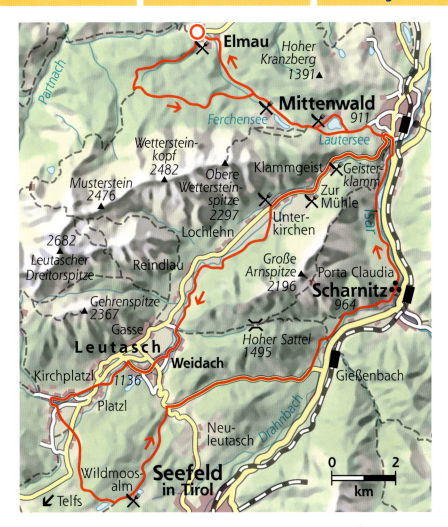

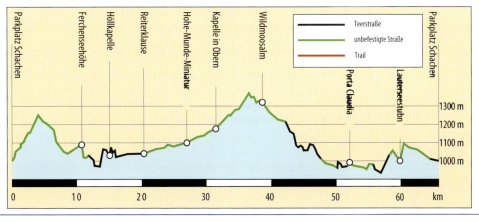

Durchs Leutaschtal aufs Seefelder Plateau

Die Uferwege des idyllischen Lautersees sind für Biker leider tabu

der Suche nach Apfelstrudel und Jauseplätzen auf der Alm. Durchradeln ist auch das Motto für das Seefelder Plateau, das von der Klamm aus über den Schlagweg in Angriff genommen wird. Leider lässt der dichte Bergwald, durch den der Anstiegsweg führt, nur im untersten Abschnitt Ausblicke auf die Hohe Munde und ins Gaistal zu. Gerade deshalb aber sollte die eine oder andere Brotzeitbank an diesen Stellen genutzt werden – noch bessere Aussichtsplätze wird man nicht finden. Die gibt es auch nicht auf der Wildmoosalm, denn hier ist der Biker bereits jenseits des Hochmoossattels, der das Plateau in zwei Teile unterteilt. Die Alm ist vor allem für Wanderer aus dem nahen Seefeld ein nahes und beliebtes Ausflugsziel – nicht zuletzt wegen Schnapsbrunnen und Apfelstrudel. Von Seefeld gibt es sogar Kutschenverkehr hinauf zur Alm. Die Abfahrt hinunter bis kurz vor Scharnitz ist ab dem Abzweig ins Fludertal ein mitreißender Tempospaß: zuerst auf Kies durchs Fludertal und anschließend geteert (aber kaum befahren) »Durch den Boden«.

Zum Schluss noch ein bisschen Historie für Schaulustige und Hobby-Archäologen

In Scharnitz hält man sich immer links der Isar, bis man direkt vor den Mauerresten der »Porta Claudia« steht. Die nach der damaligen Landesfürstin Claudia von Medici benannte Isartal-Sperre wurde im Dreißigjährigen Krieg erbaut, und ihre bis zu sechs Meter hohen Mauerreste finden sich noch heute beiderseits der Isar. Vor allem während der Napoleonischen Kriege waren die strategisch bedeutsamsten Grenzbefestigungen zwischen Bayern und Österreich Schauplatz blutiger Schlachten. Auch die Überreste der Leutasch-Schanz, der Fortsetzung der Befestigungsanlage drüben auf der anderen Seite im Leutaschtal, sind heute noch vorhanden.

Zurück auf deutschem Boden geht es durch das Naturschutzgebiet Riedboden entlang der Isar. Der zauberhafte Auwald beeindruckt mit zahlreichen verlockenden Rastplätzen zwischen Kiefern, Bergföhren und Latschen – wer also noch einen Stopp gut hat, der ist hier genau am rechten Fleck.

im oberen Leutaschtal, die mit ihrem Gipfel 2662 Meter hoch aufragt. Für das Modell im Maßstab 1:500 wurden in 935 Arbeitsstunden 24 Kubikmeter Beton, 1150 Kilogramm Baustahl und jede Menge Munde-Gestein verbaut. Wie genau die Miniatur der Wirklichkeit entspricht, das lässt sich direkt vor Ort überprüfen. Einfach durch die Wahl des richtigen Standortes das Modell vor das im Hintergrund aufragende Original rücken … und fertig! Einen Vorteil für den Radfahrer hat die »Kleine Munde« gegenüber dem Original in jedem Fall, denn hier kann man zwischen Ost- und Westgipfel hindurchradeln.

Hinein ins Gaistal

Diese bewaldete Teilstrecke bis hinein ins Gaistal teilen sich die Biker mit Wanderern auf

Rund um die Große Ahrnspitze über die Wildmoosalm

Unterwegs auf dem »Schlagweg« hinauf zur Wildmoosalm, zeigt sich die Hohe Munde als der wahre König des Leutaschtals.

Routenbeschreibung

Start der Tour
Ausgangspunkt: Wanderparkplatz am Schachen auf 1007 m. Von dort aus geht es auf den Schachenweg am Kaltenbach entlang hoch Richtung Schachen, Weg 841.

Route
GPS-Wegpunkt 1 – 3,2 km – 1200 m: An der Forststraßengabelung links hoch Richtung Schachen. GPS-Wegpunkt 2 – 4 km – 1250 m: An der nächsten Forststraßengabelung links ab auf den Weg 870 Richtung Ferchensee und Mittenwald. Auf diesem Abschnitt, dem Bannholzerweg, ist man unterwegs auf dem sogenannten Alpenrandklassiker. Der ist mittels blau-gelber Schilder durchgehend markiert und führt über 50 km und drei Scheitelpunkte am Werdenfelser Alpenrand entlang zwischen Trögelhütte und Wamberg. Bei km 5 folgt ein kurzer Trailabschnitt, bevor es wieder auf Forststraßen weitergeht. GPS-Wegpunkt 3 – 7 km – 1140 m: Der Verzweigung in der Abfahrt geradeaus weiter folgen. GPS-Wegpunkt 4 – 8,6 km – 1040 m: An der Einmündung der Forststraße von links (Elmau) geradeaus weiter. Auch an der 100 m später folgenden Einmündung von links, vom Kranzberg kommend, geradeaus weiter auf dem Weg A1 bzw. 820. Der Forstweg führt schon bald zum Gasthaus Ferchensee und vorbei am Ferchensee. GPS-Wegpunkt 5 – 10,8 km – 1090 m: Geradeaus über die Ferchenseehöhe zwischen Ferchensee und Lautersee, Weg 872. Eine Infotafel weist darauf hin, dass sich hier auch die Wasserscheide zwischen Isar und Loisach befindet. GPS-Wegpunkt 6 – 11,8 km – 1030 m: Den Linksabzweig hinunter zum Lautersee ignorieren und geradeaus weiter auf der Teerstraße bleiben, Weg 820. GPS-Wegpunkt 7 – 13,5 km – 980 m: Direkt in einer Linkskurve mündet der Fahrweg in die Fahrstraße nach Leutasch; dieser nun rechts hoch folgen. GPS-Wegpunkt 8 – 15,0 km – 1040 m: An der Höllkapelle für den Besuch der Geisterklamm links auf dem kurzen Waldweg hinunter zur Klamm. Vor der Klamm die Bikes abstellen (Bikeverbot in der Klamm!). Der spektakuläre Eisensteg verzweigt sich gleich hier an der Höllbrücke und führt auf insgesamt 800 m Länge in schwindelerregender Höhe durch die Klamm. Rechts ab geht es zur Panoramabrücke und zum Gasthaus Gletscherschliff, links zum eigentlichen Klammeinstieg und zum Parkplatz. Schautafeln entlang des Stegs informieren über die Geheimnisse der Klamm. Der Weiterweg führt von der Höllkapelle links ab; von hier folgt man der Fahrstraße hinauf ins Leutaschtal. GPS-Wegpunkt 9 – 17,3 km – 1020 m: Leutascher Klammstüberl; geradeaus weiter. Hier befindet sich auch der Besucherparkplatz für die Klamm. GPS-Wegpunkt 10 – 20,3 km – 1040 m: An der Reiterklause links ab von der Fahrstraße auf dem Kiesweg zum Achweg Richtung Leutasch. GPS-Wegpunkt 11 – 21,4 km – 1045 m: An der Wegverzweigung rechts auf den Achweg Richtung Leutasch. GPS-Wegpunkt 12 – 24,2 km – 1070 m: Einmündung in die Fahrstraße am Holiday Camping. Auf dieser 100 m entlang weiterfahren und anschließend links über die Brücke wieder auf den Achweg. GPS-Wegpunkt 13 – 26,2 km – 1100 m: An der Forststraßenkreuzung bei Ahrn auf die andere Seite der Leutascher Ache wechseln und dort weiter auf dem Achweg entlangradeln. GPS-Wegpunkt 14 – 27 km – 1100 m: Erneuter Seitenwechsel auf die linke Seite der Leutasch. Hier, im Schatten seines Vorbildes, steht die Hohe-Munde-Miniatur, und es beginnt der Achweg-Lehrpfad. GPS-Wegpunkt 15 – 27,7 km – 1113 m: Der Radweg quert die Fahrstraße; auf der anderen Seite geht es geradeaus weiter auf dem Radweg. GPS-Wegpunkt 16 – 28,5 km – 1118 m: Erneut quert der Achweg die Fahrstraße; drüben geradeaus weiter auf dem Radweg. GPS-Wegpunkt 17 – 29,3 km – 1160 m: An der Kreuzung geradeaus weiter Richtung Leutasch Platzl/Aue. GPS-Wegpunkt 18 – 29,9 km – 1140 m: Fahrstraße erneut queren. GPS-Wegpunkt 19 – 31,4 km – 1173 m: Wegkreuzung an der Brücke. Hier links ab und auf der schmalen Teerstraße nach Obern und anschließend gleich

Auf der Wildmoosalm lässt es sich aushalten – auch deshalb, weil der anstrengendste Teil der Tour bereits absolviert ist.

Rund um die Große Ahrnspitze über die Wildmoosalm

den rechten Abzweig nehmen. Rechts über die Brücke führt die Fahrstraße bis zum letzten Parkplatz vor dem Gaistal. Im Gaistal selbst herrscht für Autos Fahrverbot. **GPS-Wegpunkt 20 – 31,5 km – 1177 m:** An der Straßenkreuzung an der Kapelle im Ortsteil Obern links ab und nach 50 m rechts ab auf den geteerten Radweg »Hennengassl«. Hier befindet sich auch ein Milchautomat am Wegesrand, der rund um die Uhr gemolken werden kann – ja, so was gibt's wirklich! **GPS-Wegpunkt 21 – 32,6 km – 1185 m:** Einmündung in die Fahrstraße, dieser 50 Meter rechts folgen und in die rechte Auffahrt Richtung Hochmoos/Wildmoos einfahren. Ab hier geht es erst mal wieder stetig und merklich bergauf, ab und an gibt das Spalier aus Bäumen den Blick hinein ins Gaistal und auf das beeindruckende Felsdreieck der Hohen Munde frei. **GPS-Wegpunkt 22 – 32,8 km – 1193 m:** An der Verzweigung rechts halten Richtung Wildmoos/»Schlagweg«, Weg 3. **GPS-Wegpunkt 23 – 35,8 km – 1295 m:** Bei der Forststraßeneinmündung links hoch Richtung Lottensee/Wildmoosalm. **GPS-Wegpunkt 24 – 36 km – 1348 m:** Dem Straßenverlauf Richtung Wildmoosalm folgen. **GPS-Wegpunkt 25 – 36,3 km – 1360 m:** An der Forststraßeneinmündung dem Wegverlauf links hoch Richtung Wildmoosalm folgen. **GPS-Wegpunkt 26 – 36,6 km – 1368 m:** Am Scheitelpunkt der Strecke rechts bergab Richtung Wildmoosalm (links: Hochmoos-Anhöhe) und geradeaus vorbei am Ferienheim Wildmoos. **GPS-Wegpunkt 27 – 37,9 km – 1337 m:** An der Forststraßenverzweigung dem Verlauf schräg links folgen. **GPS-Wegpunkt 28 – 38,5 km – 1336 m:** Forststraßenverzweigung vor der Wildmoosalm, rechts ab für den Abstecher zur Alm. Die Alm liegt an einer sumpfigen Lichtung auf dem ansonsten waldreichen Seefelder Plateau. Einen freien Ausblick gibt es hier oben aber nur nach Osten, wo Reitherspitze und Seefelder Spitze den westlichen Abschluss des Karwendelgebirges bilden. Als beliebtes Ausflugsziel, vor allem von Seefeld herauf, hat die Alm auch zwischen Weihnachten und Ostern Saison. **GPS-Wegpunkt 29 – 38,7 km – 1320 m:** Wildmoosalm; zurück zum letzten Wegpunkt und dort dann rechts ab. **GPS-Wegpunkt 30 – 40,4 km – 1335 m:** An der Forststraßenverzweigung nach dem kurzen Anstieg von der Wildmoosalm jetzt rechts ab in die Abfahrt ins Fludertal, Weg 3. **GPS-Wegpunkt 31 – 42,1 km – 1210 m:** Einmündung in die Fahrstraße Seefeld – Weidach; hier links ab und nach 100 m rechts auf die neue, wenig befahrene Teerstraße »Durch den Boden«; immer leicht bergab. **GPS-Wegpunkt 32 – 47,4 km – 1013 m:** Am Holzlagerplatz kurz vor der Einmündung in die Fahrstraße Seefeld – Scharnitz links ab auf den Kiesweg Richtung Gießenbach/Scharnitz. **GPS-Wegpunkt 33 – 48,6 km – 1036 m:** Geradeaus über die Forststraßenkreuzung (Weg 19) und durch den lichten Arzwald. **GPS-Wegpunkt 34 – 48,9 km – 1008 m:** Erneut geradeaus weiter. **GPS-Wegpunkt 35 – 50,6 km – 965 m:** Am Parkplatz bei den Sportanlagen vor Scharnitz geradeaus weiter durch den Ortsrand von Scharnitz Richtung Mittenwald, Weg 18. **GPS-Wegpunkt 36 – 51,1 km – 959 m:** Dem Radweg nach Mittenwald geradeaus weiter folgen. **GPS-Wegpunkt 37 – 51,7 km – 974 m:** Am Ende der Teerstraße (Porta-Claudia-Straße) kurz rechts ab auf den Feldweg entlang der Isar. **GPS-Wegpunkt 38 – 52 km – 986 m:** An der ehemaligen Festungsanlage der Porta Claudia rechts bergab über den kurzen Waldweg Richtung Mittenwald. Der halb verfallene Mauerbogen, der hier erreicht wird, ist das Überbleibsel der ehemaligen Grenzbefestigung zwischen Bayern und Tirol, 1632–34 auf Betreiben der Tiroler Regierung errichtet. **GPS-Wegpunkt 39 – 52,1 km – 982 m:** Forststraßenkreuzung an der Brücke bei der Verbindungsstraße Scharnitz – Mittenwald; hier jetzt links auf den Radweg Richtung Mittenwald. **GPS-Wegpunkt 40 – 52,4 km – 987 m:** An der Weggabelung rechts ab auf den Isarweg (802) Richtung Mittenwald. Alternativ dazu links durch den Riedboden, vorbei an einem aufgelassenen Bleibergwerk. Beide Alternativen vereinigen sich später und führen ab km 55,8 bei den Sportstätten im Ried geteert Richtung Mittenwald. **GPS-Wegpunkt 41 – 56,3 km – 960 m:** Nach der Brücke links ab auf Uferweg und auf diesem immer geradeaus durch die Siedlung in den Ortskern von Mittenwald. **GPS-Wegpunkt 42 – 56,8 km – 947 m:** Einmündung in die Fahrstraße; jetzt links entlang der Straße über die Isar. **GPS-Wegpunkt 43 – 56,9 km – 933 m:** Von der zentralen Ortsdurchfahrt links hoch in den Abzweig Richtung Leutasch und diesen (geteert) bergan. **GPS-Wegpunkt 44 – 57,3 km – 980 m:** In der schon bekannten Spitzkehre jetzt rechts zurück Richtung Elmau. **GPS-Wegpunkt 45 – 58,1 km – 1028 m:** Rechts auf den Kiesweg in die Schiebestrecke um den Lautersee. Wer partout im Sattel bleiben will, der fährt geradeaus weiter auf der Fahrstraße bis Wegpunkt 48, wo sich die beiden Wege wieder vereinigen. **GPS-Wegpunkt 46 – 58,7 km – 1055 m:** Geradeaus bergab zum Lautersee. Der direkt am See angelegte schmale Uferweg führt durch den Schilfgürtel auf die touristisch stark aufgerüstete westliche Seeseite. Der Badestrand und diverse Einkehrmöglichkeiten sowie einige Bilderbuchansichten wie »Lautersee vor Karwendelkulisse« machen die kleine Runde auch schiebend lohnenswert. Achtung: Bei der Einhaltung des Bikeverbotes versteht die Mittenwalder Obrigkeit keinen Spaß! **GPS-Wegpunkt 47 – 59,9 km – 1050 m:** An der Lauterseestub'n rechts steil hoch und zurück auf die »erlaubte« Straße. **GPS-Wegpunkt 48 – 60,3 km – 1110 m:** Der Kiesweg trifft auf die Forststraße; dieser im Verlauf Richtung Elmau folgen, Weg 872. **GPS-Wegpunkt 49 – 62,7 km – 1060 m:** An der Forststraßenverzweigung rechts halten und immer am Ferchenbach entlang dem Weg 820/A1 folgend, leicht bergab Richtung Elmau. **GPS-Wegpunkt 50 – 63,9 km – 1044 m:** Von der Forststraße führt hier links eine 800 m lange Variante hinunter an den Ferchenbach auf den schmäleren Fußweg (auf Wanderer achten!). Die beiden Strecken treffen bei km 64,7 wieder zusammen. **GPS-Wegpunkt 51 – 64,8 km – 1030 m:** An der Forststraßenverzweigung links ab Richtung Elmau. **GPS-Wegpunkt 52 – 65,7 km – 1017 m:** Einmündung in die Teerstraße; beim Parkplatz links zum Alpengasthof Elmau und um diesen herum. **GPS-Wegpunkt 53 – 65,8 km – 1003 m:** Nach dem Gasthof rechts über die Fußgängerbrücke hoch zum Schachenweg und über diesen rechts zurück zum Parkplatz rollen. **Endpunkt 66 km – 1007 m:** Schachenparkplatz.

5 Vom Eckbauer zum Kranzberg
Auf aussichtsreichen Wegen zwischen Garmisch und Mittenwald

Schwierigkeit	Erlebniswert	Länge	Zeit	Höhendifferenz
4	✪✪✪✪✪	41,2 km	4 Std.	1250 m

TOURENCHARAKTER

AUSGANGSPUNKT/ENDPUNKT
Olympia-Skistadion Garmisch-Partenkirchen

ANFAHRT
Bahn/Auto: Garmisch

KONDITION ✪✪✪✪○

FAHRTECHNIK ✪✪✪✪○

ERLEBNISWERT

Fahrspaß: ✪✪✪○○

Landschaft: ✪✪✪✪○

KULTUR UND GESCHICHTE
✪✪○○○

EINKEHRMÖGLICHKEITEN
Berggasthof Wamberg, Tel. 08821/22 93; ganzjährig geöffnet
Eckbauer, Tel. 08821/22 14; geöffnet: Mai–Oktober, Weihnachten–Ostern täglich 9–16 Uhr; im Sommer Mittwoch Ruhetag
Elmauer Alm, Tel. 08823/91 80; geöffnet: tägl. von 10–17 Uhr bei schönem Wetter, Betriebsferien Anfang November – 25. Dezember
Kranzberghaus, Tel. 08823/15 91
Gasthof Ferchensee, Tel. 08823/14 09; täglich von 9–17 Uhr
Finzalm (im Sommer zeitweise bewirtschaftet)

STRECKENPROFIL
Gesamtstrecke: 41,2 km
(Asphalt: 7,8 km; Schotter: 29,5 km; Trail: 3,9 km)

HÖCHSTER PUNKT
Kranzberghaus, 1350 m

NIEDRIGSTER PUNKT
Olympia-Skistadion Garmisch-Partenkirchen, 750 m

TOURIST-INFO
Garmisch-Partenkirchen,
Tel. 08821/18 07 00

LANDKARTEN
Kompass Karte Nr. 5, 1:50 000
Wettersteingebirge/Zugspitzgebiet

GPS-ROADBOOK
Tour 05 – Eckbauer_Kranzberg.GPX

Die vor allem wegen ihrer diversen Steilstücke anspruchsvolle und kraftraubende Route verbindet mit Eckbauer und Kranzberg zwei der lohnendsten Aussichtslogen der Region. Traileinlagen am Hohenrücken und am Kranzberg sorgen für gehörigen Fahrspaß.

Die Tour vom Eckbauer zum Kranzberg zieht sich über den Wambergrücken von Garmisch hinüber nach Mittenwald und verläuft zwischen dem Estergebirge im Norden und den östlichen Ausläufern des Wettersteingebirges. Ihre beiden Eckpfeiler, der Berggasthof Eckbauer und das Kranzberghaus, sind auch für sich genommen erstklassige Ausflugsziele, und so ist der Bergradler hier oben niemals allein. Zumal deren prominente Lage schon bald dazu führte, dass sie auch für den Tourismus erschlossen wurden. So bringen Eckbauerbahn (seit 1956) und Kranzbergbahn (seit 1950) an schönen Bergtagen unzählige Ausflügler hinauf zu diesen zu Recht so beliebten Aussichtslogen.

Unendlich anstrengender ist es jedoch für den Bergradler, die erste Station dieser so aussichtsreichen Höhenroute zu erklimmen. Der Uphill-Trail hinauf zum Eckbauer ist eine sportliche (und stellenweise auch fahrerische) Herausforderung – ein Fall für hartnäckige Bergspezialisten, die Vergnügen an extremsten Steigungen haben. Der Abschnitt nach dem Start bis kurz vor Wamberg und das letzte Teilstück vor Erreichen der Weggabelung zum Eckbauer sind supersteil (bis 30 Prozent) und eignen sich bestens, die Grenzen von Mensch und »Maschine« zu erfahren. Dabei ist der obere Abschnitt von Wamberg hinauf tadellos geteert – ganz anders als der Einstieg. Der Fußweg oberhalb des Garmischer Krankenhauses verwandelt sich bald in einen düsteren, zum Teil komplett in Dickicht gehüllten steilen Hohlweg, dessen geschundener Belag zusätzlich fahrerische Ansprüche an den Mountainbiker stellt. Ein erholsamer Lichtblick ist die anschließende Fahrt durch Wamberg. Auf 996 Metern gelegen, darf sich der kleine Weiler mit dem Titel »höchste Kirchengemeinde Deutschlands« schmücken.

Panoramagenuss so weit das Auge reicht

Am Scheitelpunkt angekommen, kostet der Abstecher zum Eckbauer dann nur mehr wenige Minuten und führt leicht coupiert zwischen zahlreichen Wanderern und Ausflüglern hindurch direkt auf die riesige Aus-

| 41,2 km | 1250 Hm | Tagestour |

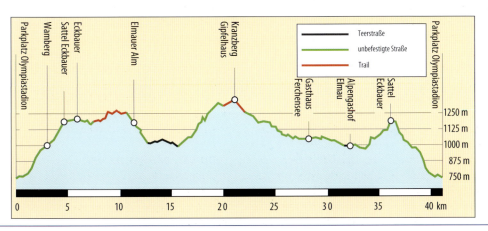

Vom Eckbauer zum Kranzberg

sichtsterrasse des Berggasthofes. Dort hilft ein Fernrohr, das beeindruckende Panorama aufzudröseln: Das Schachenhaus direkt gegenüber und die darüber hinausragenden Dreitorspitzen sind aber auch mit bloßem Auge zu erkennen, genauso wie die hoch über der Partnach gelegene Partnachalm und natürlich auch das markante Dreieck der Alpspitze und, nicht zuletzt die alles überragende Zugspitze im Hintergrund. Ein paar weitere Meter hinauf zum Eckbauer-Gipfelkreuz machen dann auch noch den Blick frei hinaus nach Norden, über Garmisch-Partenkirchen hinweg, auf das Loisachtal mit dem Estergebirge zur Rechten und den Ammergauer Alpen zur Linken.

Mit Adrenalinschüben auf steilen Abfahrten

Dem optischen Hochgenuss schließt sich nun auch gleich ein fahrerischer an: der Höhenrückentrail. Er führt in abwechslungsreichem Auf und Ab von der Eckbauer-Weggabel über den schwach ausgeprägten Grat des Wamberg fast direkt bis zur Elmauer Alm. Hochstauden sowie mal dichter, mal lichter Bergwald kennzeichnen den Pfad, vor dessen Begehen oder gar Befahren zu Beginn ein Schild warnt. Dies ist aber wohl in erster Linie auf die zahlreichen Ausflügler gemünzt, die hier nicht auf Abwege geraten sollen – denn der Weg ist nicht nur trailtauglich, sondern sogar äußerst genussvoll. Einzig nach Regen sollte der Pfad gemieden und die parallel verlaufende Forststraße vorgezogen werden, will der Biker halbwegs trockenen Fußes die Elmauer Alm erreichen. Dürfte ein Preis vergeben werden für die heimeligste Einkehr der Region, die Elmauer Alm wäre sicher einer der ersten Anwärter darauf. Die Nähe zur Mautstraße Kranzbach – Elmau und zu ihren Schlössern machen auch sie zu einem viel be-

Fahrerisch ansprechende Passagen durch dichten Bergwald prägen die letzten Meter hinauf zum Kranzberg Gipfelhaus.

Auf aussichtsreichen Wegen zwischen Garmisch und Mittenwald

suchten Ausflugsziel, das aber erstaunlicherweise auch bei Hochbetrieb seinen Charme nicht verliert.

Nachdem die kompromisslose Abfahrt hinunter bis kurz vor Elmau so richtig für Downhill-Adrenalin sorgte, kostet der Forststraßen-Aufstieg hinauf zum Kranzberg noch einmal ordentlich Körner. Vor allem im letzten Drittel steigt die unbefestigte Straße erneut ordentlich an, bevor sie zuletzt in einen kurzen Trail übergeht, der fahrerisch kurzweilig im Slalom durch den Bergwald auf das lichte Gipfelplateau des Kranzbergs führt. Noch bevor der Biker sein Rad am Kranzberghaus abstellen kann, wird er überwältigt von der Felsbastion des westlichen Karwendels, auf die er zusteuert und die Luftlinie nur sechs Kilometer entfernt jenseits des Isartales von Mittenwald herauf in den Himmel ragt. Nicht minder beeindruckend sind die benachbarten Berggestalten wie Wettersteinspitze, Große Ahrnspitze und Schöttelkarspitze. Der nun beginnende Rückweg startet mit einer Wiederholung, die man gern in Kauf nimmt: Noch einmal geht es entlang des Gipfeltrails, bevor dieser in eine Forststraße aufgeht, die sich Richtung Ferchensee ins Tal schlängelt. Nicht nur im Sommer bei Badewetter lohnt der kurze Abstecher zum Ferchensee, bevor auf dem Rückweg die dritte und letzte Steigung in Angriff genommen wird. Gut 200 Höhenmeter von Elmau hinauf zur schon bekannten Eckbauer-Weggabel stehen an, bevor die fulminante und nicht ungefährliche Steilabfahrt über Wamberg hinunter zum Olympia-Skistadion führt. Es ist eine Art späte Genugtuung für die morgendlichen Qualen, die dem Biker jetzt hier zuteil wird, wenn das Rad dem Spiel der Hände folgend scheinbar schwerelos über die Rampen rauscht. Aber Vorsicht, die Rachegelüste keinesfalls übertreiben!

Varianten:

Wer sich die üble (und teils unfahrbare) Schinderei über den Wamberg hinauf zum Eckbauer sparen will, der startet alternativ von Schloss Elmau aus und fährt von Süden her deutlich humaner hinauf zum Eckbauer und steigt so in die Tour ein. Damit entfallen au-

ßerdem rund 500 Höhenmeter, was die Tour zusätzlich entschärft. Wer auf den Höhenrückentrail verzichten will, kann auch bequemer, aber weniger spannend unten herum über die Forststraße zur Elmauer Alm gelangen. Vom Ferchensee aus ist auch der lieblichere Lautersee nur wenig mehr als einen Kilometer entfernt.

Der fahrerisch »luxuriöseste Abschnitt« der Tour führt vorbei am international renommierten Fünf-Sterne-Hotel Schloss Elmau.

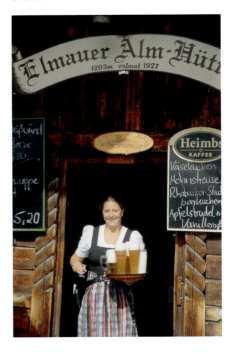

Almambiente aus dem Bilderbuch: die Elmauer Alm überzeugt mit Charme auf allen Ebenen.

Routenbeschreibung

Aussichtsbalkon hoch über Mittenwald: der Gipfel des Hohen Kranzberg

Start der Tour
Ausgangspunkt: Parkplatz am Olympia-Skistadion auf 750 m, direkt unterhalb der neu errichteten Skisprungschanze. Von dort die Auenstraße entlang zum Kainzenbad vorfahren.

Route
GPS-Wegpunkt 1 – 0,15 km – 745 m: Nach 150 m rechts ab von der Fahrstraße auf den Kiesweg Richtung Eckbauer und Wamberg. Der Weg wird schon bald zum steilen Karrenweg, Weg WB. Die Teerstraße endet nach 1 km, und ab dem Wamberger Friedhof bei km 2,9 wird eine schmale Teerstraße erreicht. Dazwischen geht es auf ramponiertem Asphalt den arg steilen Hohlweg hoch, der am Stück kaum zu schaffen ist. **GPS-Wegpunkt 2 – 3 km – 1005 m:** An der Straßenkreuzung in Wamberg, Deutschlands höchster Kirchengemeinde auf 996 m, rechts hoch Richtung Eckbauer, Weg WB1 Richtung Eckbauer. Kurz nach Ortsende findet auch die Teerstraße ihr Ende und führt hinein in den hügeligen, freien Wiesengrund, über dem bald der felsige Spitz des Waxensteins emporragt. **GPS-Wegpunkt 3 – 3,7 km – 1051 m:** Links ab wie beschildert Richtung Eckbauer. Die eh schon steile, schmale Straße steigt erneut an und bewegt sich bis zum Sattel auf allerhöchstem Niveau. **GPS-Wegpunkt 4 – 4,6 km – 1191 m:** Am Ende des extrem steilen Anstiegs auf dem Sattel rechts ab Richtung Eckbauer und vorbei an der Eckbauerbahn-Bergstation. Dank der Eckbauer-Bahn, die viele Ausflügler von Garmisch heraufbringt, ist hier vorsichtiges Fahren angesagt. **GPS-Wegpunkt 5 – 5,9 km – 1213 m:** Berggasthaus Eckbauer. Das Gasthaus ist eines der beliebtesten Ausflugsziele rund um Garmisch-Partenkirchen überhaupt – und das zu Recht. Allein die überwältigende Aussicht von der Terrasse ins Reintal und auf die darüber liegenden höchsten Gipfel des Wettersteingebirges. Wie der Eckbauer-Wirt zu berichten weiß, wird der Wanderweg, der jenseits der Terrasse beginnt und steil hinunter nach Garmisch führt, ab und an auch von Bikern benutzt. Offiziell ist der Weg aber Fußgängern vorbehalten. Deshalb geht es zurück auf demselben Weg bis zu Wegkreuzung und dem letzten Wegpunkt. **GPS-Wegpunkt 6 – 7,5 km – 1190 m:** Jetzt schräg links hoch in den hier beginnenden Höhenrückentrail, Weg 860, einfahren. Der Trail führt in leichtem Auf und Ab praktisch durchgehend fahrbar durch Hochstaudengelände und dichten Nadelwald bis kurz vor die Elmauer Alm. Bei Nässe kann der Trail schnell ein arg sumpfiges Vergnügen werden. **GPS-Wegpunkt 7 – 9,5 km – 1282 m:** Der Trail wird zum Karrenweg. **GPS-Wegpunkt 8 – 10,6 km – 1260 m:** Der Karrenweg mündet in die Forststraße. Dieser links Richtung Elmauer Alm folgen. Bei der Abfahrt auf ein eventuell geschlossenes Weidegatter achten! **GPS-Wegpunkt 9 – 10,9 km – 1241 m:** An der Forststraßenverzweigung rechts ab wie ausgeschildert auf die schmale Forststraße Richtung Elmauer Alm. **GPS-Wegpunkt 10 – 11,3 km – 1188 m:** Elmauer Alm. Kleine, aber feine Einkehr mit viel Charme und dem entspre-

Auf aussichtsreichen Wegen zwischen Garmisch und Mittenwald

chenden Publikumsandrang. Die meisten Wanderer kommen von Elmau herauf. Von der Alm das Bike in Richtung Terrasse schieben und am Brunnen links übers Gras bergab am Zaun entlang zum Beginn des Kiesweges am Ende der Terrasse. Hier befinden sich auch die Wegweiser. Dort den Weg bergab über freies Feld aufnehmen. GPS-Wegpunkt 11 – 11,8 km – 1161 m: An der Wegekreuzung geradeaus bergab in den steilen Waldweg nach Kranzbach abfahren, Weg 862. Der links abgehende schöne Höhenweg nach Kranzbach ist für Radfahrer leider verboten, wie auch ein Schild bezeugt. GPS-Wegpunkt 12 – 12,7 km – 1010 m: Die Forststraße mündet kurz vor Schloss Elmau in den Radweg; dort links ab Richtung Kranzbach, Weg 843, A1. GPS-Wegpunkt 13 – 14,5 km – 1126 m: Der Radweg trifft auf die Mautstraße Klais – Elmau; hier links ab Richtung Klais. Die Straße führt vorbei an der ungewöhnlichen Fassade des Schlosshotels Kranzbach. GPS-Wegpunkt 14 – 15,6 km – 1004 m: Rechts ab von der Mautstraße auf die Forststraße Richtung Kranzberg. Anschließend dem Verlauf der Straße immer bergauf folgen und minderwertige Abzweige ignorieren. Der Anstieg hat es durchaus in sich, wird er doch zum Gipfel hin immer steiler. Er eignet sich aber gut für heiße Tage, verläuft er doch fast komplett unter dichtem Blätterdach. GPS-Wegpunkt 15 – 17,3 km – 1178 m: Die Forststraße weiter links bergauf verfolgen. GPS-Wegpunkt 16 – 18 km – 1308 m: An der Forststraßenverzweigung rechts ab Richtung Kranzberg. GPS-Wegpunkt 17 – 19,3 km – 1293 m: Schräg links hoch. Der Weg verengt sich mehr und mehr – ganz oben schließlich ist er zum Trail mutiert. GPS-Wegpunkt 18 – 20 km – 1313 m: Schräg rechts ab auf den schmäleren Weg hoch Richtung Kranzberg (Wegweiser). GPS-Wegpunkt 19 – 20,2 km – 1313 m: Traileinmündung auf den Trail Elmau – Kranzberg; diesem links Richtung Kranzberg folgen und im anregenden Slalom der Bierwerbung folgen, die ab und an die Baumstämme ziert. GPS-Wegpunkt 20 – 20,9 km – 1360 m: An der Wegekreuzung links hoch Richtung Kranzberg Gipfelhaus. GPS-Wegpunkt 21 – 21,1 km – 1357 m: Kranzberg Gipfelhaus. Das imposante Gebäude wenig unterhalb des Gipfels liegt quasi vis-à-vis der Karwendelfront. Unbedingt auch noch die wenigen Meter hoch zum Gipfelpavillon machen, denn von dort aus wird die Gipfelschau noch umfassender. Auch die landschaftlichen Leckerbissen nördlich vom Kranzberg werden sichtbar: der Wildensee wenig unterhalb, das Isartal und die Buckelwiesen und die Gipfel des Estergebirges. Zurück auf demselben Weg bis zum Wegpunkt 19. GPS-Wegpunkt 22 – 21,9 km – 1312 m: Traileinmündung von rechts (siehe Wegpunkt 19), jetzt aber geradeaus weiter Richtung Elmau/Ferchensee/Lautersee. GPS-Wegpunkt 23 – 22 km – 1366 m: Der Singletrail gabelt sich, und es geht links Richtung Ferchensee/Elmau. GPS-Wegpunkt 24 – 22,1 km – 1364 m: Geradeaus weiter auf dem breiteren Trail (nicht links ab auf Steig). Nach 100 m beginnt die schmale Forststraße, die links bergab sticht und in rauschender Fahrt talwärts zum Ferchensee führt. GPS-Wegpunkt 25 – 23,2 km – 1240 m: Steigabzweig. Hier links zweigt der Fußgängerweg zum Ferchensee ab – Fahrverbot für Biker. Dem Verlauf der Forststraße (Weg 812) folgen. In der Abfahrt nicht die Rastbank mit Ausblick auf den Ferchensee versäumen. GPS-Wegpunkt 26 – 25,7 km – 1124 m: Den Rechtsabzweig ignorieren und dem Verlauf der Forststraße folgen (nicht rechts ab Richtung Elmau). GPS-Wegpunkt 27 – 27,3 km – 1052 m: An der Forststraßenkreuzung geradeaus für den Abstecher zum Ferchensee (rechts geht's direkt zurück Richtung Elmau). 500 sehr lohnende Meter, vor allem, wenn die Sommerhitze und der Aufstieg auf den Kranzberg noch nicht ganz verdaut sind. GPS-Wegpunkt 28 – 28,2 km – 1048 m: Ferchensee-Badeplatz gleich nach dem Gasthaus Ferchensee. Auf demselben Weg zurück zum letzten Wegpunkt. GPS-Wegpunkt 29 – 29,2 km – 1079 m: Jetzt an der Forststraßenverzweigung links dem Weg Richtung Elmau folgen. Nach 100 m an der nächsten Forststraßenverzweigung auf den rechten Weg Richtung Elmau einschwenken und anschließend immer genüsslich leicht abfallend am Ferchenbach entlang Richtung Elmau rollen. Der Abzweig links führt auf den Bannholzerweg und weiter zum Schachen. GPS-Wegpunkt 30 – 31,2 km – 1020 m: An der Verzweigung schräg links Richtung Elmau. GPS-Wegpunkt 31 – 31,6 km – 1011 m: An der Forststraße links ab und über die Brücke. GPS-Wegpunkt 32 – 32,1 km – 991 m: Der gekieste Radweg mündet am Parkplatz bei den ersten Häusern von Elmau. Von dort der Teerstraße in Richtung der Häuser folgen, vorbei am Alpengasthof Elmau und zum Spielplatz. Hier endet die Teerstraße. GPS-Wegpunkt 33 – 32,4 km – 993 m: Von der Straße rechts ab über die kleine Fußgängerbrücke (Wegweiser »Eckbauer, Partnachklamm«), die Stufen hoch auf die Schachenstraße und dieser rechts folgen. Am ersten (unteren) Parkplatz vorbei und gleich danach links die kurze Auffahrt hoch. GPS-Wegpunkt 34 – 32,5 km – 1015 m: An der Forststraßenkreuzung oberhalb des kleinen Schachenparkplatzes links ab und die Forststraße entlang des großen Wanderparkplatzes durch die Schranke geradeaus weiterfahren. GPS-Wegpunkt 35 – 33,6 km – 974 m: Am Abzweig rechts hoch in den finalen Anstieg hinauf zum Eckbauer/Graseck, Weg 843, PE1. Die Forststraße, die links leicht fallend abgeht, führt entlang des Ferchenbachs zur Partnachklamm. GPS-Wegpunkt 36 – 34,7 km – 1069 m: Weiter dem Verlauf der Forststraße rechts hoch Richtung Eckbauer folgen. GPS-Wegpunkt 37 – 35,2 km – 1135 m: Linksabzweig; geradeaus weiter der Forststraße folgen. GPS-Wegpunkt 38 – 36,1 km – 1205 m: Links ab von der Forststraße auf den schmäleren Karrenweg Richtung Wamberg/Eckbauer. GPS-Wegpunkt 39 – 37 km – 1129 m: Ab hier, dem Eckbauersattel, entlang der Auffahrtsroute geradeaus dem Weg über die Wegkreuzung folgen und, oft sehr steil, bergab nach Wamberg und weiter zum Kainzenbad. Wie die diversen Radspuren am Straßenrand beweisen, weicht mancher Biker im obersten Teilstück bei der Abfahrt ins Gelände am Wegesrand aus. Eine Alternative, die einiges für sich hat, ist der Flow über weiches Gras doch weitaus berauschender. Egal wo man abfährt, vollste Konzentration ist in jedem Fall angesagt – und das gilt hinunter bis zum Kainzenbad.
Endpunkt 41,2 km – 750 m: Parkplatz Olympia-Skistadion.

6 Über Graseck zum Schachen

Auf König Ludwigs Spuren zum Schachenschloss hoch über dem Reintal

Schwierigkeit	Erlebniswert	Länge	Zeit	Höhendifferenz
3	✪✪✪✪✪	40,5 km	5 Std.	1460 m

TOURENCHARAKTER

AUSGANGSPUNKT/ENDPUNKT
Olympia-Skistadion Garmisch-Partenkirchen

ANFAHRT
Bahn/Auto: Garmisch

KONDITION ✪✪✪✪✪

FAHRTECHNIK ✪✪✪✪✪

ERLEBNISWERT

Fahrspaß: ✪✪✪✪✪

Landschaft: ✪✪✪✪✪

KULTUR UND GESCHICHTE
✪✪✪✪✪

EINKEHRMÖGLICHKEITEN
Hanneslabauer, Tel. 08821/531 31; geöffnet: Mitte Dezember–Mitte November
Wettersteinalm, geöffnet: Anfang Juli–Anfang September
Schachenhaus, Tel. 08821/29 96; geöffnet: Anfang Juni–Anfang Oktober
Partnachalm, Tel. 08821/26 15; geöffnet 20.12.–Anfang November

STRECKENPROFIL
Gesamtstrecke: 40,5 km (Asphalt: 4,7 km; Schotter: 45,2 km; Trail: 0 km)

HÖCHSTER PUNKT
Schachenhaus, 1866 m

NIEDRIGSTER PUNKT
Parkplatz Olympia-Skistadion, 750 m

TOURIST-INFO
Garmisch-Partenkirchen,
Tel. 08821/18 07 00

LANDKARTEN
Kompass Karte Nr. 5, 1:50 000
Wettersteingebirge/Zugspitzgebiet

GPS-ROADBOOK
Tour 06 – Schachen.GPX

Eine ganz besondere Tour, steht doch an ihrem Ende mit dem Schloss König Ludwigs II. ein bayerisches Kulturgut ersten Ranges. Auch der nebenan von der LMU München unterhaltene Alpengarten ist einen Besuch wert. Weiter oben locken die Meilerhütte und Dreitorspitzen.

Was am Fuße der nagelneuen Garmischer Skisprungschanze beginnt, führt weit zurück in die bayerische Geschichte, in die Zeit der Regentschaft von König Ludwig II. Der Monarch war eifrig dabei, sich ein Denkmal nach dem anderen zu schaffen. Dazu gehört auch das Jagdschloss auf dem Schachen, das er 1871 im Schweizer Chalet-Stil in der Bergeinsamkeit errichten ließ. Zur Versorgung des Schlosses wurde damals der schon bestehende Weg zur Wettersteinalm hinauf zum Schachen verlängert. Auf diesem Weg, dem »Königsweg«, über den sich damals Bedienstete und Minister auf Geheiß hinaufquälten, sind heute nur mehr Wanderer und Mountainbiker unterwegs. Ausgenommen am 25. August, dem »Ludwigstag«: An diesem Datum wird am Schachen oben dem Monarchen gedacht. Genau an jenem Ort, wo er sich zu Lebzeiten so wohlfühlte, versammeln sich Königstreue jedes Jahr zu einer feierlichen Messe. Je nach Wochentag und Wetter sind es schon mal mehr als 1000 König-Ludwig-Anhänger, die über den Schachenweg heraufkommen, um den Geist des Märchenkönigs noch einmal aufleben zu lassen. Der wäre vermutlich gar nicht so angetan von so viel Trubel an seinem weltfernen Rückzugsort, war er doch alles andere als ein Mann des Volkes. Auch seine Schlösser sollten diesem verwehrt bleiben, und das ist auch heute noch ein bisschen so, denn ein Einblick in das von außen durchaus eher ein wenig seltsam und nur wenig glamourös anmutende Gebäude ist nur über eine öffentliche Führung möglich. Nur so erschließt sich also der Zauber des Schachenschlosses. Jederzeit frei zugänglich und nicht minder lohnenswert ist der Schachenpavillon, Ludwigs königliche Aussichtsloge. Das romantische Plätzchen hoch über dem Reintal ist in wenigen Gehminuten vom Schachenhaus zu erreichen und offenbart beeindruckende Aus- und Tiefblicke.

SCHACHENSCHLOSS

Das Schachenschloss von König Ludwig II. ist immer einen Besuch wert. Öffnungszeiten: Anfang Juni bis Anfang Oktober; täglich Führungen um 11, 13, 14 und 15 Uhr (maximal 30 Personen).

Eintrittspreise: 4 Euro regulär, 3 Euro ermäßigt. Infos unter Tel. 08822/920 30

| 40,5 km | 1460 Hm | Tagestour |

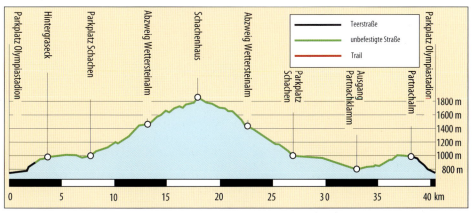

Über Graseck zum Schachen

Steile und abwechslungsreiche Wege zum Schachen

Der Weg für den Mountainbiker hinauf zum Schachen ist fahrerisch und konditionell durchaus anspruchsvoll, zumal in der hier vorgestellten Variante direkt aus Garmisch-Partenkirchen heraus jede Menge Höhenmeter zusammenkommen. Der Weg führt dabei auch nahe an der bereits 1396 erwähnten Wettersteinalm vorbei. Die Alm liegt auf einer Lichtung am Ende des kleinen Hochtals unterhalb der Wettersteinwand, und ihre Weiden bieten in den Sommermonaten frisches Futter für etwa 100 Jungrinder. Als Relikt aus längst vergangenen Tagen darf der zentrale Trägerposten in der Almhütte gelten, der mit geheimnisvollen Schnitzereien verziert ist und schon mehrere Hundert Jahre seinen Dienst verrichtet. Passend dazu wird auch heute noch der uralte Gastraum der Alm mit offenem Kaminfeuer beheizt.

Der anfänglich so ruhige Forststraßenanstieg von Elmau zur Wettersteinalm wird ab dort zum gröberen Karrenweg, der sich in steilen Kehren den Bergwald hinauf zum Steilenberg windet. Erst ab hier, auf der langen Querung, wird dem Biker etwas Ruhe gegönnt, und es bleibt auf diesem flacheren Abschnitt Zeit und Muße, die spektakulären Blicke auf das Alpspitzmassiv zu genießen. Am Ende der »Flachpassage« führt außerdem ein unscheinbarer Steig hinunter zum versteckt gelegenen Schachensee. Je näher der Biker seinem Ziel kommt, umso holpriger und mühsamer wird die Treterei, die zuletzt wieder deutlich steiler wird. Da kommt der Motivationsschub gerade recht, den der ausgelaugte Biker erfährt, wenn sich sein Ziel schließlich deutlich vor ihm abzeichnet. Majestätisch wie es oben auf der Kuppe thront, setzt es noch einmal Kräfte frei und ist schon jetzt Belohnung für die Aufstiegsmühen, die ganz unten an der Partnachklamm mit der unbarmherzig steilen Teerrampe hinauf nach Graseck ihren Anfang nahmen.

Alpengarten – Paradies für Pflanzenliebhaber und Naturfreunde

Eine weitere Attraktion am Schachen ist der Alpengarten, den man auf den letzten Metern passiert. Er liegt mitten im Naturschutzgebiet

Blick aus dem Alpengarten hinauf zum Schachenschloss. Direkt dahinter in einer Senke versteckt liegt das Schachenhaus.

Auf König Ludwigs Spuren zum Schachenschloss hoch über dem Reintal

Halbzeit auf dem Weg zum Schachen: Am Abzweig zur Wettersteinalm heißt es Kräfte sammeln für den beschwerlichen Weiterweg.

ALPENGARTEN

Von Anfang Juli bis Mitte September wird der Alpengarten durch Personal des Botanischen Gartens München-Nymphenburg betreut. Während dieser Zeit ist er täglich von 8 bis 17 Uhr geöffnet. Der Eintrittspreis beträgt 2 Euro.

Infos unter Tel. 089/17 86 13 10

»Schachen und Reintal«, das seit 1943 besteht und sich mit seinen heute 4000 Hektar entlang der deutsch-österreichischen Grenze vom Hochwanner zur Wettersteinwand zieht. Der 1901 wenig oberhalb der Baumgrenze eröffnete Garten beherbergt 1500 Blumen und Pflanzen aus unterschiedlichsten Gebirgsregionen. Die Auswahl der Pflanzen, die sich hier präsentieren, beinhaltet viele der bedeutendsten Gebirgsregionen der Erde: die Alpen, Karpaten, Pyrenäen, den Kaukasus, die Rocky Mountains und schwerpunktmäßig den Himalaya. Nicht kultiviert werden können unter den herrschenden klimatischen Bedingungen die Gebirgsfloren äquatorialnaher und besonders trockener Hochgebirge. Besonders farbenfroh ist der weltumspannende alpine Spaziergang in der letzten Juli- und in der ersten Augustwoche, wenn sich späte Frühjahrblütler und frühe Sommerblütler ablösen.

Variante:

Ein Start direkt vom Schachenparkplatz bei Schloss Elmau (über die Mautstraße ab Klais zu erreichen) verkürzt die Tour auf 850 Höhenmeter. Wer nur einen Tag Zeit hat, für den bleibt so mehr Muße für eine Besichtigung von Schachenschloss und Alpengarten. Mit einer Übernachtung im Schachenhaus oder in der über einen Steig in 1,30 Stunden zu erreichenden Meilerhütte (2375 m) schafft man sich genug Zeit für das Erlebnis Schachen mit all seinen Facetten. Und klettersteigerprobten Mountainbikern steht von dort oben aus auch der zweistündige Hermann-von-Barth-Weg auf die Partenkirchener Dreitorspitze (2633 m) offen.

Routenbeschreibung

Start der Tour

Ausgangspunkt: Parkplatz am Olympia-Skistadion in Garmisch-Partenkirchen, 750 m. Von dort rechts um das Stadion herum und der Teerstraße zur Partnachklamm folgen. Auf diesem Streckenabschnitt befindet man sich in Gesellschaft von zahlreichen Ausflüglern und Wanderern, und nicht zuletzt sind auch Pferdetaxis unterwegs. Allesamt streben sie zum Eingang der Partnachklamm. Den Pferden ist es auch geschuldet, dass der Biker ein wachsames Auge nicht nur auf das rege Treiben auf der Straße haben, sondern vor allem auch auf den Fahrbahnbelag achten muss, um den zahlreichen Kothaufen auszuweichen.

Route

GPS-Wegpunkt 1 – 0,7 km – 797 m: Am Abzweig an den Infotafeln nach der Brücke links die Teerstraße entlang zu den letzten Verkaufsständen und weiter zum Eingang der Partnachklamm. GPS-Wegpunkt 2 – 1,7 km – 799 m: Am Eingang zur Klamm links die steile Teerrampe mit ihren engen Kehren hinauf Richtung Graseck. Die Geschichte von Vorder-, Mitter- und Hintergraseck geht zurück bis ins 12. Jh. Mit Anfang des 19. Jh. wurden auch diese entlegenen Einödhöfe vom Fremdenverkehr entdeckt. GPS-Wegpunkt 3 – 2,4 km – 899 m: An der Wegverzweigung nach den Graseck-Häusern, wo es wieder flacher wird, links ab und weiter bergauf über freies Feld in den Wald hinein. GPS-Wegpunkt 4 – 3,6 km – 966 m: Geradeaus durch Hintergraseck entlang des Feldweges durch die leicht geneigten Felder rund um die Höfe. GPS-Wegpunkt 5 – 5,4 km – 1150 m: Forststraßeneinmündung von links oben. Vom ersten Scheitelpunkt der Strecke geht es anschließend dem gemeinsamen Straßenverlauf leicht abwärts folgend nach Elmau. GPS-Wegpunkt 6 – 6,6 km – 972 m: Den spitzen Rechtsabzweig Richtung Ferchenbach ignorieren und weiter geradeaus dem Forstweg über die Brücke in den Anstieg nach Elmau folgen. GPS-Wegpunkt 7 – 7,8 km – 1009 m: Am oberen Schachenparkplatz in den Abzweig nach rechts unten Richtung Wettersteinalm einfahren. Anschließend rechtsseitig am Elmauer Bach entlang Richtung Schachen und Wettersteinalm über Weg 841. GPS-Wegpunkt 8 – 10,4 km – 1173 m: An der Forststraßenverzweigung den linken Abzweig nehmen. GPS-Wegpunkt 9 – 10,5 km – 1186 m: Dem Verlauf der Forststraße in eine Rechtskurve folgen. GPS-Wegpunkt 10 – 11,1 km – 1227 m: Schräg rechts Richtung Schachen und Wettersteinalm und nicht (!) links ab auf den Alpenrand-Klassiker/Bannholzerweg. GPS-Wegpunkt 11 – 12,4 km – 1380 m: Das Ende der ausgebauten Forststraße ist erreicht. Ab hier wird die Straße zum ruppigeren Karrenweg. Dies gilt noch nicht so sehr für die letzten Meter zur Wettersteinalm, wohl aber ab dem nachfolgenden Abzweig, an dem sich die Wege trennen. GPS-Wegpunkt 12 – 13,1 km – 1430 m: Am Abzweig Schachen-Wettersteinalm. Geradeaus führt der Abstecher zur Wettersteinalm, die nach wenigen Hundert Metern erreicht ist. Der Weiterweg zum Schachen führt rechts hoch. GPS-Wegpunkt 13 – 13,3 km – 1433 m: Wettersteinalm. Zurück zum Abzweig und weiter bergan in zahllosen Kehren auf zunehmend gröberem Belag den Steilenberg hinauf. Erst hier oben rückt der Wald ein wenig zurück, und der Blick wird frei auf das gegenüberliegende Felsdreieck der Alpspitze (2628 m). GPS-Wegpunkt 14 – 15,9 km – 1690 m: Schachentor. Am Gatter wird zum ersten Mal der Blick auf das Schachenschloss frei. Es folgt eine flachere Querung vorbei am rechts unterhalb des Weges versteckt gelegenen Schachensee, bevor es in den Schlussanstieg geht. GPS-Wegpunkt 15 – 17,7 km – 1850 m: Alpengarten am Schachen. Bereits seit über 100 Jahren unterhält der Botanische Garten München diesen Außenposten im Herzen des Wettersteingebirges. Das 1ha große Terrain eignet sich hervorragend, um sich nach strammer Auffahrt ein wenig die Füße zu vertreten und dabei auch noch das ein oder andere über die heimische und fremde Bergflora zu erfahren. Dabei sind allerdings die sehr eingeschränkten Öffnungszeiten zu beachten. GPS-Wegpunkt 16 – 17,9 km – 1863 m: Ende der Stichtour am Schachenschloss und Schachenhaus. Die Bikes bitte an den dafür vorgesehenen »Galgen« und nicht direkt vor der Alm parken. Nassgeschwitzte Kleidung darf im »Trockenraum« aufgehängt werden. Die Abfahrt erfolgt entlang des Aufstiegsweges bis zum nächsten Wegpunkt. GPS-Wegpunkt 17 – 29,2 km – 972 m: An der Forststraßenverzweigung jetzt links flach am Ferchenbach entlang auf dem Weg 844. GPS-Wegpunkt 18 – 33 km – 802 m: Schautafel am oberen Ende der Partnachklamm. Rechts geht es für Fußgänger direkt zur Klamm. Biker bleiben auf der Forststraße, die links flussaufwärts der Partnach folgt. GPS-Wegpunkt 19 – 35,1 km – 853 m: In den Forststraßenabzweig rechts hoch, die Partnach verlassend, einfahren. Dichter, düsterer Bergwald umhüllt den Biker ab hier auf seinem Weg zur Partnachalm. GPS-Wegpunkt 20 – 35,5 km – 928 m: Nach der kurzen, knackigen Steigung rechts ab in Richtung Reintaler Hof. GPS-Wegpunkt 21 – 36 km – 1960 m: Vorbei am unbewirtschafteten Reintaler Hof und weiter geradeaus Richtung Partnachalm entlang Weg 831 bzw. »Hoher Weg«. GPS-Wegpunkt 22 – 36,8 km – 1042 m: Vereinigung mit der von links von der Bockhütte kommenden Forststraße und dem »Hohen Weg«; geradeaus weiter zur Partnachalm. GPS-Wegpunkt 23 – 38,2 km – 988 m: Partnachalm. An dieser geradeaus vorbei und bald auf Teer in die Abfahrt hinunter Richtung Olympia-Skistadion. GPS-Wegpunkt 24 – 40 km – 797 m: An der Wegverzweigung mit den Wandertafeln. Hier links ab über die Brücke entlang der Teerstraße (wie Auffahrtsweg) zurück zum Olympia-Skistadion, Weg 834.

Endpunkt 40,5 km – 750 m: Parkplatz Olympia-Skistadion.

Blick vom Schachenpavillon hinein ins Wolken verhangene Reintal

7 Auf den Osterfelderkopf
Sportliche Auffahrt zum Top-Aussichtspunkt der Region

4 Schwierigkeit	✪✪✪✪✪ Erlebniswert	33,2 km Länge	3.40 Std. Zeit	1380 m Höhendifferenz

TOURENCHARAKTER

AUSGANGSPUNKT/ENDPUNKT
Parkplatz Talstation Alpspitzbahn/Kreuzeckbahn

ANFAHRT
Bahn/Auto: Garmisch

KONDITION ✪✪✪✪✪

FAHRTECHNIK ✪✪✪✪✪

ERLEBNISWERT

Fahrspaß: ✪✪✪✪✪

Landschaft: ✪✪✪✪✪

KULTUR UND GESCHICHTE
✪✪✪✪✪

EINKEHRMÖGLICHKEITEN
Aule-Alm, Tel. 08821/23 84;
Mitte Dezember–Mitte Oktober
Tonihütte, Tel. 08821/31 09; ganzjährig
Kreuzalm, Tel. 08821/30 45; ganzjährig
Hochalm, Tel. 08821/29 07; ganzjährig
Garmischer Haus, Tel. 08821/79 85 50
Bayernhaus, Tel. 08821/28 28
See-Hotel Rießersee, Tel. 08821/954 40

STRECKENPROFIL
Gesamtstrecke: 33,2 km
(Asphalt: 1,5 km; Schotter: 29,7 km;
Trail: 2,0 km)

HÖCHSTER PUNKT
Osterfelderkopf, 2035 m

NIEDRIGSTER PUNKT
Parkplatz Alpspitzbahn, 760 m

TOURIST-INFO
Garmisch-Partenkirchen,
Tel. 08821/18 07 00

LANDKARTEN
Kompass Karte Nr. 5, 1:50 000
Wettersteingebirge/Zugspitzgebiet

GPS-ROADBOOK
Tour 07 – Osterfelderkopf.GPX

Nach einer nur im letzten Abschnitt schwierigen Auffahrt erwartet den Biker am Osterfelderkopf auf 2035 Metern direkt unterhalb des markanten Dreiecks der Alpspitz-Nordostwand, eine 1a-Gipfelschau.

Höher hinaus geht es nimmer im Wettersteingebirge – zumindest nicht für Biker, wenn sie im Sattel bleiben wollen. Stolze 2035 Meter zeigt der Höhenmesser, wenn man ganz oben am Osterfelderkopf erschöpft vom Rad steigt. Doch ist die nackte Zahl schon beeindruckend, so ist das gar nichts im Vergleich zu dem, was sich vor dem Auge des Betrachters ausbreitet: Der Blick reicht an guten Tagen hinaus bis zum Starnberger See, Ettaler Manndl und zu den höchsten Gipfeln des Estergebirges, mit denen man sich hier oben auf Augenhöhe befindet. Vorneweg erkennt man deutlich tiefer die Kreuzalm, auf der vielleicht vor noch gar nicht langer Zeit ein wohlverdienter Zwischenstopp eingelegt wurde. Weiter im Osten zieht vor dem Hintergrund des Karwendels die Wettersteinwand hoch, und unter den Kuppen der Dreitorspitzen ist König Ludwigs Schachenschloss auszumachen, das hoch über dem Reintal thront. Und im Westen steigen aus der Tiefe des Höllentals die schroffen Wände des Waxensteins empor.

Scheidepunkt Hochalm
Dominiert wird die Szenerie am Osterfelderkopf jedoch vom unwirklichen Felsdreieck der Alpspitze, das sich

Auf steiler Abfahrt zwischen Bayernhaus und Rießer-Höhenweg

| 33,2 km | 1380 Hm | Tagestour |

Auf den Osterfelderkopf

Mit erreichen der Kreuzalm ändert sich das Szenario der Tour: Wanderer, Ausflügler und eine erstklassige Aussicht begleiten von nun an den Biker auf seinem Weg hinauf zum Osterfelderkopf.

nach Süden hin vor dem staunenden Betrachter scheinbar zum Greifen nah auftürmt. Wer bei all dieser Gipfelpracht meint, das ginge nur mit einem »Mörderstieg«, der sieht sich positiv überrascht. Freilich sind richtig erholsame Passagen auf dem Rad eher selten, doch auch steile Rampen und anspruchsvoller Untergrund sind die Ausnahme. Dies gilt in jedem Fall bis zur auf 1700 Meter gelegenen Hochalm. Bis hierhin ist steter Tritt erste Devise – richtig steil sind lediglich zwei kurz aufeinander folgende Rampen im Mittelteil, kurz nach dem Abzweig vom Alpenrandklassiker (bekannte, durchgehend beschilderte MTB-Strecke). Jenseits der Hochalm stimmt dann auch die Assoziation: Umso höher heißt umso anstrengender und umso schwieriger. Wer sich die Schinderei sparen will und sich dennoch die umfassende Gipfelsammlung nicht entgehen lassen mag, der stellt sein Bike an der Hochalm ab und wandert gemütlich die noch fehlenden Meter; oder noch einfacher,

er steigt einfach in die Hochalmbahn. Hut ab vor jedem, der den Abschnitt zwischen Hochalm und Osterfelderkopf gar in einem Sitz bewältigt! Denn schließlich stecken hier schon knapp 1000 Höhenmeter in den Knochen. Da tut es gut, wenn mit der Durchfahrt durch die Felsmauer der Aschenköpfe das Ziel in Sichtweite rückt. Dabei kommt jedoch auch gleich noch etwas ganz anderes in Sicht, nämlich jede Menge Ausflügler, die sich am Osterfelderkopf, der Bergstation der Alpspitzbahn und der Hochalmbahn, tummeln. Doch daran hat sich der Gipfelstürmer auf zwei Rädern eh längst gewöhnt; schließlich teilt er sich seit der Kreuzalm den Weg mit all jenen, die sich die alpine Gipfelschau mit einer Seilbahnauffahrt erkauft haben. Und das sind an guten Tagen nicht wenige, denn auch die Kreuzeckbahn, die ihre Passagiere wenig oberhalb der Kreuzalm ins Freie entlässt, sorgt für Nachschub. Für manchen Biker möglicherweise ein Grund, sich trotz der geschilderten optischen

Sportliche Auffahrt zum Top-Aussichtspunkt der Region

Reize schnell sattzusehen; anderen mundet der Gipfeltrunk gerade wegen der Après-Ski-ähnlichen Stimmung besonders gut.

Abstecher zur historischen Olympia-Bobbahn

Der Abschied geht in jedem Fall dank der geleisteten Vorarbeit entsprechend fix, besonders wenn man entlang der Auffahrtsroute abfährt. Spannender jedoch ist es, am Alpenrandklassiker-Abzweig nach Osten zu schwenken und über den Vorderen Hausberg Richtung Kochelbergalm abzufahren. Ab dem Bayernhaus entwickelt sich die Abfahrt aufgrund der kompromisslosen Streckenführung zu einem echten Husarenritt, garniert mit zahllosen fiesen Querrinnen. Da heißt es die Konzentration hochhalten, bis mit dem Schwenk auf den Rießer Höhenweg die halsbrecherische Tempofahrt von einem fröhlichen Galopp auf schmalen Pfaden abgelöst wird. Der Trail ist die perfekte Abwechslung nach jeder Menge Forststraßen und Kieswegen. Zurück am Auffahrtsweg fehlen jetzt nur mehr wenige Meter zum Ausgangspunkt, und im Bewusstsein dessen sollte es doppelt leicht fallen, mit Zeit und Muße den Tag auf der Terrasse des Seehotels Rießersee gebührend ausklingen zu lassen. Der »Umweg« über den Rießersee führt dabei direkt vorbei an den eleganten Rundungen der historischen Olympia-Bobbahn. Die damals kurvenreichste Bahn war die Erste, die in den wichtigsten Kurven mit Eisquadern ausgekleidet war. Die stammten aus dem nahen Rießersee, aus dem für jedes Rennen 15.000 Stück der 30 x 30 x 20 Zentimeter großen Eiswürfel gesägt wurden. Die Bahn war 1936 Schauplatz der Olympischen Bobrennen und steht seit 2003 unter Denkmalschutz.

Eindrücklicher optischer Leistungsnachweis: Vom Ufer des herbstlichen Rießersee schweift der Blick zurück zur Alpspitze und dem darunter liegenden Osterfelderkopf.

Routenbeschreibung

Lohn der Mühen ist der Blick über das Loisachtal und ins Alpenvorland. Deutlich zu erkennen ist in der Mitte der rechten Bildhälfte der Auffahrtsweg zur Esterbergalm.

Start der Tour
Ausgangspunkt: Parkplatz an der Talstation der Alpspitzbahn bzw. der Kreuzeckbahn, 760 m.

Route
GPS-Wegpunkt 1 – 0,2 km – 770 m: Links ab in die Teerstraße und am Parkplatz vorbei Richtung Aulealm. **GPS-Wegpunkt 2 – 0,8 km – 781 m:** An der Aulealm rechts ab Richtung Kreuzeck. Hier endet die Teerstraße. **GPS-Wegpunkt 3 – 1,1 km – 800 m:** An der Forststraßenverzweigung links Richtung Tonihütte fahren, Weg K1. **GPS-Wegpunkt 4 – 2,4 km – 885 m:** Der Rechtskehre weiter bergan dem Weg KE1 folgen. Der Linksabzweig führt über den Rießer Höhenweg zur Kochelbergalm, über den man nach der Runde wieder zurückkommt. Der Anstiegsweg wird ab hier deutlich und anhaltend steil. **GPS-Wegpunkt 5 – 3,5 km – 1042 m:** Steigeinmündung von rechts. Dem Forstweg weiter geradeaus folgen. **GPS-Wegpunkt 6 – 4,4 km – 1143 m:** An der Tonihütte vorbei weiter dem Verlauf der Straße folgen. **GPS-Wegpunkt 7 – 7,4 km – 1184 m:** Am Abzweig Waldeck/Jägersteig weiter der Forststraße in die Linkskurve bergauf folgen. **GPS-Wegpunkt 8 – 10,5 km – 1375 m:** An der Forststraßengabelung rechts hoch Richtung Kreuzeck über zwei kurze, aber heftige Rampen. Achtung! Anschließend führt der übliche Weg rechts über die Tröglhütte. Der war aber wegen Bauarbeiten zum Recherchezeitpunkt gesperrt! Deshalb führt die hier beschriebene Route an der nächsten Verzweigung links hoch über den Behelfsanstieg. **GPS-Wegpunkt 9 – 12,4 km – 1578 m:** Am Abzweig zur Kreuzalm rechts hoch Richtung Bergstation Kreuzeckbahn. Links wenige Meter zur Kreuzalm. Hier im Bereich der Bergstation ist das Aufkommen an Wanderern und Tagesausflüglern vor allem an sonnigen Wochenenden enorm. Deshalb ist vor allem im Bereich zwischen Kreuzalm und Hochalm mit viel Verkehr auf der Straße zu rechnen – deshalb entsprechend umsichtig in die Pedale treten, vor allem in der Abfahrt. **GPS-Wegpunkt 10 – 13 km – 1642 m:** Wegekreuz nahe der Bergstation Kreuzeckbahn. Hier schräg links zur Hochalm abbiegen; rechts geht es zur Seilbahn. Der Weg führt ab hier mit beeindruckenden Aus- und Einblicken ins Reintal und die darüber hinausragenden Gipfel zur Hochalm. Vor allem der Schachen und die darüber liegende Dreitorspitze rücken in den Fokus. **GPS-Wegpunkt 11 – 14,5 km – 1704 m:** Hochalm. Eine große Terrasse und viel Betrieb erwarten den Biker. Der Weiterweg führt geradeaus an der Hochalm vorbei in eine Rechtskurve. **GPS-Wegpunkt 12 – 14,8 km – 1722 m:** Wegverzweigung gleich oberhalb der Hochalm. Hier links in den steilen Karrenweg Richtung Osterfelderkopf einfahren. Dem steilen und auch vom Untergrund her schwer zu fahrenden Karrenweg folgt man bis zu dessen Ende auf dem Osterfelderkopf. Nach der kleinen Bergwachthütte und unterhalb der Schöngänge, wo der Klettersteig zur Alpspitze abzweigt, wird das Fahrerlebnis einzigartig alpin. Stein, Fels und hohe Wände dominieren die Szenerie. Mit der Durchfahrt durch die Aschenköpfe ändert sich das Szenario jedoch erneut, wenn das Ziel mit der Bergstation des Osterfelderkopfs unvermittelt ins Blickfeld rückt. **GPS-Wegpunkt 13 – 18,7 km – 2035 m:** Der Osterfelderkopf, der Endpunkt der Stichtour, ist erreicht. Die letzten Meter erfordern noch einmal extremstes Kurbeln und gleichzeitig viel Lenkgeschick, um nicht vorzeitig aus dem Sattel zu müssen. Der Rückweg erfolgt entlang des Auffahrtsweges, alternativ aber auch über den Wanderweg, der direkt unterhalb der

Sportliche Auffahrt zum Top-Aussichtspunkt der Region

Bergstation abgeht. Dabei auf Wanderer achten und besonders rücksichtsvoll fahren! Der Steig ist jedoch nur in Teilen fahrbar und deshalb nur für ausgesprochene Trail-Fetischisten halbwegs lohnend, die Spaß an zahllosen Stufen haben. Der Steig mündet ebenfalls an der Hochalm. **GPS-Wegpunkt 14 – 22,4 km – 1586 m:** An der Wegkreuzung bei der Kreuzalm jetzt links steil ab zur Tröglhütte. Hier entlang führt normalerweise auch der Anstiegsweg. **GPS-Wegpunkt 15 – 23,6 km – 1568 m:** Forststraßenkreuzung mit der Behelfsauffahrt; dieser geradeaus bergab folgen. **GPS-Wegpunkt 16 – 24,2 km – 1340 m:** An der schon bekannten Forststraßenkreuzung (Abzweig Alpenrandklassiker) jetzt rechts Richtung Garmischer Haus abbiegen und nach 50 m schräg links hinunter zum Garmischer Haus. Wer an diesem Wegpunkt links abzweigt, der fährt über die Auffahrtsroute ab. **GPS-Wegpunkt 17 – 24,8 km – 1320 m:** Am Garmischer Haus links vorbei und anschließend kurz schräg rechts übers Feld zum nahen Speichersee. Ab hier führt der Weg wie ausgeschildert zum Bayernhaus. **GPS-Wegpunkt 18 – 25,8 km – 1260 m:** Bayernhaus. Zur Weiterfahrt der Forststraße vom Haus weg bergab folgen. Der schmale Kiesweg führt scheinbar ohne Unterlass direkt und ohne große Umschweife durchgehend steil bergab. Die zahllosen Wasserrinnen, die den Weg durchziehen, erfordern dabei zusätzliches Augenmerk. **GPS-Wegpunkt 19 – 28,1 km – 871 m:** Kurz vor der Kochelbergalm (rechts unten schon sichtbar) zweigt der Rießer Höhenweg links vom Radweg ab. In diesen einfahren (ausgeschildert!). Der Weg führt im Wald oberhalb von Garmisch-Partenkirchen in stetem Auf und Ab am Hang entlang. Nur ab und zu muss, um eine größere Stufe zu überwinden, aus dem Sattel gesprungen werden. **GPS-Wegpunkt 20 – 29,2 km – 891 m:** Nach der Furt weiter geradeaus dem Höhenweg folgen (rechts geht es hinunter zur Hausberg-Talstation). Ab km 29,5 wird der Weg zum schmalen Pfad. **GPS-Wegpunkt 21 – 30,1 km – 892 m:** Der Höhenweg mündet hier in einer Kehre in die Forststraße (siehe Wegpunkt 4); dieser rechts 200 m folgen. **GPS-Wegpunkt 22 – 30,3 km – 890 m:** Rechts ab von der Forststraße auf den Waldweg und durch den Bergwald Richtung historischer Bobbahn und Rießersee. Danach erneut rechts an der »Bayernkurve« der historischen Bobbahn vorbei. **GPS-Wegpunkt 23 – 30,6 km – 876 m:** Unterhalb der »Bayernkurve« wie ausgeschildert auf den Waldweg zum Rießersee. **GPS-Wegpunkt 24 – 31 km – 790 m:** Der Trail endet wenig oberhalb des Rießersees. Die letzten Meter am See entlang führen direkt zur Terrasse des Restaurants Rießersee, die man nur schwerlich links liegen lassen kann. Denn das Panorama mit See und den über dem Wald aufragenden Spitzen von Waxenstein und Alpspitze, das man von der Seeterrasse aus genießt, ist wahrlich zu verlockend. Schließlich lässt sich von hier unten stolz rekapitulieren, in welche Höhen man mit dem Mountainbike heute schon vorgedrungen ist: satte 1300 Hm liegen schließlich zwischen Osterfelderkopf und dem aktuellen Standort. Zur Weiterfahrt heißt es jenseits der Terrasse den Uferweg aufnehmen und zum anderen Ende des Sees rollen. **GPS-Wegpunkt 25 – 31,5 km – 790 m:** Beim historischen Bobschlitten unterhalb des Ziels der unter Denkmalschutz stehenden Bahn rechts über die Wiese auf den Radweg, der in der Folge vorbei am ehemaligen Bobschuppen führt, den man schon von der Auffahrt her kennt. **GPS-Wegpunkt 26 – 32 km – 800 m:** Der Radweg mündet in die Forststraße. Dieser rechts Richtung Aulealm folgen und nach 50 m erneut rechts auf den Waldweg. Ab km 32,5 beginnt die Teerstraße, die entlang des Auffahrtswegs zurück zum Parkplatz führt.
Endpunkt 33,2 km – 760 m: Parkplätze an der Talstation.

Biker klar in der Minderheit: Vor allem Seilbahn-Ausflügler genießen am Osterfelderkopf auf über 2000 m ein hochalpines Sonnenbad vor malerischer Bergkulisse.

8 Durchs Reintal zur Reintalangerhütte
Auf Trailpfaden tief hinein ins Herz des Wettersteingebirges

4 Schwierigkeit	★★★★☆ Erlebniswert	41,5 km Länge	4 Std. Zeit	1040 m Höhendifferenz

TOURENCHARAKTER

AUSGANGSPUNKT/ENDPUNKT
Olympia-Skistadion Garmisch-Partenkirchen

ANFAHRT
Bahn/Auto; Garmisch

KONDITION ●●●●○

FAHRTECHNIK ●●●●○

ERLEBNISWERT

Fahrspaß: ●●●●●

Landschaft: ●●●●○

KULTUR UND GESCHICHTE
●●○○○

EINKEHRMÖGLICHKEITEN
Partnachalm, Tel. 08821/26 15; geöffnet 20.12.–Anfang November
Bockhütte, im Sommer bewirtschaftet
Reintalangerhütte, Tel. 08821/29 03; geöffnet: Pfingsten–3. Oktoberwochenende
Forsthaus Graseck, Tel. 08821/94 32 40; ganzjährig
Hanneslabauer, Tel. 08821/531 31; geschlossen: Mitte Dezember–Mitte November

STRECKENPROFIL
Gesamtstrecke: 41,5 km
(Asphalt: 6,6 km; Schotter: 17,7 km; Trail: 17,2 km)

HÖCHSTER PUNKT
Reintalangerhütte, 1369 m

NIEDRIGSTER PUNKT
Olympia-Skistadion, 750 m

TOURIST-INFO
Garmisch-Partenkirchen,
Tel. 08821/18 07 00

LANDKARTEN
Kompass Karte Nr. 5, 1:50 000
Wettersteingebirge/Zugspitzgebiet

GPS-ROADBOOK
Tour 08 – Reintalangerhuette.GPX

Ein 17-Kilometer-Trail im Auf- und Abstieg ist eine sehr sportliche und fahrtechnisch anspruchsvolle Herausforderung. Belohnt wird man dafür mit atemberaubenden Downhills vor der spektakulären Kulisse des Reintals.

Jeder Biker, der sich vorab schon einmal einen möglichst plastischen Eindruck vom mächtigen Reintal und den Dimensionen der Tour zur Reintalangerhütte machen will, dem sei ein Besuch des Schachen (siehe Tour 06) empfohlen. Denn neben vielen weiteren guten Gründen für diese Tour ist allein schon der Ausblick von dort oben hinunter ins Reintal die Mühe wert. Vom Aussichtspavillon, nur wenige Meter vom Schachenschloss entfernt, wird wohl auch König Ludwig immer wieder ehrfürchtig staunend mit seinen Blicken das Tal durchmessen haben – so wie auch heute noch die Vielzahl der Besucher sich diesen einzigartigen Tiefblick nicht entgehen lässt. Kaum vorstellbar von hier oben, dass der schmale Talgrund, den vornehmlich die Partnach für sich und ihr wildes, rauschendes Spiel in Anspruch nimmt, auch noch Platz für einen mountainbikegängigen Trail lässt. Und doch ist es so. Vom Ende des Fahrwegs an der Umschlaghütte, wo sich die Forststraße zu einem schmalen Steig verengt, bis hinauf nahe dem Talschluss windet sich – immer im sicheren Geleit der Partnach – der Weg zur Reintalangerhütte. Zweimal wechselt er die Seite, bevor er ab der Bockhütte immer linker Hand bleibt. Die gelegentlichen Biker und die vielen Wanderer erleben das glasklare Grün der Partnach mal hautnah, mal nur als fernes Rauschen. Vor allem im oberen Abschnitt, wenn der Aufstiegsweg zuletzt weit nach rechts in den Kies der steilen Schutthänge ausweicht, um die schon von Weitem sichtbare Felsstufe zu umgehen, wo die Partnach sich als beeindruckender Wasserfall ergießt, bevor kurz dahinter endlich die Reintalangerhütte erreicht ist.

Bergauftritt für Rad-Akrobaten

Doch bis dahin ist es ein weiter Weg, der mit einem »Hallo-wach«-Effekt hinauf zur Partnachalm beginnt. Gleich die ersten Rampen (immerhin geteert) haben es mit längeren Steigungen von über 20% durchaus in sich und sorgen schon früh für klare Verhältnisse. Von der Partnachalm geht es in welligem Auf und Ab insgesamt nur leicht ansteigend gemächlich über den feinen Kies der Forststraße zum Beginn des Trails. Hier ändert sich der Charakter der Tour komplett, was mit der spektakulären Einfahrt über einen Holzsteg hoch über den tosenden Wassern der Partnach deutlich unterstrichen wird. Dabei kann der erste Abschnitt des Trails zwischen dem Ende der Fahrstraße und der Bockhütte gut als

| 41,5 km | 1040 Hm | Tagestour |

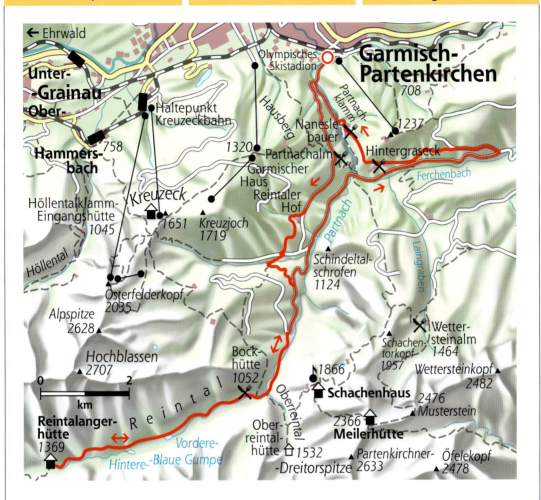

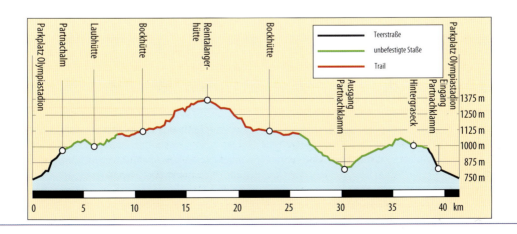

Durchs Reintal zur Reintalangerhütte

»Gefährlicher« Rastplatz am Eingang ins Reintal direkt gegenüber der Partnachalm

Gradmesser dienen. Wer hier nicht jede Menge Lust am Sichabstrampeln verspürt, der wird im weiteren Verlauf der Route erst recht nicht glücklich werden, zumal die entscheidenden Höhenmeter erst jenseits der Bockhütte gemacht werden. Auch wenn die ersten Meter ab der Hütte gar so verlockend zahm aussehen, bald schon sind gute Kondition und tadellose Technik gefragt: Denn es geht fast stetig bergauf – auch wenn steile Abschnitte die Ausnahme und dann nur von sehr kurzer Dauer sind. Es ist die Kombination aus stetem Bergauf und der anspruchsvolle Mix aus wurzeligem Waldboden, felsigen Rippen und tiefem, losem Untergrund, der dem Biker bis hinauf alles abverlangt. Dafür ist die Abfahrt aber auch schlicht ein Traum, nicht für Geschwindigkeitsfanatiker (die kommen weiter unten auf ihre Kosten), wohl aber für mutige Rad-Akrobaten, die sich hier ganz in ihrem Element fühlen dürfen. Denn wie bergauf ist auch bergab vollste Konzentration gefragt, und so reduziert sich die Welt des Piloten auf die wenigen Meter Trail, die vor ihm liegen. Derart gefangen in fast hypnotischem Zustand, empfiehlt sich die eine oder andere Zwangspause auf der rauschhaften Fahrt nach unten, um so auch die Naturschönheiten des Reintals zu ihrem Recht kommen zu lassen. Auch der markante, leicht gräulich-weiße Fleck auf der anderen Talseite wird einem so nicht entgehen – ein Anblick, bei dem sich nicht nur der Biker verdutzt fragt: Wie kann es sein, dass auf nicht einmal 1300 Metern im Spätsommer noch Schnee liegt? Die innerhalb kürzester Distanz hoch aufragenden Felsbastionen des Wettersteingebirges, die das Reintal von faktisch allen Seiten umschließen, sind daran schuld. Sie lassen nur im Sommer,

Auf Trailpfaden tief hinein ins Herz des Wettersteingebirges

und auch dann nur, wenn die Sonne im Zenit steht, Licht bis zum Talgrund vor und machen das Tal so zum Reich der Schatten.

Mischung aus Beschaulichkeit und Nervenkitzel mit 30 % Gefälle

Die Abfahrt entlang der Forststraße ist dann eine willkommene Erleichterung; immer nahe der Partnach führt sie zum oberen Ausgang der Klamm (die Klamm selbst ist für Radfahrer gesperrt) und zieht sich von dort noch einmal insgesamt gut 200 Höhenmeter flach ansteigend hinauf zur Abzweigung nach Hintergraseck. Das Fleckchen liegt quasi nur eine Ecke vom Trubel um die Partnachklamm und Garmisch-Partenkirchen entfernt und hinterlässt doch einen so starken Eindruck von Zeitlosigkeit und Weltabgeschiedenheit, wenn man sich ihm auf dem in der Mitte mit Gras überwachsenen Saumweg nähert. Schon bei der Annäherung drosselt man instinktiv das Tempo, in Ehrfurcht vor so viel Beschaulichkeit, und entschließt sich zu der Erkenntnis: Wer hier einfach durchschießt, der hat kein Herz! Spätestens an der Graseck-Bergstation kommt die zivilisatorische Ernüchterung, aber die Aufmerksamkeit gilt ohnehin schon bald ganz der finalen Abfahrt von der Almwirtschaft Hanneslabauer und ihrem einladenden Biergarten hinunter zum Eingang der Klamm: Fünf Kehren und 30 Prozent Gefälle heizen den Bremsen zum Schluss noch einmal ordentlich ein! Immerhin findet der heikle Ritt aber auf Asphalt statt. Wer sich dabei nicht wohlfühlt, sollte absteigen, zumal es unten keinen Platz zum Ausweichen gibt und sich dort bei entsprechendem Wetter jede Menge Partnachklamm-Besucher aufhalten.

Bunte Fähnchen und buntes Volk: Manöverkritik vor der Reintalangerhütte

Routenbeschreibung

Hintergraseck: ein Stückchen heile Welt bevor es zurück in den Trubel rund um die Partnachklamm geht.

Start der Tour
Ausgangspunkt: Parkplatz am Olympia-Skistadion auf 750 m. Von dort aus rechts am Stadion vorbei Richtung Partnachklamm. Pferdetaxis, Ausflügler und Wanderer sind hier unterwegs – doch während am nachfolgenden Wegpunkt die Masse links zum Eingang der Partnachklamm strömt, geht es für den Mountainbiker über den Parkplatz auf die andere Talseite.

Route
GPS-Wegpunkt 1 – 0,7 km – 768 m: Nach der Brücke an den Wandertafeln rechts ab über den gekiesten Parkplatz Richtung Partnachalm, Weg 834. Die etwas marode Teerstraße führt anhaltend steil durch den Wald hinauf. GPS-Wegpunkt 2 – 2,9 km – 970 m: An der Partnachalm hoch über der Klamm am Eingang ins Reintal tritt der Wald für einen Augenblick zurück. Dies ist der einzige Moment während der Auffahrt, wo man sich ein wenig einen Überblick verschaffen kann. In der Folge ist es der dichte Wald, später sind's die Wände des Reintals, die die Fahrt zum Blindflug machen. Bis hierhin sind die steileren Abschnitte geteert, in den Flachstücken geht es über Kies. 700 m nach der Alm endet die Teerstraße endgültig. GPS-Wegpunkt 3 – 4,3 km – 1047 m: An der Forststraßenverzweigung rechts hoch (Weg 831) Richtung Bockhütte, »Hoher Weg«. GPS-Wegpunkt 4 – 5,1 km – 1058 m: Der Forststraße weiter geradeaus durch den Antoniwald folgen. GPS-Wegpunkt 5 – 5,8 km – 1015 m: Schräg rechts hoch Richtung Bockhütte. GPS-Wegpunkt 6 – 6 km – 1000 m: An der unbewirtschafteten Laubhütte mit Brunnen links abbiegen in Richtung Reintal/Bockhütte. Das idyllische Plätzchen auf einer winzigen Lichtung eignet sich hervorragend für eine kurze Rast. GPS-Wegpunkt 7 – 7,3 km – 1034 m: Nach der belebenden Karrenwegabfahrt weiter geradeaus bergan zur Bockhütte. GPS-Wegpunkt 8 – 8,3 km – 1093 m: Geradeaus weiter; nach 100 m beim Versorgungs-Parkplatz mit Umschlaghütte für die höher gelegenen Hütten beginnt der Trail zur Bockhütte/Angerhütte mit der spektakulären Einfahrt über den Holzsteg hoch über der Partnach. Nach der kurzen Abfahrt hinunter in den Talgrund geht es fortan auf festen Pfaden in dezenter Steigung bergan. GPS-Wegpunkt 9 – 10,4 km – 1113 m: Dem Trailverlauf weiter folgen, vorbei am Steigabzweig, der hinauf zum Schachen führt. GPS-Wegpunkt 10 – 10,8 km – 1117 m: An der Bockhütte nach der Brücke links ab, dem Trail entlang der Partnach folgen. Ab hier immer dem Wegverlauf zur Reintalangerhütte bergan folgen. Dabei sollte man sich nicht von den verlockend genüsslichen ersten Metern ab der Bockhütte an der Partnach entlang täuschen lassen. Grundsätzlich gilt: Umso näher man der Angerhütte kommt, desto schwieriger wird der Trail. Kürzere steile Rampen mehren sich; der Untergrund ist mal tief und schottrig, mal hart und mal extrem wurzelig. So ist es schwer, einen ökonomischen Fahrrhythmus zu finden oder gar zu halten, was einen deutlich vermehrten Kraftaufwand bedeutet, zumal ab und an auch die Gefahr besteht, dass man aus dem Sattel muss. Nur wer

Auf Trailpfaden tief hinein ins Herz des Wettersteingebirges

Letztes Dehnen und Strecken in gespannter Vorfreude ...

fahrerisch und konditionell gut drauf ist, der wird hier seinen Spaß haben. GPS-Wegpunkt 11 – 17 km – 1369 m: Reintalangerhütte, Endpunkt der Stichtour. Im weiten hinteren Talschluss gelegen, ist die Hütte schon für sich genommen ein Wanderziel der Extraklasse. Für viele aber ist sie auch nur Durchgangsstation auf dem Weg zu Deutschlands höchstem Gipfel, der Zugspitze (2962 m). Wer dieses Ziel anpeilt, der steigt von hier aus anschließend weiter zur Knorrhütte auf (2051 m). Nachdem die Abfahrt über die Auffahrtsroute erfolgt, weiß auf der Reintalangerhütte jeder, was beim Downhill auf ihn zukommt. Bei den vielen unübersichtlichen Kurven und den Ups und Downs entlang der meist engen Fahrrinne muss stets darauf geachtet werden, auf Gegenverkehr rechtzeitig reagieren zu können! Zahlreiche Wanderer, gelegentliche Mountainbiker und das Versorgungsmotorrad der Hütte sind hier unterwegs. GPS-Wegpunkt 12 – 25,8 km – 1100 m: Umschlaghütte. Nach 100 m nun in die rechte Verzweigung und in die 4,5 km lange Forststraßenabfahrt oberhalb der Partnach entlang. GPS-Wegpunkt 13 – 30,3 km – 808 m: An den Schautafeln nahe dem oberen Ausgang der Partnachklamm rechts hoch und am Ferchenbach entlang (Weg 844) Richtung Elmau. Nicht geradeaus in die Partnachklamm einfahren, in der Klamm gilt Fahrverbot für Biker! GPS-Wegpunkt 14 – 32,2 km – 912 m: Geradeaus weiter die Forststraße entlang; der Steigabzweig führt rechts hinauf zum Schachen. GPS-Wegpunkt 15 – 34,6 km – 1000 m: An der Forststraßenverzweigung links hoch in die Kehre Richtung Hintergraseck/Skistadion, Weg 843, und nicht geradeaus weiter Richtung Elmau. GPS-Wegpunkt 16 – 35,7 km – 1060 m: In die Forststraßenverzweigung links hinunter nach Hintergraseck abfahren (rechts hoch geht es zum Eckbauer/Wamberg). Durch die wenigen Häuser von Hintergraseck hindurch und nach einem kurzen Stieg hinaus auf freies Almgelände. GPS-Wegpunkt 17 – 38,5 km – 979 m: Hier beginnt die schmale Teerstraße; deren Verlauf hinunter nach Graseck und vorbei am Gasthaus Hanneslabauer folgen. Die kleine Terrasse unter schattigen Kastanienbäumen ist wie gemacht dafür, das Ende der Tour hier ausklingen zu lassen. Wobei allerdings keinesfalls die letzten Meter außer Acht gelassen werden dürfen: Denn es fehlt noch die kurze, aber extrem steile und kurvenreiche Abfahrt hinunter zum Klammeingang. Hier heißt es Vorsicht walten lassen, auf Wanderer achten und die Zügel fest in Händen halten. GPS-Wegpunkt 18 – 39,4 km – 821 m: Eingang Partnachklamm; nun rechts ab und an den Ständen vorbei der Teerstraße folgen. Am Ende der Runde ist natürlich auch der Besuch der Klamm eine nahe liegende Option, denn das Naturschauspiel ist eine Augenweide. GPS-Wegpunkt 19 – 40,8 km – 747 m: Bei den Wandertafeln rechts über die Brücke und zurück zum Olympia-Skistadion.
Endpunkt 41,5 km – 750 m: Parkplatz Olympia-Skistadion.

... auf einen fulminanten Downhill durch das Reintal.

9 Hochthörlehütte und Eibseerunde

Genussvoller Weg im Schatten von Zugspitze und Waxenstein

2	★★★★★	36 km	3 Std.	990 m
Schwierigkeit	Erlebniswert	Länge	Zeit	Höhendifferenz

TOURENCHARAKTER

AUSGANGSPUNKT/ENDPUNKT
Parkplatz zwischen Obergrainau und Hammersbach

ANFAHRT
Bahn/Auto: Garmisch

KONDITION ○○○○○

FAHRTECHNIK ○○○○○

ERLEBNISWERT

Fahrspaß: ○○○○○

Landschaft: ○○○○○

KULTUR UND GESCHICHTE
○○○○○

EINKEHRMÖGLICHKEITEN
Neuneralm, Tel. 8821/812 25;
Mai–Ende Oktober
Eibseealm, Tel. 08821/824 11;
täglich 10–18 Uhr außer
April und November
Hochthörlehütte,
Tel. 0043/(0)676/340 05 15;
Mai–Mitte Oktober

STRECKENPROFIL
Gesamtstrecke: 36 km
(Asphalt: 1,8 km; Schotter: 33,7 km;
Trail: 0,5 km)

HÖCHSTER PUNKT
Hochthörlehütte, 1459 m

NIEDRIGSTER PUNKT
Parkplatz Obergrainau/Hammersbach, 750 m

TOURIST-INFO
Grainau, Tel. 08821/98 18 50, sowie
Garmisch-Partenkirchen,
Tel. 08821/1807 00

LANDKARTEN
Kompass Karte Nr. 5, 1:50 000
Wettersteingebirge/Zugspitzgebiet

GPS-ROADBOOK
Tour 09 – Eibseerunde.GPX

Ein Klassiker der Region, der in keinem Tourenbuch fehlen darf. Nirgendwo sonst kommt man mit dem Mountainbike dem Zugspitzgipfel so nah wie auf der Thörlehütte – und unten wartet mit dem Eibsee die wohlverdiente Abkühlung.

Ein sichtlicher Genuss: die Forststraßenabfahrt von der Hochthörlehütte hinunter an den Eibsee.

Im Zentrum der Tour steht der zwei Quadratkilometer große Eibsee, der durch einen riesigen Felssturz aus den Wänden des Zugspitzmassivs entstanden ist. Der See liegt auf 1000 Metern und gehört zum festen Programm eines jeden Urlaubsaufenthaltes in Garmisch-Partenkirchen. Wer ihn mit dem Bike besucht, der muss sich darüber klar sein, dass der Panoramaweg rund um den See dementsprechend gut besucht ist und sich definitiv nicht als Rennstrecke eignet. Mehr schon als Radwanderweg mit hohem Genussfaktor, auf dem man nach dem sportlichen Teil, der Auffahrt zur Hochthörlehütte, nun in den gemütlicheren Teil übergeht. Aus dem strahlend blauen Seeauge, eingebettet in einem Meer von Grün, das sich dem Biker auf dem Weg hinauf zur Hochthörlehütte präsentiert hat, schälen sich auf der Uferrunde nun die Details heraus. Farbige Punkte werden zu Tretbooten, Kiesbänke treten am Uferrand hervor, und der Blick unter den grünen Deckmantel enthüllt das rege Treiben rund um den See: Ausflügler, Radfahrer, Wanderer und Mountainbiker sind hier im

| 36 km | 990 Hm | Tagestour |

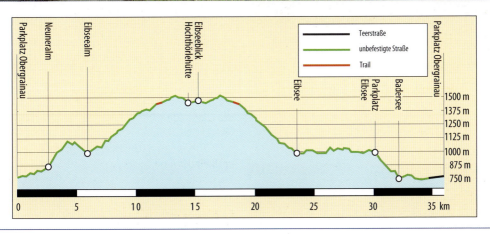

Hochthörlehütte und Eibseerunde

Schatten der namensgebenden Eiben unterwegs. Der schönste Abschnitt kommt – ganz wie es sich gehört –, zum Schluss wo die schmale Brücke über den Durchlass zwischen Eibsee und Untersee hinwegführt. Der Weg bekommt hier ein luftiges, ja mediterranes Gepräge, wenn die tief stehende Nachmittagssonne den Weg des Bikers unterhalb des Blätterdaches beleuchtet und die Abfahrt einläutet. Feine Kieswege führen in beschwingtem Bergauf und Bergab hinunter zum kleinen Badersee und weiter hinunter ins Ortszentrum von Obergrainau und zurück zum Parkplatz.

Ein Trail mit Auf und Ab vom Erlebnispfad bis zur Thörlerunde

Den Auftakt bildet der Erlebnispfad, der durch den sagenhaften Bergwald unterhalb des Waxensteins führt. Infotafeln am Wegesrand erzählen von den Geschichten aus dem Reich der Höllentalklamm. Kann die Passage vom Start weg bis zur Neuneralm noch guten Gewissens als Warm-up-Phase bezeichnet werden, so wechselt ab der Neuneralm der Streckencharakter deutlich. Überraschend grimmig zieht der Weg ab hier hinauf zum Höhenweg, der von der Höllentalklamm kommt. Immer wieder brechen kurze Steilstellen den Rhythmus des Bikers, bevor es mit dem Erreichen des Scheitelpunktes auf 1100 Metern in die Forststraßenabfahrt hinunter zum Eibsee geht. Der anschließende Anstieg zur 1459 Meter hoch gelegenen Hochthörlehütte ist ein klassischer Forststraßenanstieg, von dem man, was die Aussicht betrifft, nicht zu viel erwarten sollte. Der Weg verläuft meist mäßig steil im dichten Bergwald und gibt nur in weni-

Die letzten Meter unter freiem Himmel, bevor jenseits der Neuneralm der Fahrweg vom Riffelwald verschluckt wird.

Genussvoller Weg im Schatten von Zugspitze und Waxenstein

Sinfonie in blaugrün: der Eibsee mit Sasseninseln in der Auffahrt zur Hochthörlehütte

gen Passagen den Blick frei auf die gegenüberliegenden Ammergauer Alpen und den Eibsee. Das allerdings ist ein Augenschmaus erster Güte. Aufgelockert wird der Anstieg nach gut der Hälfte der Wegstrecke durch eine kurze, aber anregende Trailpassage, die die beiden Forststraßenenden auf deutscher und auf österreichischer Seite miteinander verbindet. Nach Überfahren des Scheitels rollt man entspannt hinunter zur Hütte. Und dort, auf der Terrasse unterhalb der beeindruckenden Nordabstürze der Zugspitze, lassen sich die vergangenen Aufstiegsmühen trefflich vergessen. So erholt und gestärkt, lässt sich von hier aus die Tour um die sogenannte Thörlerunde erweitern.

Abstecher in die Höllentalklamm

Der Startpunkt der Tour zwischen Obergrainau und Hammersbach liegt nicht weit von der Höllentalklamm, sodass sich ein Abstecher in die Klamm vor oder nach der Runde in jedem Fall anbietet. Im Vergleich zur Partnachklamm, die quasi direkt im Ortszentrum am Olympia-Skistadion liegt, ist die Höllentalklamm nicht ganz einfach greifbar. Während man den Eingang der Partnachklamm auch ganz bequem per Kutsche in wenigen Minuten erreichen kann, muss man sich die Höllentalklamm erwandern. 1–1.30 Stunden dauert der Zustieg zur Klammeingangshütte. Dafür ist das Klammerlebnis hier dann aber auch wilder und eindrücklicher als das bei ihrer »kleinen Schwester« weiter unten.

Routenbeschreibung

Start der Tour

Ausgangspunkt: Parkplatz zwischen Obergrainau und Hammersbach direkt an den Gleisen auf 750 m. Von dort der Teerstraße (Höllentalstraße) 300 m hoch Richtung Hammersbach folgen und dann rechts ab auf den Kiesweg Richtung Neuneralm (Weg G6). Bei km 1,5 folgt ein kurzes Teerstraßen-Intermezzo, bevor es dann wieder weiter dem Kiesweg entlanggeht.

Route

GPS-Wegpunkt 1 – 2,2 km – 828 m: An der Wegkreuzung links die schmale Teerstraße hoch durch die Wiesen unterhalb der Neuneralm und vor der Kulisse der Waxensteinwände hinauf zur Alm. GPS-Wegpunkt 2 – 2,6 km – 867 m: Am Abzweig kurz vor der Neuneralm geradeaus weiter bergauf in Richtung auf den Höhenweg zum Eibsee. GPS-Wegpunkt 3 – 2,9 km – 924 m: Dem Wegverlauf zum Eibsee folgen. GPS-Wegpunkt 4 – 3,3 km – 1012 m: Einmündung in den Eibsee-Höhenweg; jetzt rechts hoch Richtung Eibsee. GPS-Wegpunkt 5 – 4,2 km – 1098 m: Der Kiesweg trifft auf die Forststraße; jetzt auf dieser nach rechts in die Abfahrt, die durch den Riffelwald hinunter zum Eibsee führt. GPS-Wegpunkt 6 – 5,8 km – 996 m: Zuletzt über die Gleise der Zugspitzbahn und links zur Eibsee-Alm. GPS-Wegpunkt 7 – 5,9 km – 980 m: An der Eibsee-Alm unten vorbei und rechts hinunter auf die Kiesstraße, die am Spielplatz und den Tennisplätzen vorbei über den Parkplatz direkt zum Eibsee-Pavillon führt. Anschließend kurz am See entlang, vorbei am Bootsverleih. GPS-Wegpunkt 8 – 6,5 km – 979 m: Nicht geradeaus weiter am Uferweg, sondern links hoch in die Auffahrt, die zur Thörlehütte führt. Der breite Forstweg zieht oberhalb des Frillensees meist nur mäßig ansteigend bergauf. GPS-Wegpunkt 9 – 8,3 km – 1136 m: Weiter der Forststraße in die Rechtskurve folgen. Bei der nachfolgenden längeren Querung durch den Zugwald erhascht der Biker sogar den ein oder anderen Blick auf den Eibsee. Für den Rest des Weges bleibt dieser ansonsten leider hinter den hohen Nadelbäumen versteckt. GPS-Wegpunkt 10 – 10,5 km – 1370 m: Steigabzweig; geradeaus weiter der Forststraße folgen. GPS-Wegpunkt 11 – 11,7 km – 1442 m: Die Forststraße wird zum schmalen Karrenweg und im weiteren Verlauf zum schmalen Pfad, der die beiden Forststraßenenden jenseits der Landesgrenzen verbindet. Nicht alles ist problemlos im Sattel zu machen, doch in jedem Fall lockert diese Passage das monotone Pedalieren auf den Forststraßen ein wenig auf. GPS-Wegpunkt 12 – 12,2 km – 1460 m: Am Ende der kurzen Trailpassage rechts wieder auf die Forststraße Richtung Thörlehütte. GPS-Wegpunkt 13 – 13,3 km – 1521 m: Am Scheitelpunkt an der Forststraßenverzweigung links leicht bergab zur Thörlehütte. Die letzten Meter erfolgen auf Teer, bevor gleich danach die Hütte erreicht ist. Und die liegt auf 1459 m und nicht wie auf manchen Karten angegeben auf 1626 m! Wer an der oben genannten Abzweigung rechts abbiegt, der fährt in die Thörlerunde ein und erreicht die gleichnamige Hütte erst am Ende der Runde, die ihn hinab bis zur Talstation der Tiroler Zugspitzbahn führt. GPS-Wegpunkt 14 – 14,5 km – 1459 m: Hochthörle-

Der Panoramaweg rund um den Eibsee macht seinem Namen nicht nur an seinem Westufer alle Ehre.

Genussvoller Weg im Schatten von Zugspitze und Waxenstein

hütte – Ende der Stichtour. »Auf den Thörlen« ist ein großflächiger, bewaldeter Rücken nordwestlich der Zugspitze. Und am Rand einer der wenigen unbewaldeten Stellen direkt unterhalb der Zugspitze liegt die kleine Hütte. Aufgrund ihrer strategisch günstigen Lage zwischen Ehrwald und Garmisch-Partenkirchen ist sie für viele Wanderer und Mountainbiker eine der ersten Adressen im westlichen Teil des Wettersteingebirges. Die Thörlerunde lässt sich natürlich auch von hier aus in Angriff nehmen. Für den Abstecher zum Eibseeblick fährt man von der Hütte kurz zur letzten Kurve zurück und dann rechts ab am Kreuz auf den Kiesweg, der nach ca. 700 m kurz vor dem Aussichtspunkt endet. Der Weg selbst ist relativ plan und ohne große Zusatzmühen zu fahren. **GPS-Wegpunkt 15 – 15,2 km – 1468 m**: Wegende kurz vor dem Eibseeblick; die letzten Meter über den Steig zu Fuß zur Bank. Auch hier oben gibt der dichte Wald nur ein kleines Fenster frei, aber immerhin. Einen weit reichenden Rundumblick sollte man allerdings nicht erwarten. Zur Abfahrt zurück über die Auffahrtsroute zum Abzweig an der Hütte und anschließend kurz bergauf und weiter auf dem Anstiegsweg zurück zum See. **GPS-Wegpunkt 16 – 23,5 km – 990 m**: Unten am See angekommen, links auf den Uferweg »Eibsee-Rundwanderweg«, Weg E1. Der Weg führt fast immer direkt am See entlang und ist ein ausgesprochen angenehmes Unterfangen, jetzt, wo die Aufstiegsarbeit schon getan ist. Jede Menge lauschiger Badeplätze werden passiert, und ein Stopp jagt den nächsten. Mit diesem Motto im Kopf fällt auch der rege Betrieb kaum ins Gewicht, der auf dem Weg zumeist herrscht. **GPS-Wegpunkt 17 – 23,8 km – 980 m**: Gleich zu Anfang wird der idyllische kleine Frillensee passiert, dessen Spitze quasi den Radweg tangiert. Der See selbst liegt jedoch tief im Wald versteckt, sodass man fast vorbeifahren könnte, ohne ihn zu bemerken. **GPS-Wegpunkt 18 – 28,3 km – 1008 m**: Geradeaus weiter am See bleiben und dem Rundwanderweg folgen. Der Linksabzweig führt vom See weg Richtung Steinriglwald und Grainau. Zuletzt dann über eine schmale Brücke, die zwischen Eibsee und Untersee hinwegführt. Die Runde endet am Ostufer am Parkplatz. **GPS-Wegpunkt 19 – 30,7 km – 1000 m**: Am Parkplatz Eibsee links auf die Teerstraße und dieser kurz bergan folgen. **GPS-Wegpunkt 20 – 30,9 km – 1008 m**: Nach der kurzen Auffahrt links auf den schmalen Kiesweg Richtung Badersee/Grainau. Der schmale, fein gekieste Wanderweg führt in der Folge in anregender Fahrt hinunter ins Ortszentrum von Obergrainau. Der Weg ist sicher nicht primär für Radfahrer angelegt, aber auch nicht ausdrücklich verboten. In jedem Fall ist es angezeigt, entsprechend umsichtig zu fahren, auch wenn das kurvenreiche Auf und Ab der Wegführung für ein selbst auferlegtes Tempolimit eher kontraproduktiv ist. **GPS-Wegpunkt 21 – 31,1 km – 1009 m**: Weiter rechts Richtung Grainau. **GPS-Wegpunkt 22 – 31,3 km – 1000 m**: Rechts am Parkplatz vorbei und nach links bergab. **GPS-Wegpunkt 23 – 32,1 km – 949 m**: Geradeaus dem Wegverlauf folgen zum Badersee. **GPS-Wegpunkt 24 – 32,6 km – 953 m**: Der Kiesweg trifft auf die Fahrstraße; über

Herzlich Willkommen auf der Hoch-Törle-Hütte!

diese geradeaus drüber und auf der anderen Seite in den schmalen linken Weg Richtung Badersee einfahren, Weg G3. **GPS-Wegpunkt 25 – 33,2 km – 876 m**: An der Wegverzweigung dem Kiesweg schräg links hoch Richtung Badersee folgen. **GPS-Wegpunkt 26 – 34 km – 805 m**: Badersee. Der kleine See mit Strandbad und Seerestaurant wird hälftig umfahren, denn am Seeende geht es rechts ab auf den Kiesweg Richtung Obergrainau. Auf den oberen der beiden Wege einfahren, nicht auf den direkten Uferweg. **GPS-Wegpunkt 27 – 34,2 km – 788 m**: Geradeaus weiter auf den Weg G1, nicht links ab Richtung Ortsmitte. **GPS-Wegpunkt 28 – 34,7 km – 750 m**: Der Kiesweg trifft auf die Teerstraße vor den Gleisen nahe dem Bahnhof der Zugspitz-Zahnradbahn. Hier nun links auf der Teerstraße Richtung Ortskern. **GPS-Wegpunkt 29 – 35 km – 751 m**: An der Hauptstraße rechts hoch in die Waxensteinstraße und über die Gleise und weiter bergauf über den Oberen Dorfplatz rechts hoch in die Zugspitzstraße. **GPS-Wegpunkt 30 – 35,7 km – 765 m**: Der Zugspitzstraße bis zu einer leichten Linkskurve folgen und hier geradeaus in den schmalen, geteerten »Hammersbacher Fußweg« Richtung Höllentalklamm einfahren, der nach wenigen Hundert Metern direkt am Parkplatz mündet.

Endpunkt 36 km – 750 m: Parkplatz an den Gleisen.

Tagestouren in der Mieminger Kette

Jenseits der Tunneldurchfahrt sind die steilsten Abschnitte hinauf ins Tegestal überwunden und es bleibt ein wenig mehr Muse, sich an landschaftlichen Schönheiten wie dem Wannig zu erfreuen.

10 Seebensee und Rotmoosalm
Zwei Logenplätze der Extraklasse hoch über dem Gaistal

Schwierigkeit	Erlebniswert	Länge	Zeit	Höhendifferenz
2	✪✪✪✪✪	43,9 km	4 Std.	1300 m

TOURENCHARAKTER

AUSGANGSPUNKT/ENDPUNKT
Talstation Ehrwalder Almenbahn, Tel. 0043/(0)5673/24 68; Fahrbetrieb vom 10. Mai–26. Oktober von 8.30–16.45 Uhr (Biketransport möglich)

ANFAHRT
Bahn/Auto: Ehrwald

KONDITION ✪✪✪✪✪

FAHRTECHNIK ✪✪✪✪✪

ERLEBNISWERT
Fahrspaß: ✪✪✪✪✪
Landschaft: ✪✪✪✪✪

KULTUR UND GESCHICHTE
✪✪✪✪✪

EINKEHRMÖGLICHKEITEN
Ehrwalder Alm, Tel. 0043/(0)5673/25 34; Anfang Mai–Ende Oktober
Seebenalm, Tel. 0043/(0)676/353 20 13; Anfang Juni–Mitte Oktober
Gaistalalm, Tel. 0043/(0)5214/51 90; Mitte Mai–Mitte Oktober
Rotmoosalm, Tel. 0043/(0)664/422 61 49; Mitte Mai–Mitte Oktober

STRECKENPROFIL
Gesamtstrecke: 43,8 km
(Asphalt: 7,8 km; Schotter: 36,1 km; Trail: 0 km)

HÖCHSTER PUNKT
Rotmoosalm, 1905 m

NIEDRIGSTER PUNKT
Parkplatz Ehrwalder Almenbahn, 1100 m

TOURIST-INFO
Ehrwald, Tel. 0043/(0)5673/200 00

LANDKARTEN
Kompass Karte Nr. 5, 1:50 000
Wettersteingebirge/Zugspitzgebiet

GPS-ROADBOOK
Tour 10 – Seebensee-Rotmoosalm.GPX

Auf den Spuren von Ludwig Ganghofer geht es durch das einzigartige Gaistal, flankiert im Norden vom Kalk der Wettersteinwände und im Süden nicht minder schroff abgegrenzt durch die Mieminger Kette.

Die Tour ist eine Kombination zweier Stichtouren, die geradezu prädestiniert sind für den Herbst. Denn dann tauchen die hohen Wände der Mieminger Kette das gesamte Gaistal schon früh in dunkle Schatten. Und mit jedem Höhenmeter gewinnt der Bergradler Sonnenzeit, wenn er sich von der Gaistalalm durchgehend sonnseitig durch lichten Bergwald zur Rotmoosalm hinaufkämpft. Die Forststraßenauffahrt ist fahrerisch unschwierig, und auch die Steigungen bewegen sich auf einem zu jeder Zeit erträglichen Niveau. Dazu ist die Tour noch ausgesprochen kurzweilig, denn ständig steigt der Horizont mit an und gibt neue Aus- und Einblicke auf die gegenüberliegenden, steil abstürzenden Felswände der Mieminger Kette preis. Weiter oben sind in der Ferne sogar die schneebedeckten Gipfel der Zillertaler Alpen auszumachen. Zuletzt wird der kleine Almengrund unterhalb des Hochwanner erreicht, wo sich die Rotmoosalm bis zuletzt vor den sehnsüchtigen Blicken der Biker verborgen hält. Die Aussicht von der Alm selbst ist auf einen schmalen Korridor beschränkt, der gen Südosten zwischen Predigtstuhl und Schönberg frei bleibt. Es ist vielmehr die gleich einem Adlerhorst geschützte Lage, die der Rotmoosalm ihre einzigartige Aura verleiht. Und so versetzt die fesche kleine Alm den Ankömmling unweigerlich in die Romanwelten von Ludwig Ganghofer, der hier im Gaistal viele Jahre seines Lebens in seinem Jagdhaus »Hubertus« nahe der Tillfußalm verbrachte und hier die ideale Blaupause für seine schriftstellerische Tätigkeit vorfand. Auch dem Bergradler fällt es schwer, das schnell ins Herz geschlossene, heimelige Idyll wieder zu verlassen und sich in die Abfahrt zu stürzen. Doch der Rückweg zur Ehrwalder Alm über die Pestkapelle kostet am Ende eines kurzen Herbsttages noch einmal einiges an Zeit und ordentlich Kraft. Die Erlösung kommt dann am Scheitelpunkt des Rückweges, am Abzweig zur Hochfeldernalm. Hier hat die Plackerei vor der beeindruckenden Felskulisse ein Ende. Ein letzter Blick zurück auf den eleganten Gipfelaufbau der Hohen Munde, und es geht ohne große Umschweife talwärts, vorbei an der Ehrwalder Alm und bald über Asphalt hinunter zur Talstation der Ehrwalder Almenbahn.

Talkessel mit Alm und Seeblick
Nicht weniger beeindruckend ist der vorangegangene bikemäßige Vorstoß hinein ins Herz der Mieminger Kette

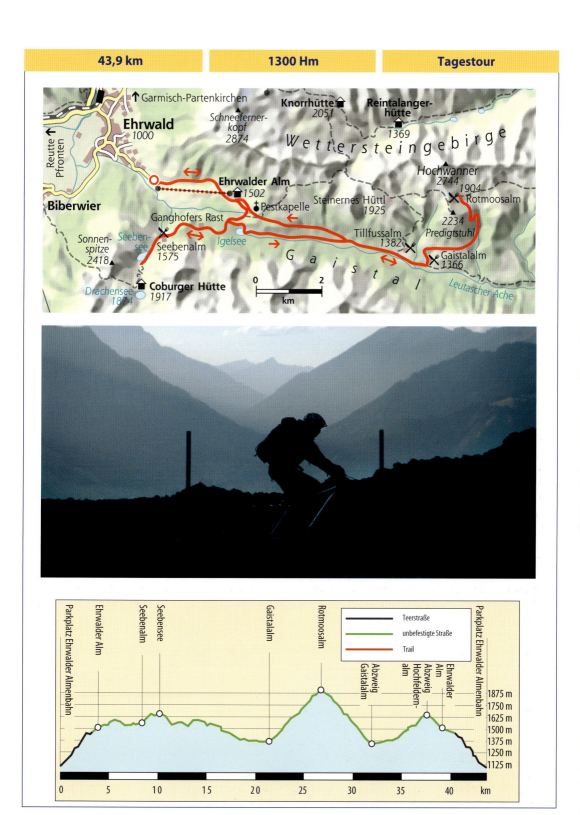

Seebensee und Rotmoosalm

Den knackigen Einstieg in die Tour bildet die serpentinenreiche Teerstraße hinauf zur Ehrwalder Alm. In den Focus des Bikers rückt dabei auch die formschöne Sonnenspitze, zu deren Füßen der Seebensee ruht.

auf der anderen Seite des Gaistals. Es geht von der Bergstation Ehrwaldalm vorbei am Unterstand »Ganghofers Rast« problemlos hinauf zur Seebenalm und anschließend nur unwesentlich holpriger und steiler ans Ufer des Seebensees. Der strahlend blaugrüne Bergsee liegt am Eingang des auf 1600 Metern gelegenen Talkessels; als Hintergrundkulisse dient der Bergkranz der höchsten Gipfel des westlichen Mieminger Gebirges, die den See noch einmal um bis zu 1000 Meter überragen. Direkt flankiert wird der See dabei von zwei berühmten Klettergipfeln, dem formschönen Dreieck der Sonnenspitze und dem Vorderen Tajakopf. Eine wahre Postkarten-Szenerie, die sich da dem Bergradler auf den letzten Metern der Auffahrt präsentiert. Bei der Rückfahrt vom Seeende entlang des Ostufers rücken dann die Spitzen des Wettersteinmassivs in den Fokus. Wie eine Mauer türmen sich die Kalkwände zwischen Plattenspitze und Wetterspitzen jenseits des Gaistals auf und schließen so scheinbar den Kessel.

Variante:

Wer Zeit und Kraft sparen will, die oben im Gaistal deutlich sinnvoller eingesetzt werden können, der schenkt sich die unspannende Auffahrt von der Talstation zur Ehrwalder Alm und überbrückt diese Passage bequem mit der Ehrwalder Almenbahn (p. P. inkl. Rad: 8 Euro). Beide Ziele bieten außerdem reizvolle Bike & Hike-Optionen. Von der Rotmoosalm aus fehlen nur mehr 300 Höhenmeter über einen unschwierigen Steig zum Gipfel des Predigtstuhls. Und vom Seebensee aus ist die direkt oberhalb gelegene Coburger Hütte ebenfalls nur einen Katzensprung entfernt.

Zwei Logenplätze der Extraklasse hoch über dem Gaistal

Ein schmaler Holzsteg führt am Nordufer des Seebensees über den Geißbach. Die Südliche Wetterspitze sorgt für die passende Kulisse.

LUDWIG GANGHOFER UND DAS GAISTAL

Der berühmteste »Sohn des Gaistals« wurde 1855 in Kaufbeuren geboren. Im Anschluss an sein Philosophie- und Philologie-Studium arbeitete er als Redakteur und Dramaturg, bis ihm mit der Prosafassung seines Theaterstückes »Der Jäger von Fall« der Durchbruch gelang. Der Erfolg, den er mit seinen Heimatromanen hatte, ermöglichte ihm einen Pachtanteil an einer der größten Jagden der Nordalpen, der Gaistaljagd. Sein Jagdhaus »Hubertus« wurde dabei zum Treff der Künstlerprominenz seiner Zeit. Er pflegte Freundschaften zu Hugo von Hofmannsthal, Richard Strauss, Johannes Brahms und Thomas Mann. Und doch war und blieb er ein Dichter des Volkes, der das harte Leben des Landmannes vor der idyllischen Kulisse der Alpen thematisierte. Wie trefflich er das vermochte, das geht aus einer Anekdote hervor. So soll ein Bauer aus dem Zillertal den weiten Weg ins Bayerische angetreten haben, um »seinem Schriftsteller« die letzte Ehre zu erweisen – und das während der Erntezeit. Ludwig Ganghofer ruht auf dem Friedhof von Rottach-Egern neben seinem Freund Ludwig Thoma. Das Tal gedenkt seiner mit dem Ganghofer-Museum am Kirchplatzl 154 in Leutasch (Mo–Fr 15–17 Uhr, So 14–17 Uhr, Eintritt: 3 Euro). Sein Jagdhaus »Schloss Hubertus« nahe der Tillfußalm ist leider nur von außen zu besichtigen.

Routenbeschreibung

Das Ende der Stichtour mit dem großartigen Finale am Seebensee. Im Hintergrund die steilen Abstürze der Zugspitze.

Lichter Bergwald und viel Sonne begleiten den Biker bei der schweißtreibenden Forststraßen-Kurbelei hinauf zur Rotmoosalm.

Start der Tour

Ausgangspunkt: Talstation Ehrwalder Almenbahn auf 1100 m. Ab dem Parkplatz geradeaus immer der geteerten Versorgungsstraße bergauf folgen. Diese führt relativ eintönig in engen Kehren zügig und stetig bergauf, sodass bereits nach einer halben Stunde die Flachpassage erreicht ist, wo der Wald zurücktritt und die felsigen Flanken des Gaistals erstmals ganz nahe sind.

Route

GPS-Wegpunkt 1 – 3,9 km – 1505 m: An der Ehrwalder Alm, der Bergstation der Almenbahn, geradeaus vorbei weiter bergauf fahren. Nur hier im direkten Umkreis der großen Alm merkt man, dass man in einem »saisonal trockengelegten Skigebiet« unterwegs ist. GPS-Wegpunkt 2 – 4,2 km – 1524 m: An der Forststraßenverzweigung geradeaus weiter Richtung Seebensee auf dem Weg 813. Vorbei am Gasthaus Alpenglühen führt der sogenannte Knappensteig in einer Schleife hinein in den Bergwald unterhalb der dominanten Spitzen von Tajakopf (links) und Sonnenspitze (rechts). GPS-Wegpunkt 3 – 5,6 km – 1599 m: Ein erster Scheitelpunkt ist erreicht. Dem Verlauf der Forststraße weiter folgen. GPS-Wegpunkt 4 – 6 km – 1580 m: An der Forststraßenkreuzung geradeaus weiter Richtung Seebensee. Dabei wird die Unterstandshütte »Ganghofers Rast« am Fuße des Vorderen Tajakopfs passiert. Es handelt sich dabei tatsächlich, wie der Name sagt, nur um einen Unterstand und keine Hütte! Trotzdem wird hier, auf halbem Wege zum See direkt unter der steil aufragenden Wand des Tajakopfs, gern mal ein Stopp eingelegt. Noch be-

Zwei Logenplätze der Extraklasse hoch über dem Gaistal

vor die Seebensee-Alm erreicht wird, geht auf einer kleinen Anhöhe ein kurzer Pfad zu einer Aussichtskanzel ab. Oberhalb der Seebenwände gelegen, gibt sie den Blick frei auf das Ehrwalder Becken und den gegenüberliegenden Daniel, mit 2350 m der höchste Gipfel der Ammergauer Alpen. **GPS-Wegpunkt 5 – 8,7 km – 1567 m:** An der Wegverzweigung vor der Seebensee-Alm links hoch, Weg 813. Je näher man der Alm kommt, umso mehr lichtet sich der Bergwald, und das Krummholz gewinnt die Oberhand. Die Strecke wird zunehmend holpriger und auch steiler, aber scheinbar jede Umdrehung verschafft hier oben ein Mehr an Panorama, und so vergehen die letzten Meter fast wie im Flug. **GPS-Wegpunkt 6 – 10,2 km – 1660 m:** Am Ende des Seebensees kurz vor der Materialseilbahn ist auch das Ende der Stichtour erreicht. Ab hier geht es nurmehr zu Fuß weiter; die nahe Coburger Hütte ist dabei ein Muss für alle, die ein wenig Zeit haben. Der Rückweg verläuft entlang des Auffahrtsweges zurück zum Wegpunkt 4. **GPS-Wegpunkt 7 – 14,2 km – 1573 m:** Zurück an der Forststraßenkreuzung nach der Abfahrt (mit einem kleinen Zwischenanstieg) geht es nun rechts auf den Adlerweg (Weg 551) Richtung Iglsee tiefer hinein ins Gaistal. Schon bald wird der See erreicht, der nicht immer als solcher gleich zu erkennen ist. Denn im Spätsommer und Herbst hat er in der Regel all sein Wasser in den karstigen Boden abgegeben. **GPS-Wegpunkt 8 – 18,3 km – 1331 m:** Dem Verlauf der Straße weiter folgen (links geht es zurück zur Pestkapelle). Nach der langen, erholsamen Abfahrt hinein ins Gaistal geht es ab hier nunmehr plan bis zum Abzweig zur Gaistalalm. **GPS-Wegpunkt 9 – 20 km – 1350 m:** Am Abzweig zur Tillfußalm weiter geradeaus Richtung Gaistalalm. Hinter der Alm liegt Ludwig Ganghofers Jagdhaus »Schloss Hubertus«. **GPS-Wegpunkt 10 – 21,2 km – 1350 m:** Dem Forststraßenabzweig links hoch zur Gaistalalm folgen, Weg 533. **GPS-Wegpunkt 11 – 21,4 km – 1366 m:** An der Gaistalalm auf 1366 m links vorbei in den Anstieg zur Rotmoosalm. Es folgen 550 vorwiegend südseitige Höhenmeter – deshalb sollte man es sich gut überlegen, ob man auf das gastronomische Angebot der Gaistalalm verzichten mag. Der Anstieg selbst ist zwar lang und ohne längere Flachpassagen zum Verschnaufen, als reiner Forststraßenanstieg ohne extreme Steilstellen jedoch fahrerisch wenig anspruchsvoll. **GPS-Wegpunkt 12 – 23,6 km – 1570 m:** Am Steigabzweig zur Hämmermoosalm weiter geradeaus auf der Forststraße bleiben. **GPS-Wegpunkt 13 – 24,4 km – 1645 m:** Der Forststraße in die Linkskurve bergan folgen und nicht geradeaus weiter (Sackgasse!). Hier ist auch die einzige Möglichkeit, unterwegs Wasser zu fassen! Nach einigen Serpentinen verengt sich das Tal mehr und mehr, bis eine Serpentine schließlich in den Talboden hineinleitet. Die verlockend nahe, oberhalb stehende Hütte ist noch nicht die Rotmoosalm, sondern eine Jagdhütte in beneidenswerter Lage. **GPS-Wegpunkt 14 – 26,7 km – 1905 m:** Die Alm scheint schon zum Greifen nahe, doch zäh in einer weiten Schleife wird die Rotmoosalm, der Endpunkt der Stichtour erreicht. Die Abfahrt erfolgt entlang des Auffahrtsweges. **GPS-Wegpunkt 15 – 31,7 km

Die Serpentinen im obersten Abschnitt nehmen der Auffahrt zur Rotmoosalm die entscheidenden Steigungsprozente.

– 1350 m:** An der Forststraßenkreuzung unterhalb der Gaistalalm jetzt rechts zurück Richtung Ehrwalder Alm. Alle nachfolgenden Abzweige ignorieren und zuerst flach, später leicht steigend zurück Richtung Ehrwalder Alm entlang des Hinweges. **GPS-Wegpunkt 16 – 34,6 km – 1414 m:** An der Forststraßenverzweigung jetzt rechts hoch Richtung Pestkapelle, Weg 652. Hier wird der Hinweg verlassen, und es geht hinauf in den Schlussanstieg der Tour, der mit dem nachfolgenden Wegpunkt, dem Abzweig zur Hochfeldernalm auf 1650 m, erreicht ist. **GPS-Wegpunkt 17 – 37,5 km – 1650 m:** Dem Verlauf der Forststraße nach links abwärts Richtung Pestkapelle (1617 m) folgen. Ihre Entstehung geht auf ein Gelöbnis aus dem Jahr 1634 zurück, als die Pest viele Todesopfer forderte. Der rechte Abzweig führt weiter bergauf zur 100 Hm höher gelegenen Hochfeldernalm. **GPS-Wegpunkt 18 – 39,1 km – 1530 m:** An der Einmündung in die Forststraße zur Ehrwalder Alm rechts ab. **GPS-Wegpunkt 19 – 39,4 km – 1506 m:** Die Ehrwalder Alm rechts liegen lassen und anschließend schräg rechts auf den Fahrweg abbiegen, den Weg 813, über den man schon heraufgekommen ist. Geradeaus führt der Fußweg hinunter ins Tal. Ab km 40 rollt das Bike wieder auf Teer. Bei der Abfahrt ist jederzeit mit Versorgungsfahrzeugen zu rechnen, die wegen der engen Kehren oft erst spät erkannt werden. Im unteren Teil der Strecke können die Kehren oft auch über kurze Abschneider durchs Gelände abgekürzt werden. Deutliche Trailspuren beweisen, dass viele Biker diesem verlockenden Angebot gern nachkommen.
Endpunkt – 43,9 km – 1100 m: Parkplatz Talstation Ehrwalder Almenbahn.

11 Wannig-Umfahrung

Konditionelle und fahrerische Herausforderung am Vorposten der Mieminger Kette

Schwierigkeit	Erlebniswert	Länge	Zeit	Höhendifferenz
5	✪✪✪✪✩	33,2 km	4.15 Std.	1550 m

TOURENCHARAKTER

AUSGANGSPUNKT/ENDPUNKT
Biberwier, Parkplatz Talstation Marienbergbahn, Tel. 0043/(0)5673/21 11

ANFAHRT
Auto: Biberwier bei Ehrwald;
Bahn: Lermoos

KONDITION ✪✪✪✪✪

FAHRTECHNIK ✪✪✪✪✪

ERLEBNISWERT

Fahrspaß: ✪✪✪✪✩

Landschaft: ✪✪✪✪✩

KULTUR UND GESCHICHTE
✪✪✪✩✩

EINKEHRMÖGLICHKEITEN
Nassereither Alm,
Tel. 0043/(0)676/556 82 02; geöffnet:
Juni–September; Aschlandhof, Tel.
0043/(0)5264-82 45) Marienbergalm, Tel.
0043/(0)681/10 31 21 03; geöffnet: Mitte
Mai–Mitte Oktober

STRECKENPROFIL
Gesamtstrecke: 33,2 km
(Asphalt: 2,8 km; Schotter: 27,9 km;
Trail: 2,5 km); evtl. Schieben/Tragen
bergab: ca. 30 Min.

HÖCHSTER PUNKT
Marienbergjöchl, 1789 m

NIEDRIGSTER PUNKT
Parkplatz Biberwier, 1000 m

TOURIST-INFO
Ehrwald, Tel. 0043/(0)5673/200 00

LANDKARTEN
Kompass Karte Nr. 5, 1:50 000
Wettersteingebirge/Zugspitzgebiet

GPS-ROADBOOK
Tour 11 – Wannig.GPX

Eine in jeder Hinsicht fordernde Unternehmung im Bannkreis des imposanten Wannig: zwei zähe Anstiege hinauf auf 1800 Meter, mit Abfahrten, bei denen man immer auf der Hut sein sollte, dazu eine längere Singletrail-Passage, bei der auch Hartgesottene gern mal aus dem Sattel steigen.

Eine Umfahrung des Wannig ist alles andere als eine Genusstour – das aber im besten Sinne! Schließlich hält die Tour für den Biker zwei beachtliche Anstiege bereit, die jeweils auf knapp 1800 Meter hinaufführen, und wer sich dann zum Ausgleich auf gemütliche Abfahrten einstellt, der sieht sich getäuscht. Lediglich auf wenigen Teilstücken wird der Durchschnittsbiker entspannt dahinrollen können. Doch immer schön der Reihe nach: Vom Startplatz an der Talstation geht es fein gekiest Richtung Cube-Würfel (im Juli 2007 neu eröffnetes Design-Hotel der gleichnamigen Kette) und kurz entlang der Bundesstraße zum Weißensee. Kurze, knackige Rampen und loser Untergrund sorgen dafür, dass der Biker spätestens jetzt mit allen Sinnen auf der Tour angekommen ist. Nahe dem Fernpass beginnt der eigentliche Aufstieg zum ersten Etappenziel, der Nassereither Alm. An einer Schautafel, die über die zuvor befahrene »Via Claudia Augusta« informiert, hat der Radler erstmals genügend Höhenmeter gesammelt, um den Blick auf den von der Passstraße zerschnittenen »grünen Teppich« unter ihm schweifen zu lassen. Der strategisch günstigste Punkt für eine Verschnaufpause ist jedoch der lichte Abschnitt, der auf der Karte mit »Beim Wasser« gekennzeichnet ist. Der ist aber auch ohne Blatt leicht zu finden, schließlich tritt nur hier der Fichtenwald zurück und gibt den Blick frei auf die umliegenden Berge und das Blaugrün des Blindsees. Hebt man den Kopf, erstreckt sich das Panorama von den steil abfallenden Gipfelflanken der Zugspitze im Nordosten über den Hochwanner bis weit hinein in die Lechtaler Alpen. Wenige Meter abseits der Forststraße zeugt eine unscheinbare Tafel an einem der großen Felsblöcke, die die Straße in diesem Bereich säumen, von weniger friedlichen Zeiten, die selbst diese, zumindest damals so weltferne Region nicht verschont hatten: Dort wird der Besatzung eines amerikanischen B24-Bombers gedacht, dessen Flug hier 1944 ein jähes Ende fand. Schon wenige Meter später verschwindet die Aussicht wieder hinter dem dichten Grün des Nadelwaldes, und der Biker ist mit seinen Gedanken wieder ganz beim Tagesgeschäft: Höhenmeter machen! Und auch wenn sich die Steigungsprozent in einem durchaus überschaubaren Bereich halten, so ist die Nassereither Alm auf 1738 Metern ein überaus begrüßenswerter Anblick, immerhin hat der Tacho bis hierher bereits 700 Höhenmeter gutgeschrieben. Doch wer glaubt, mit der Alm sei der erste Scheitelpunkt erreicht, sieht sich schnell getäuscht. Denn nach einer kurzen

| 33,2 km | 1550 Hm | Tagestour |

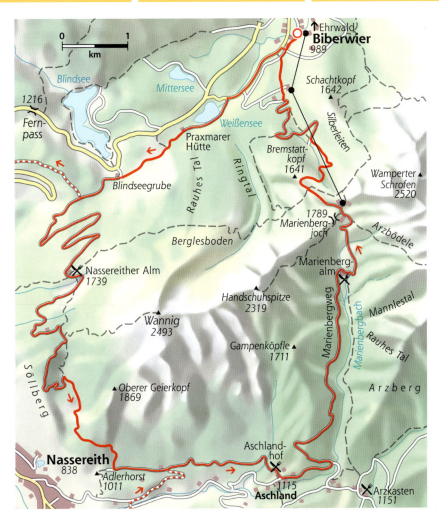

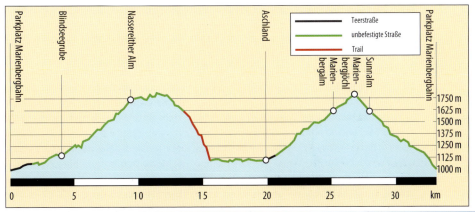

Wannig-Umfahrung

Im aussichtsreichsten Streckenabschnitt beim Aufstieg zur Nassereither Alm mit freier Sicht auf Fernpass und Zugspitze.

Abfahrt hinunter zum Almengrund folgt ein weiterer Anstieg, der erst auf knapp 1800 Metern sein Ende findet. Wohlverdient geht es auf die für eine Forststraße stellenweise recht unruhige Abfahrt, die mit einigen schönen, engen Serpentinen garniert ist. Sorgenfreies Dahingleiten ist aber ob der zahlreichen gröberen Felsbrocken fehl am Platz, auch wenn die Ausblicke hinunter nach Nassereith und ins gegenüberliegende Tegestal sowie die schwungvolle Trassenführung dazu verleiten mögen.

Hier bleibt keiner mehr im Sattel

In rasanten Abfahrten und nach über 1500 zurückgelegten Höhenmetern insgesamt bleibt keine Muskelfaser mehr verschont. Wer vorher gut trainiert hat, kann sich hier nach allen Regeln der Kunst austoben. Der anschließende Singletrail ist fahrtechnisch ein Abenteuer, und nur die Wenigsten werden hier längere Passagen am Stück im Sattel bleiben können. Ja, selbst manch ungeübter Bergwanderer könnte hier ins Schwitzen kommen. Schwitzen ist dabei ein gutes Stichwort. Der normal belastbare Biker wird hier sein Rad mehr in Händen halten, als ihm lieb ist. Ca. 30 Minuten geht es so – zumeist immerhin bergab – am Hang entlang über Kiesrinnen und durch Latschenfelder.

Doch da muss er durch, der Wannig-Umfahrer, auch wenn er sich auf diesem Teilstück oftmals gar nicht als Fahrer fühlen darf. Dafür bekommt man Bergerlebnis pur, denn nur die wenigsten Mountainbiker sind hier, jenseits der Nassereither Alm, unterwegs. Ein Zuckerl ist auch die anschließende kurze Passage hinüber nach Aschland: butterweiches Dahingleiten über angenehm coupiertes Gelände auf feinstem Kies. Freies Feld und freier Blick auf die imposante Südansicht des Wannig künden jedoch schon bald vom nahen Aschland und damit vom Aufstieg zur Marienbergalm. Zum geschmeidigen Wiedereinstieg sind die ersten Kilometer geteert, doch erst wenn das Mahlen der Reifen wieder lauter wird, weiß sich der Biker auf der Forststraße, die ihn bis zur Alm geleitet. Mit nun schon 1000 Höhenmetern in den Beinen ist jetzt Durchhaltevermögen gefragt, und groß ist die Freude, wenn der Bergwald lichter wird und die Alm auf ihrem Logenplatz vor dem Hintergrund der schroffen Wände um Grünstein und Marienbergspitzen zum Vorschein kommt. Doch schon beim Ausrollen hin zur Alm schweift der Blick unheilvoll über die linke Schulter hinweg und hinauf über die Liftanlage zum niedrigsten Gratpunkt, dem Marienbergjöchl, noch einmal 200 Höhenmeter weiter oben. Ein würdiges Finale, das sich da

Konditionelle und fahrerische Herausforderung am Vorposten der Mieminger Kette

abzeichnet, mag der trainierte Biker denken – eine Ahnung, die sich schon mit der ersten Kurve nach der Alm bestätigt: Die Qualität der Fahrstraße nimmt ab, dafür kommen ein paar Steigungsprozente hinzu. Eine echte Herausforderung, für die man auf der Marienbergalm gern noch einmal Kraft tankt. Die Alm (mit Übernachtungsgelegenheit) ist für viele Transalper übrigens Durchgangsstation auf ihrem Weg von Füssen nach Süden. Eingerahmt von Schafkopf und Rotschrofen beginnen oben am Joch dann die knapp 800 Höhenmeter Schotterabfahrt direkt durch das Skigebiet. Zwischen Jöchl und Sunnalm lohnt ein Stopp an der schmucken Kapelle am Wegesrand, die vor der Kulisse der wilden Felsabstürze ein Fotomotiv par excellence abgibt. Auch der Blick über die linke Schulter lohnt, zieht doch dort das gewaltige Nordostkar des Bergles direkt aus dem Gipfelbereich des Wannig nach unten. Oben durchaus steil, wird die Trassenführung unten zunehmend ausladender und quert mehrmals die immer flacher werdende Skipiste, die auf den ein oder anderen Biker eine zu große Anziehungskraft ausübt: Er sticht ab von der Schotterpiste hinein in die Falllinie des Hangs und erlebt auf dem sanften Grün ein völlig neues Fahrgefühl, das bis hinunter zum Parkplatz ein breites Grinsen auf sein Gesicht zaubert und der Tour ein würdiges Ende bereitet. Die Tour um den Wannig lebt von der Lust auf Anstrengung und ist keine Bergfahrt, die man unvorbereitet antreten sollte. Ein zeitiger Aufbruch und zusätzliche gebirgstaugliche Kleidung sind genauso wichtig wie die entsprechende Fitness. Einige vorbereitende Trainingstouren sollte man also schon in den Beinen haben. Belohnt wird man mit einer unvergesslichen Mountainbike-Tour, die alle Facetten dieses Sports in sich vereint.

Variante:
Die abgemilderte Variante der Umfahrung wendet sich nach dem ersten Drittel des Anstieges zur Nassereither Alm gen Westen (Wegpunkt 4). Nach der Abfahrt über den Stuckweg hinunter führt sie über den anregenden Downhill zum Fernsteinsee (siehe Tour 22), folgt also der »Via Claudia Augusta«. Vorbei am Ferienpark führt sie entlang der österreichischen Staatsstraße 179 hinein nach Nassereith und hinauf zum Weiler Roßbach kurz hinter Nassereith. Von hier aus wird der Höhenweg (Wegpunkt 10) erreicht, mit dem man wieder in die Umfahrung einsteigt. Auf diese Weise entfallen die Höhenmeter hinauf zur Nassereither Alm und weiter zum ersten Scheitelpunkt (ca. 600 Hm) und dem äußerst anspruchsvollen Downhill und nehmen so der Umfahrung ein gehöriges Maß an Schärfe – konditionell wie fahrerisch.

Auch auf der finalen Abfahrt vom Marienbergjöchl nach einem langen Tag im Sattel lohnt ein kurzer Blick nach links und rechts.

Routenbeschreibung

Die Gipfelkette des Wannig von Südosten, vom Weiler Aschland aus.

Start der Tour

Ausgangspunkt: Talstation der Marienbergbahn in Biberwier auf 1000 m. Hier gibt es auch eine Bikestation für eventuelle Last-Minute-Reparaturen oder fehlende Ersatzteile. Vom Parkplatz geht es zurück Richtung Einfahrt und links den schmalen Kiesweg hoch Richtung Weißensee/Blindsee, vorbei am Cube-Würfel.

Route

GPS-Wegpunkt 1 – 0,4 km – 1037 m: Einmündung in den Radweg (Via Claudia Augusta) entlang der Straße Richtung Fernpass und diesem nach links folgen. GPS-Wegpunkt 2 – 1,8 km – 1070 m: Den Radweg entlang der Straße links ab durch das Gatter verlassen und nun dem Weg 836 Richtung Fernpass/Weißensee folgen. Jenseits des Weißensees beginnt ein munteres Auf und Ab, ohne dass man jedoch insgesamt groß an Höhe gewinnt. GPS-Wegpunkt 3 – 4 km – 1134 m: Nach kurzer Abfahrt in die Blindseegrube am Abzweig links hoch auf die Forststraße in Richtung Nassereither Alm, Weg 836. GPS-Wegpunkt 4 – 5,5 km – 1187 m: Forststraßenkreuzung mit Infotafel und Ausblick auf den Fernpass. Hier jetzt links hoch Richtung Nassereither Alm. Zum Ausblick auf den Fernpass einfach den kurzen Pfad aufnehmen, der auf die Rückseite des Hügels führt. Rechts ab geht es über den Stuckweg zum Fernpass hinunter (siehe Tour 22). Der folgende eigentliche Anstieg zur Nassereither Alm führt anhaltend mäßig steil über die Forststraße durch zumeist dichten Nadelwald. GPS-Wegpunkt 5 – 7 km – 1488 m: Dem Verlauf der Forststraße weiter geradeaus folgen und alle Abzweige ignorieren. GPS-Wegpunkt 6 – 9,4 km – 1740 m: Unvermittelt taucht jenseits einer kleinen Kuppe die Nassereither Alm (auch Muthenaualm) auf. Sie liegt am Rand eines kleinen Hochtals (dem Zonboden) auf 1739 m direkt unterhalb der Nordwestabstürze des Wannig. Die südseitige, windgeschützte Terrasse ist der perfekte Platz, um sich körperlich und mental auf die noch anstehenden Höhenmeter hinauf zum Scheitelpunkt zu rüsten. Der Weiterweg führt links hinunter in den Talboden, vorbei; an einer kleinen Hütte der Forststraße in den Wiederanstieg folgen. GPS-Wegpunkt 7 – 11,4 km – 1808 m: Am Scheitelpunkt der Strecke weiter auf dem Riffeltalweg, nun bergab. Die Abfahrt wartet mit einigen schwungvollen und ästhetisch ansprechenden Serpentinen auf, und der im Vergleich zur Nordseite weniger dichte Baumbestand eröffnet spektakuläre Tiefblicke hinunter auf Nassereith und ins gegenüberliegende Tegestal. GPS-Wegpunkt 8 – 13 km – 1613 m: Kurz vor Ende der Forststraße beginnt der Steig/Trail Richtung Nassereith. Der Einstieg rechts von der Forststraße ist rotweiß markiert, Weg 25. Der »Trail« ist anhaltend steil und schwer fahrbar und zum Teil auch gefährlich! Im oberen Bereich geht es durch Latschenzonen und über Geröllhänge immer am Hang entlang, später verhüllt der Bergmischwald das Treiben des Bikers. Insgesamt ein sehr anspruchsvolles und kraftraubendes Unterfangen, das ordentlich an die Substanz geht. Positiv am Ganzen: Es gibt keine Zwischenan-

Konditionelle und fahrerische Herausforderung am Vorposten der Mieminger Kette

Das »Fortsstraßen-Karussel« oberhalb von Nassereith schmeichelt sowohl dem Auge als auch dem Fahrgefühl.

stiege. **GPS-Wegpunkt 9 – 15,5 km – 1104 m:** Am Ende des Trails der Forststraße nach links folgen (Weg 3, 25); rechts geht es zum über Nassereith gelegenen Aussichtspunkt »Adlerhorst«. Der genussvolle, breite Wanderweg führt relativ plan entlang der Südseite des Wannig hinüber nach Aschland. **GPS-Wegpunkt 10 – 16,8 km – 1088 m:** Einmündung der Forststraße von unten rechts, von Roßbach kommend. Hier geradeaus weiter Richtung Aschland entlang Weg 3, 24, 25. **GPS-Wegpunkt 11 – 18,8 km – 1122 m:** An der Ruhebank schräg rechts nach unten Richtung Aschland. Kurz vor dem Weiler ist ein kurzer, scheinbar wegloser Abschnitt bergauf über freies Feld (rechts am Rand halten) zu überwinden. Mit der Einfahrt über den Pleisenbach-Graben sind die Orientierungszweifel aber schnell wieder weggewischt. Ab km 19,7 beginnt die Teerstraße, die erst am Abzweig hinauf zur Marienbergalm wieder verlassen wird. **GPS-Wegpunkt 12 – 19,9 km – 1110 m:** Aschland. Durch den Weiler aufwärts, vorbei an der Kapelle und am Aschlandhof, und weiter geradeaus leicht bergauf über freies Feld (Weg 24) mit schönen Einblicken in die mächtige Südostflanke des Wannig, die von riesigen Kies- und Schotterrinnen durchzogen ist. **GPS-Wegpunkt 13 – 20,6 km – 1147 m:** Die Teerstraße nach links bergauf verlassen und auf die Forststraße Richtung Marienbergalm einbiegen; »Marienbergweg« (Weg 27). Nach einem Schlenker zu Beginn folgt der stete Anstieg immer oberhalb des Marienbergbachs hinein ins enge Tal zwischen Wannig und Grünstein, an dessen Ende auf 1622 m die Marienbergalm steht.

GPS-Wegpunkt 14 – 22,5 km – 1410 m: Wegverzweigung. Der Forststraße schräg links bergan Richtung Marienbergalm folgen und weitere minderwertige Abzweige ignorieren. **GPS-Wegpunkt 15 – 25,1 km – 1622 m:** Die Alm endlich vor Augen, ist auch die letzte ausladende Schleife irgendwann zu Ende. Der Ausblick von der Terrasse der Marienbergalm gen Süden hinaus über das Inntal auf die schneebedeckten Dreitausender der Ötztaler und Stubaier Alpen ist die wohlverdiente Belohnung und gratis noch dazu. Zusätzliche Belohnungen sind wetterunabhängig, kosten jedoch, wofür aber dann der Hüttenwirt zuständig ist. Die letzten knapp 200 Höhenmeter beginnen am Marterl bei der Alm, wo der Weg dem Almlift Richtung Marienbergjoch, Weg 25, folgt. **GPS-Wegpunkt 16 – 26,8 km – 1790 m:** Marienbergjoch. Der zweite Scheitelpunkt der Tour ist der niedrigste Punkt und der einzige fahrbare Übergang der gesamten Mieminger Kette. Die finale Abfahrt führt entlang der Versorgungsstraße (Weg 813), vorbei an der Bergstation Marienberghaus und der Sunnalm durch das Skigebiet. **GPS-Wegpunkt 17 – 27,9 km – 1623 m:** An der Sunnalm weiter von auf der schottrigen Straße die Kehren hinunter und zuletzt rechts ab ins Gelände, sprich auf die Piste und vogelfrei über die schön coupierte Graspiste zurück zur Talstation. Wer sich lieber an die schottrige Variante halten will, der folgt dem Weg 835, dem Lärchenweg, vorbei am Waldhaus zurück an die Staatsstraße und gelangt über den Radweg zum Ausgangspunkt. **Endpunkt – 33,2 km – 1000 m:** Parkplatz an der Talstation.

Tagestouren in den Ammergauer Alpen

Mit einem ähnlich spektakulären Einstieg wartet in den Ammergauer Alpen der Downhill des Jägersteigs auf.

12 Plansee-Runde mit Altenbergweg
Genusstour zwischen Garmisch und Reutte

2 Schwierigkeit	✪✪✪✪✪ Erlebniswert	62,8 km Länge	4.30 Std. Zeit	1025 m Höhendifferenz

TOURENCHARAKTER

AUSGANGSPUNKT/ENDPUNKT
Parkplatz Ochsenhütte

ANFAHRT
Bahn/Auto: Garmisch-Partenkirchen

KONDITION ✪✪✪✪✪

FAHRTECHNIK ✪✪✪✪✪

ERLEBNISWERT

Fahrspaß: ✪✪✪✪✪

Landschaft: ✪✪✪✪✪

KULTUR UND GESCHICHTE
✪✪✪✪✪

EINKEHRMÖGLICHKEITEN
Hotel Fischer am See,
Tel. 0043/(0)5674/51 16
Restaurant am Urisee,
Tel. 0043/(0)5672/623 01
Hotel Forelle am Plansee,
Tel. 0043/(0)5672/781 13
Kiosk am Plansee

STRECKENPROFIL
Gesamtstrecke: 62,8 km
(Asphalt: 9,8 km; Schotter: 48,5 km;
Trail: 4,2 km; Schieben/Tragen: 300 m)

HÖCHSTER PUNKT
Beginn Altenbergweg, 1165 m

NIEDRIGSTER PUNKT
Parkplatz Ochsenhütte, 800 m

TOURIST-INFO
Garmisch-Partenkirchen,
Tel. 08821/18 07 00

LANDKARTEN
Kompass Karte Nr. 4; 1:50 000
Füssen/Ausserfern

GPS-ROADBOOK
Tour 12 – Plansee-Runde.GPX

Mit der Plansee-Runde erschließt sich dem Biker ein Stück Alpenromantik zwischen Allgäu, Ammergau und Österreich quer durch die typische Gries-Landschaft, mit einem fantastischen Ausblick auf das Tauernmassiv.

Gleich einem neuseeländischen Fjord ruht der Plansee tief eingeschnitten zwischen den steil aufragenden, bewaldeten Bergkuppen der Ammergauer Alpen. Bei der Ankunft am nordöstlichen Seeende geraten sofort die gegenüberliegenden Soldatenköpfe ins Blickfeld des Radlers, und über den wenigen Häusern ragt weit hinten die Felsspitze des Säuling in den Himmel. Den Blick nach Südwesten über den See hinweg beschließt das formschöne Dreieck des Tauernmassivs. Mit seinem südlichen Anhängsel, dem Heiterwanger See, ist der Plansee nur mittels eines schmalen Durchlasses verbunden. Die Fußgängerbrücke ist an dieser Stelle gerade so hoch, dass die beiden auf dem See verkehrenden Schiffe darunter hindurchschlüpfen können und so die entfernten Seeenden miteinander verbinden. Das Hotel Fischer am See im Süden und das Hotel Forelle im Norden werden auch auf der hier vorgestellten Runde angesteuert. Sie bieten die Gelegenheit, eine ganz spezielle Rast einzulegen, nämlich über den See schippernd. Das erschließt die Seen außerdem noch aus einer zusätzlichen Perspektive und setzt so das i-Tüpfelchen auf die Rundfahrt.

Wegweiser zu Beginn der kurzen Traileinlage durch die Gehrebachtlschlucht

| 62,8 km | 1025 Hm | Tagestour |

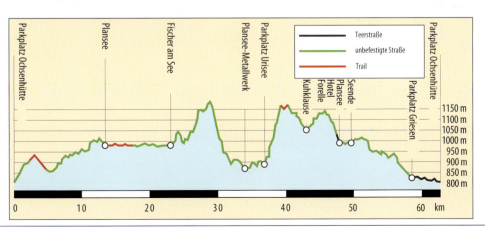

Plansee-Runde mit Altenbergweg

Uphill mit landschaftlicher Abwechslung

Erreicht wird der knapp 1000 Meter hoch gelegene See von der Ochsenhütte aus über das Tal der Neidernach, die bei Griesen in die Loisach mündet. Der initiale Anstieg führt kurz über Forststraßen hinauf ins Friedergries. Bei der unwirklichen Steinlandschaft, in der örtlichen Mundart als Gries bezeichnet, handelt es sich um geomorphologisch aktive Schuttkegeln. Dabei wird durch Starkregen der im Hochgebirge anfallende Verwitterungsschutt aus den steilen Bachschluchten lawinenartig zu Tal befördert. Zusammen mit den schütteren Bergkieferbeständen schafft dies am Talfuß die Wuchsbedingungen für die größten bekannten Baumwacholderbestände. Ist die Furt über die Friederlaine erst überwunden, geht es fast weglos und eng durch ein Latschenfeld und auf einem butterweichen Downhill-Trail durch einen Kiefernhain, der alsbald Stück für Stück in einen steinigen Karrenweg aufgeht und hinunter an die Neidernach führt. Ein Auftakt nach Maß – sowohl landschaftlich als auch fahrerisch.

Downhill mit jeder Menge Wasserspaß

Ab hier geht es vorbei an zahllosen Gebirgsbächen, die von beiden Seiten die Neidernach mit Nachschub versorgen. Besonders beeindruckend ist das Szenario an den »Drei Wassern«, wo die Wasser von Kothgraben, Schobertal und Neuweidbach zusammenfließen. Die Brücke über den Schellenbach markiert die deutsch-österreichische Grenze; nun führt ein kurzer Aufschwung auf einen kleinen Sattel, der einen feinen Rückblick hinein ins Neidernachtal gestattet. Am See sollte sich der Biker sogleich in den Ufertrail stürzen (siehe Tour 13), bevor dieser voll mit Plansee-Ausflüglern ist. Schließlich steht das Nordufer des

Der Plansee, der größte See der Ammergauer Alpen, ist allemal einen Stopp wert.

Genusstour zwischen Garmisch und Reutte

Plansees auch auf der Rückfahrt noch einmal auf dem Programm. Vorbei am Hotel und Bootsanleger Fischer am See geht es über den Moorlehrpfad auf Forststraßen hinauf in den Mühlwald, von wo aus letzte Tiefblicke auf den Heiterwanger See die Seenrunde erst einmal unterbrechen.

Die Abfahrt durchs Mäuerle führt hinab an den Ortsrand von Breitenwang und vorbei am riesigen Plansee-Metallwerk zum Urisee. Der am Ortsrand von Reutte gelegene, beliebte Badesee markiert den Beginn des Dürrenbergwegs hinauf zur hoch über Reutte und dem Lechtal gelegenen Dürrenberg-Alpe. Ein Abstecher, der hervorragend in die Runde eingepasst werden kann. Nahziel ist aber nicht die Alm, sondern der traumhafte, sonnseitig verlaufende Altenbergweg – ein Höhenweg, der in wechselvollem Auf und Ab direkt zurück an den Plansee führt. Einzige Klippe, die es auf dem Weg dorthin zu überwinden gilt, ist die wildromantische Gehrebachtlschlucht unterhalb der Melkalpe. Da hilft nur: Raus aus dem Sattel! Die Schiebe- bzw. Tragepassage ist aber eine Sache von nur wenigen Minuten und eher ein willkommener Spaß als ein notwendiges Übel, denn das verleiht der Runde einen Hauch von Abenteuer. Schon sitzt man wieder fest im Sattel und pedaliert begeistert von der munteren Trassenführung weiter zur Kuhklause. Die Jagdhütte liegt am Ausgang des Pollattales direkt am Zwiesebach und ist geradezu prädestiniert für eine ausgiebige Rast, zumal nur mehr ein kurzer Aufstieg fehlt, bevor es quasi in einem Rutsch zurück zum Ausgangspunkt geht. Freilich nur, wenn man am Plansee nicht doch noch einen Badestopp einlegt oder vielleicht sogar mit der MS Margaretha oder der MS Wilhelm über den See schippert.

Auftakt nach Maß: die butterweiche Abfahrt durch das südländisch anmutende Friedergries.

Variante:
Der Abstecher hinauf zur Dürrenberger Alpe bringt weitere 250 Höhenmeter auf den Tacho und ist, sofern noch Zeit- und Kraftreserven vorhanden, durchaus lohnend. Denn 600 Meter über Reutte gelegen, reicht der Blick bis tief hinein in die Allgäuer und Lechtaler Alpen, und in den späten Nachmittagsstunden glitzert das Sonnenlicht im Wasser der Vils.

Hinweis
Die örtliche Jagdverwaltung bittet darum, den Altenbergweg zwischen Plansee, Kuhklause und Melk (Weg 824) zwischen Ende Oktober und Ende Mai von 15 bis 9 Uhr nicht zu befahren. Das Wild soll ungestört die am Weg gelegenen Wildfütterungen (Neuwaldalpe) aufsuchen können. Verbiss und Schälschäden im Wald werden so vermieden.

Routenbeschreibung

Mit erreichen des Bootsanlegers »Hotel Fischer am See« ist das Ende des Uferweges Plansee-Heiterwanger See erreicht.

Start der Tour
Ausgangspunkt: Parkplatz Ochsenhütte auf 800 m an der Straße von Garmisch-Partenkirchen nach Ehrwald. Vom Parkplatz links hoch wie ausgeschildert auf den Kiesweg (Plansee-Runde) und den Weg KR4 entlang.

Route
GPS-Wegpunkt 1 – 0,9 km – 913 m: An der ersten Verzweigung links ab Richtung Plansee, Weg 253. Der Rechtsabzweig führt hinein ins Elmautal. **GPS-Wegpunkt 2 – 2,3 km – 911 m:** Am Holzlagerplatz schräg rechts ins Friedergries einfahren und entlang der Steinmarkierungen durch die bizarre Stein- und Strauchlandschaft des Gries; an dessen Ende durch die Furt der Friederlaine auf die andere Seite wechseln. **GPS-Wegpunkt 3 – 3 km – 933 m:** Jenseits des breiten Bachbetts führt ein kurzer Feldweg zum Wildgehege; an diesem links entlang und an dessen Eingang links auf den teils überwachsenen Pfad durchs Latschenfeld. Dieser mündet in einen Karrenweg, der anfangs über weichen Waldboden, später im Stile eines Bachbettes hinunter zur Neidernach führt. **GPS-Wegpunkt 4 – 4,7 km – 870 m:** Der Karrenweg trifft auf die Forststraße an der Neidernach; hier rechts abbiegen und die nachfolgenden Rechtsabzweige ignorieren, Weg 6,11. Bis zur deutsch-österreichischen Grenze am Schellenbach geht es konstant, aber zumeist kaum merklich bergauf. **GPS-Wegpunkt 5 – 11,8 km – 1012 m:** Nach dem kurzen steileren Grenzaufschwung geradeaus weiter, wie ausgeschildert, entlang Weg 820 zum Plansee und weitere Abzweige ignorieren. **GPS-Wegpunkt 6 – 13,4 km – 940 m:** Das Ufer des Plansees beim »Seewinkl« ist erreicht. Ehrfürchtig wandert der Blick über den traumhaft in die Gebirgslandschaft eingebetteten See, was so sehr beeindruckt, dass an Weiterfahrt erst einmal gar nicht zu denken ist. Dem landschaftlichen Highlight folgt ein fahrerisches, denn anschließend geht es links ab über die Schotterzunge auf den im Wald versteckten Uferweg (Weg 25). Nach munterem Auf und Ab direkt am Südufer des Plansees entlang wird der schmale Uferweg ab km 17,6 zur Forststraße. **GPS-Wegpunkt 7 – 19 km – 990 m:** An der Wegver-

Genusstour zwischen Garmisch und Reutte

zweigung rechts ab Richtung Brücke zwischen Plansee und Heiterwanger See und dort links weiter dem Uferweg entlang. GPS-Wegpunkt 8 – 20,5 km – 1003 m: Forststraßeneinmündung; geradeaus weiter am Ufer entlang. GPS-Wegpunkt 9 – 22,3 km – 974 m: Am Ende der Uferstraße rechts ab auf den schmalen Uferweg direkt am See und diesen über eine Brücke entlang bis zum Bootsanleger Hotel Fischer am See folgen. GPS-Wegpunkt 10 – 23,1 km – 980 m: Am Anleger links vorbei und der Teerstraße zum Campingplatz folgen und über die Brücke auf die andere Seeseite. GPS-Wegpunkt 11 – 23,4 km – 977 m: Links ab an der Wegverzweigung auf den Moorweg Richtung Reutte/Mäuerle. GPS-Wegpunkt 12 – 24,5 km – 979 m: Nach dem Reitstall rechts ab. GPS-Wegpunkt 13 – 25,6 km – 1015 m: Nahe den ersten Häusern von Ennet der Ach jetzt spitz rechts hoch über den Weg 8 Richtung »Mäuerle«. GPS-Wegpunkt 14 – 26,2 km – 1011 m: Links hoch weiter der Straße Richtung »Mäuerle« folgen. GPS-Wegpunkt 15 – 27,1 km – 1144 m: Geradeaus weiter der Forststraße Richtung Reutte folgen. GPS-Wegpunkt 16 – 27,8 km – 1118 m: An der Aussichtsbank über dem Heiterwanger See. Nach einem letzten Blick über den Heiterwanger See links steil hoch und über eine Lichtung in die Abfahrt durch den Lähnwald nach Breitenwang bei Reutte. GPS-Wegpunkt 17 – 29,6 km – 1025 m: Forststraßeneinmündung; weiter geradeaus bergab. GPS-Wegpunkt 18 – 30 km – 1003 m: An der Forststraßenkreuzung schräg rechts dem Verlauf der Straße bergab folgen – die letzten 100 m sind geteert. GPS-Wegpunkt 19 – 31,2 km – 929 m: Beim »Waldhof«, einem Gasthaus, mündet der Weg in die Fahrstraße; hier jetzt kurz rechts bergan. GPS-Wegpunkt 20 – 31,5 km – 950 m: Beim ersten Abzweig (mit Schranke) links ab in die Kiesgrube und diese durchfahren. GPS-Wegpunkt 21 – 32 km – 903 m: Am Ende der Kiesgrube auf die Teerstraße und geradeaus über die Schnellstraße drüber auf das Plansee-Metallwerk zu. GPS-Wegpunkt 22 – 32,4 km – 905 m: Vor dem Werkgebäude schräg rechts ab auf die Kiesstraße und dieser 1,1 km in die Abfahrt um einen Hügel hinunter nach Mühl folgen. GPS-Wegpunkt 23 – 33,7 km – 870 m: Unten angekommen geradeaus kurz vor bis zur Brücke, dort links ab über die Brücke und nach 100 m gleich noch einmal über die nächste Brücke. GPS-Wegpunkt 24 – 33,9 km – 868 m: An der Wegkreuzung links ab Richtung Mühl am Plansee-Metallwerk entlang. GPS-Wegpunkt 25 – 34,7 km – 909 m: Rechts hoch das Metallwerk verlassend in die bewaldete Auffahrt zum Urisee. GPS-Wegpunkt 26 – 35 km – 898 m: An der Einmündung in die geteerte Fahrstraße erneut rechts hoch. GPS-Wegpunkt 27 – 35,4 km – 912 m: Nach dem Tunnel rechts ab auf den gekiesten Urisee-Rundweg. Die direkte Umgebung des Sees ist von zahlreichen Wegen und Pfaden durchzogen, sodass man hier nach eigenem Gusto schalten und walten kann. Gegen Ende der Runde wird das kleine Strandbad des Urisees passiert – eine weitere Gelegenheit, auf dieser Runde für Abkühlung zu sorgen. Alternativ (unter Auslassung des Urisees) fährt man geradeaus weiter direkt zum Parkplatz. GPS-Wegpunkt 28 – 36,8 km – 892 m: Parkplatz Dürrenberger Alpe und Restaurant Urisee. Hier rechts hoch über Weg 22, 825 Richtung Dürrenbergalpe und Kuhklause. GPS-Wegpunkt 29 – 38,5 km – 1114 m: In den Rechtsabzweig Richtung Kuhklause einfahren (geradeaus führt der Aufstieg zur Dürrenbergalpe), Weg 824. GPS-Wegpunkt 30 – 39,2 km – 1169 m: In den Abzweig rechts leicht fallend Richtung Kuhklause einfahren. GPS-Wegpunkt 31 – 39,7 km – 1147 m: Vom Forstweg links ab auf die kurze Schiebe-/Tragestrecke, die hinunter in die wilde Gehrebachtlschlucht führt. Der Abstieg in den Graben ist kurz und steil über einige hohe Stufen und endet an einer kleinen Brücke. Der kurze, steile Aufstieg zum Anfang des Altenbergwegs ist nicht fahrbar. GPS-Wegpunkt 32 – 40,2 km – 1165 m: Nach dem Wiederaufstieg beginnt die Forststraße des Altenbergwegs, Weg 22, 824. Sie führt vorbei an der Wildfütterung Neuwaldalpe und in sonniger, offener Trassenführung hinunter zur Kuhklause-Jagdhütte. GPS-Wegpunkt 33 – 43 km – 1063 m: Am Rechtsabzweig zur Kuhklause geradeaus weiter dem Verlauf der Forststraße folgen. Mehr als die Hälfte der Runde ist hier absolviert, und die idyllische Umgebung der Hütte am Zwieselbach zweifellos erste Wahl, die selbst mitgebrachte Brotzeit in Ruhe zu genießen. GPS-Wegpunkt 34 – 47,5 km – 1042 m: Die Forststraße (Altenbergweg/Fürstenweg) trifft auf die Straße Oberau – Reutte (Ammerwaldstraße). Hier rechts geteert hinunter zum Plansee entlang der Fahrstraße. GPS-Wegpunkt 35 – 47,9 km – 1003 m: Parkplatz und Kiosk am nördlichen Ende des Plansees. Auch der Bootsanleger Hotel Forelle befindet sich hier. Links ab zwischen See und Hotel auf den Radweg Richtung Campingplatz. Unterwegs wird ein weiterer Kiosk passiert. GPS-Wegpunkt 36 – 48,9 km – 972 m: Am Ende vom Campingplatz Sennalpe weiter geradeaus auf der Kiesstraße direkt am See entlang. GPS-Wegpunkt 37 – 49,6 km – 988 m: Am Seeende trifft der Rückweg auf den Hinweg. Hier jetzt schräg links ab Richtung Griesen. Ab hier immer geradeaus zurück entlang des Auffahrtsweges über die Grenze und entlang der Neidernach. Abgesehen vom dezenten Anstieg vom Plansee weg ist der Rückweg entlang der Neidernach ein entspanntes Ausrollen ohne große körperliche Anstrengung. GPS-Wegpunkt 38 – 57,6 km – 838 m: Hier mündet der Jägersteig von links (aus dem Friedergries kommend) ein. Geradeaus weiter der Forststraße folgen. GPS-Wegpunkt 39 – 57,9 km – 850 m: An einer erneuten Wegeinmündung weiter geradeaus der Forststraße folgen. GPS-Wegpunkt 40 – 58,5 km – 825 m: An der Einmündung der Forststraße in die B23 an der Kapelle in Griesen links ab, der Bundesstraße folgen. GPS-Wegpunkt 41 – 58,7 km – 823 m: Beim Grenzstüberl rechts ab von der Straße auf den geteerten Radweg Richtung Garmisch. Er führt unmerklich fallend orografisch links an der Loisach entlang zurück zum Ausgangspunkt. GPS-Wegpunkt 42 – 62,6 km – 800 m: Die Straße und Schienen kreuzen und auf die andere Seite wechseln und kurz nach links zurück auf dem Radweg zum Parkplatz.

Endpunkt 62,8 km – 800 m: Parkplatz Ochsenhütte.

13 Rund um den Daniel über die Tuftlalm
Fahrspaß am Plansee und ein Finale vis-à-vis dem Zugspitzmassiv

2	●●●●○	52,3 km	4 Std.	850 m
Schwierigkeit	Erlebniswert	Länge	Zeit	Höhendifferenz

TOURENCHARAKTER

AUSGANGSPUNKT/ENDPUNKT
Parkplatz Griesen

ANFAHRT
Bahn/Auto; Garmisch

KONDITION ●●○○○

FAHRTECHNIK ●●○○○

ERLEBNISWERT

Fahrspaß: ●●●○○

Landschaft: ●●●●○

KULTUR UND GESCHICHTE
●●○○○

EINKEHRMÖGLICHKEITEN
Hotel Fischer am See/Heiterwanger See, Tel. 0043/(0)5674/51 16)
Hotel Forelle am Plansee, Tel. 0043/(0)567 27 81 13)
Tuftlalm, Tel. 0043/(0)676-965 08 26 oder 9650834; Anfang Mai–Ende Oktober
Ehrwald-Schanz (Tankstelle, Kiosk)

STRECKENPROFIL
Gesamtstrecke: 52,3 km (Asphalt: 6,7 km; Schotter: 41 km; (Ufer-)Trail: 4,6 km)

HÖCHSTER PUNKT
Lermooser Alm, 1496 m

NIEDRIGSTER PUNKT
Parkplatz Griesen, 820 m

TOURIST-INFO
Ehrwald, Tel. 0043/(0)5673/200 00

LANDKARTEN
Kompass Karte Nr. 4; 1:50 000
Füssen/Ausserfern

GPS-ROADBOOK
Tour 13 – Daniel und Tuftlalm.GPX

Auf dieser Tour ist Abkühlung (fast) immer zum Greifen nah, denn Neidernach, Loisach, Plansee und Heiterwanger See begleiten den Biker auf seiner Runde um den Daniel, den höchsten Gipfel der Ammergauer Alpen. Die Krönung ist das Zugspitz-Panorama oben auf der Tuftlalm.

Die Tuftlalm ist auch im Spätherbst noch ein Ziel, das den Bergradler mit offenen Armen empfängt. Bis Ende Oktober (wenn das Herbstwetter halbwegs mitspielt) werden Biker und Wanderer dort noch mit Speis und Trank verpflegt. Dass die Almsaison dort ein wenig länger dauert als anderswo, ist ein Pluspunkt, der sich nahtlos einreiht in die eh schon zahlreichen Gründe für den Aufstieg. Für viele ist dann auf der Alm auch schon Schluss: Sie genießen die mit so wenig Aufstiegsmühen erlangte Aussicht, andere machen kurz Station auf ihrem Weg hinauf zum Daniel, dem höchsten Punkt der Ammergauer Alpen. Dort oben wird dann sogar die sowieso schon überragende Aussicht von der Lermooser Alm noch getoppt. Kaum vorstellbar angesichts des Panoramas, mit dem die Lermooser Alm aufwartet: Die schroffe Westflanke der Zugspitze ragt überwältigend nahe jenseits der Loisach empor, die gewaltigen Dimensionen des Gaistals zwischen Wettersteingebirge und Mieminger Kette werden von hier aus erst halbwegs begreifbar, und das formschöne Dreieck der Sonnenspitze leitet den Blick hinüber auf die zahllosen Gipfel der Lechtaler Alpen. Das lockt natürlich jede Menge Biker herauf, spät im Jahr vor allem Einheimische, die die 500 Höhenmeter zu einer kurzen Trainingseinheit nutzen. Oft sieht man auch abgesperrte Mountainbikes, und von den dazugehörigen Bikern fehlt jede Spur. Dabei ist diese doch so offensichtlich – denn sie führt hinauf zum Daniel: Bike & Hike, wie es sinnvoller kaum geht! Doch bis zum Schlussanstieg hinauf zur Alm zeigt die Tour rund um den Daniel viele verschiedene Gesichter.

Ein Stück Norwegen mitten in den bayerischen Voralpen

Der erste Wegabschnitt von Griesen zum Plansee wird dominiert von der Neidernach, die die sanfte Auffahrt hinauf zum verrosteten Schlagbaum der deutsch-österreichischen Grenze hautnah begleitet. Der anschließende kurvige Aufschwung ist leicht genommen, und erwartungsvoll rollt der Bergradler hinunter zum Plansee. Gleich einem Fjord ist der lang gestreckte See umgeben von steil aufragenden grünen Hügeln; und neben der Tuftlalm ist er das Etappenziel dieser Tour. Nach dem optischen Leckerbissen folgt gleich im Anschluss der fahrerische: der Ufertrail. Der schlängelt sich unmittelbar am Südostufer des Plansees entlang

| 52,3 km | 850 Hm | Tagestour |

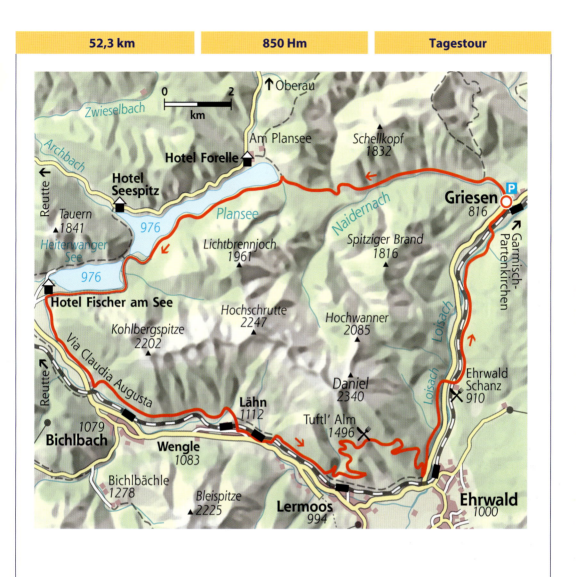

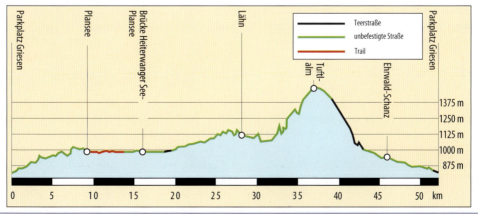

Rund um den Daniel über die Tuftlalm

und zaubert jedem Genussbiker ein Lächeln ins Gesicht. Bis auf zwei Stufen praktisch durchgehend fahrbar geht es in leichtem Auf und Ab in eleganter Linie wie im Slalom Richtung Seeende.

Für maximalen Fahrspaß ist aber unbedingt zu beachten, dass es sich hier um einen Panoramaweg handelt, der – auch wenn er wie geschaffen für das Mountainbike scheint – eigentlich für Wanderer und Plansee-Besucher gedacht ist. Und davon gibt es an einem so beliebten und gut erreichbaren Ausflugsziel wie dem Plansee immer jede Menge. Deshalb: Den Weg an Wochenenden und zur Ferienzeit meiden oder entsprechend früh unterwegs sein. Im Frühjahr und im späten Herbst ist der Andrang auf dem schmalen Weg überschaubar. Aber auch dann muss man immer mit Fußgängern rechnen und sollte entsprechend reagieren können. Das Verhältnis zwischen Mountainbikern und Fußgängern muss ja nicht unnötig belastet werden. Noch bevor der Heiterwanger See erreicht wird, kehrt wieder Ruhe ein, und gemächlich knirscht der Gummi auf der inzwischen auch für ein gleichzeitiges Nebeneinander von Fußgänger und Radfahrer ausreichend breiten Fahrstraße. Die Engstelle zwischen Plansee und Heiterwanger See wird passiert, und der Zugspitz-Panoramaweg führt entlang der Trasse der alten Römerstraße »Via Claudia Augusta« oberhalb der Ortschaften Heiterwang, Bichlbach und Lähn zurück Richtung Lermoos, direkt in den Kohlbergweg hinein. Hier erwartet den Biker der einzige bedeutende Anstieg der Runde, die 450 Höhenmeter hinauf zur Tuftlalm. Die über die gegenüberliegende Seite erfolgende geteerte Abfahrt wird sicher auch den ein oder anderen Hardcore-Downhill-Fetischisten zu einem Stopp nötigen, denn zweimal noch werden mit Bedacht ausgewählte, nett arrangierte Aussichtsplätze passiert. Zuletzt kommen auch die Vorteile zum Tragen, die man hat, wenn man die Runde gegen den Uhrzeigersinn abfährt: Der Aufenthalt auf der Tuftlalm kann im Wissen um das nahe gelegene Griesen maximal ausgedehnt werden, und der verkehrsnahe letzte Abschnitt von Ehrwald nach Griesen entlang der Loisach führt leicht bergab, ist also vom Kraftaufwand her überschaubar.

Ganz nah am Wasser gebaut: Unterwegs am Plansee-Ufertrail soll schon manch übermütiger Biker ein unfreiwilliges Bad genommen haben.

Fahrspaß am Plansee und ein Finale vis-à-vis dem Zugspitzmassiv

Postkartenidyll auf der Tuftlam – die Westabstürze der Zugspitze sind scheinbar zu Greifen nahe.

VIA CLAUDIA AUGUSTA (VCA) – EINE URALTE STRASSE WIRD NEU ENTDECKT

Die ehemalige römische Kaiserstraße verbindet seit 2000 Jahren Norditalien mit Österreich und Bayern. Sie zieht sich von der venetischen Poebene und Ostiglia nahe Mantua hinauf bis nach Augsburg und Donauwörth. Ursprünglich angelegt, um die Versorgung und Sicherung der neu eroberten Nordprovinzen an Rhein und Donau zu gewährleisten, wurde sie später als Handelsweg genutzt. Knapp 75 Jahre vergingen, bevor nach Baubeginn unter Drusus (dem Adoptivsohn von Kaiser Augustus) im Jahr 15 v. Chr. die Straße unter seinem Sohn, Kaiser Claudius 46-47 n. Chr., fertiggestellt wurde. Entstanden waren in dieser Zeit 350 römische Meilen (516 km) gestampfter Erde auf einer Unterlage aus Kies und Sand, die fortan Norditalien mit Mitteleuropa verbinden sollten: die »Via Claudia Augusta«, benannt nach dem Kaiser, unter dem sie eröffnet wurde. Die Route ist auch heute noch eine der bekanntesten und meistgenutzten über die Alpen – freilich nicht mehr unter ihrem damaligen Namen. Fernpass und Reschenpass stehen heute am deutlichsten für diese uralte Militär- und Handelsroute. Die vielen regionalen Bemühungen, das Erbe der alten Römerstraße wieder aufleben zu lassen, werden seit einigen Jahren durch den Zusammenschluss der einzelnen Projektpartner transregional koordiniert und von der Europäischen Union gefördert. Die wichtigsten Durchgangsorte der VCA auf dem Weg von Nord nach Süd: Augsburg – Landsberg – Schongau – Füssen – Reutte – Lermoos – Imst – Landeck – Nauders – Meran – Bozen – Trento

Routenbeschreibung

Am Südufer des Heiterwanger Sees mit Blick auf den schmalen Durchlass zum Plansee

Start der Tour

Ausgangspunkt: Parkplatz in Griesen auf 820 m. Von dort auf die Forststraße Richtung Plansee, immer an der Neidernach (Weg 6, 11) entlang und die nachfolgenden Rechtsabzweige ignorieren. Bis zur deutsch-österreichischen Grenze geht es über 7 km nur 100 Hm bergauf, bevor mit Überqueren der Brücke über den Schellenbach ein kurzer Aufschwung folgt.

Route

GPS-Wegpunkt 1 – 7,5 km – 1025 m: An der Forststraßenkreuzung nach dem kurzen Aufschwung geradeaus und die folgenden Abzweige ignorieren, Weg 820. Die schwach ausgeprägte Gefällstrecke endet direkt am Planseeufer. GPS-Wegpunkt 2 – 9,2 km – 979 m: Am Plansee links ab auf den Pfad, der durch den Steinacker führt und schließlich im Wald dem Südufer des Plansees folgt, Weg 25. Vorsichtig fahren und Rücksicht auf Wanderer nehmen. GPS-Wegpunkt 3 – 13,8 km – 982 m: Der Uferweg verbreitert sich zur Forststraße. GPS-Wegpunkt 4 – 15,3 km – 990 m: Der Verzweigung rechts ab folgen zur Brücke zwischen Plansee und Heiterwanger See. GPS-Wegpunkt 5 – 16 km – 980 m: An der Brücke links weiter am Uferweg entlang, ab km 18,7 ist das Ende des Sees erreicht. Ab hier dem geteerten Radweg folgen. GPS-Wegpunkt 6 – 19,5 km – 914 m: Vor der Brücke über den Grundbach links ab auf den Feldweg, der im Wald nach ein paar Stufen in den Zugspitzweg mündet. GPS-Wegpunkt 7 – 21,3 km – 1025 m: Kurz vor der Staatsstraße links ab auf den schmalen Pfad. Der Panoramaweg hangelt sich bis zurück nach Lermoos entlang der Staatsstraße und dem Schienenstrang. Der erste Abschnitt führt am Waldrand entlang nach Bichl. GPS-Wegpunkt 8 – 22,8 km – 1047 m: An der Wegverzweigung links ab Richtung Bichlbach/Lähn. GPS-Wegpunkt 9 – 23,2 km – 1055 m: Schräg nach rechts unten dem Straßenverlauf folgen. GPS-Wegpunkt 10 – 24,4 km – 1028 m: Gegenüber dem Bahnhof Bichlbach geradeaus weiter am Bach entlang. GPS-Wegpunkt 11 – 25,1 km – 1068 m: Der »Via Claudia Augusta«/Panoramaweg (Weg 832) folgen. Links bergan zieht sich der Anstieg zur Bichlbacher Alpe (1591 m) hoch. GPS-Wegpunkt 12 – 27,6 km – 1154 m: Rechts dem Panoramaweg nach Lermoos folgen. Von links mündet der Höhenweg als Teil des Anstiegs zur Bichelbacher Alpe ein. GPS-Wegpunkt 13 – 27,7 km – 1148 m: Geradeaus über die Kreuzung nach Lähn hinunter. GPS-Wegpunkt 14 – 28,1 km – 1118 m: Vor den Gleisen am Ortsrand von Lähn links ab und weiter auf dem Panoramaweg. GPS-Wegpunkt 15 km – 29 km – 1110 m: Der Radweg wechselt über die Gleise und führt kurz geteert direkt an der Straße entlang. GPS-Wegpunkt 16 – 29,5 km – 1095 m: Nach der Unterführung in Rautängerle rechts ab und weiter

Fahrspaß am Plansee und ein Finale vis-à-vis dem Zugspitzmassiv

dem Panoramaweg (Weg 805) oberhalb der Gleise folgen. **GPS-Wegpunkt 17 – 30,1 km – 1100 m:** An der Forststraßenkreuzung rechts dem Verlauf Richtung Lermoos folgen. **GPS-Wegpunkt 18 – 30,5 km – 1067 m:** Die Forststraße mündet in einen kleinen Parkplatz unterhalb der Staatsstraße. Jetzt über den Parkplatz und geradeaus bergauf weiter auf dem Panoramaweg Richtung Tuftlalm, auch Lermooser Alm genannt. **GPS-Wegpunkt 19 – 32,4 km – 1109 m:** Die nach rechts in spitzem Winkel abzweigende Forststraße ignorieren, sie führt zurück nach Lermoos. Der Aufstiegsweg folgt weiter geradeaus dem Kohlbergweg, der sich in Kehren durch den Berwald schlängelt. Ab und an leuchten die Wände des Zugspitzmassivs zwischen dem Grün des Nadelwaldes hervor, doch oben an der Alm und auf der Abfahrt warten noch weitaus bessere Fotostandorte. **GPS-Wegpunkt 20 – 35,2 km – 1372 m:** Links auf dem bergauf führenden Fahrweg bleiben und die nachfolgenden spitz abgehenden Forstwegabzweige ignorieren (Sackgassen). Der direkte Steigabschneider für Wanderer geht hier rechts ab zur Alm. **GPS-Wegpunkt 21 – 36,6 km – 1498 m:** Weiter geradeaus der Straße folgen und den Linksabzweig ignorieren (Sackgasse). **GPS-Wegpunkt 22 – 36,9 km – 1496 m:** Am unteren Ende eines unbewaldeten Hangs rückt die Tuftlalm (auch Lermooser Alm genannt) ins Blickfeld des Bikers. Die letzten Meter führen flach zur Alm, wobei im Hintergrund mit jeder Radumdrehung die Westwand des Zugspitzmassivs immer höher in den Himmel wächst. Zur Weiterfahrt einfach den Forstweg (Weg 812) wieder aufnehmen und quasi direkt auf die Zugspitzwände zufahren. **GPS-Wegpunkt 23 – 38,8 km – 1480 m:** Den Linksabzweig ignorieren und ab km 39,1 dem geteerten Versorgungsweg bis hinunter ins Tal folgen. Am Wegesrand liegen zwei schön angelegte, aussichtsreiche Rastplätze, die einen Stopp wert sind und neue Perspektiven erschließen. **GPS-Wegpunkt 24 – 43 km – 1000 m:** Kurz vor der Einmündung in die Staatsstraße links ab auf den ungeteerten Schanzsteig, der parallel zur Straße Richtung Griesen führt. Kurz nach dem Abzweig zur St.-Anna-Kapelle führt der Radweg an den prächtigen Wasserfällen des Häselgehrbachs vorbei. **GPS-Wegpunkt 25 – 45,9 km – 945 m:** An der Ehrwald-Schanz (Raststätte) auf die andere Straßenseite wechseln, kurz an der Fahrstraße entlang und dann rechts auf den Radweg und durch die Unterführung. An dieser wie an den folgenden Unterführungen auch nach längeren Trockenperioden mit Stauwasser rechnen! **GPS-Wegpunkt 26 – 46,2 km – 940 m:** An der Wegverzweigung nach der Unterführung links ab und weiter auf dem Radweg Richtung Garmisch, Weg 7. **GPS-Wegpunkt 27 – 51,6 km – 829 m:** Über die Gleise auf den geteerten Radweg an der Straße wechseln und diesem Richtung Griesen folgen.
Endpunkt 52,3 km – 820 m: Parkplatz in Griesen.

Zahlreiche verlockende Rastplätze säumen die Teerstraßenabfahrt von der Tuftlalm hinunter ins Loisachtal.

14 Säuling-Umfahrung und Dürrenbergalpe

Eine in jeder Hinsicht königliche Runde, die mit Schloss Neuschwanstein eröffnet wird

Schwierigkeit	Erlebniswert	Länge	Zeit	Höhendifferenz
3	✪✪✪✪✪	57,2 km	5 Std.	1400 m

TOURENCHARAKTER

AUSGANGSPUNKT/ENDPUNKT
Parkplatz bei St. Koloman

ANFAHRT
Bahn: Füssen/Auto: Schongau

KONDITION ✪✪✪✪✪

FAHRTECHNIK ✪✪✪✪✪

ERLEBNISWERT

Fahrspaß: ✪✪✪✪✪

Landschaft: ✪✪✪✪✪

KULTUR UND GESCHICHTE
✪✪✪✪✪

EINKEHRMÖGLICHKEITEN
Berggasthaus Bleckenau,
Tel. 08362/811 81; täglich 9–18 Uhr, jeden Dienstag Radlerabend und bis 22 Uhr geöffnet.
Alpe Jägerhütte
(im Sommer bewirtschaftet)
Kiosk & Hotel Forelle am Plansee,
Tel. 0043/(0)5672/7 81 13
Dürrenbergalpe,
Tel. 0043/(0)664/533 97 27
Restaurant am Urisee,
Tel. 0043/(0)5672/62 30 10)

STRECKENPROFIL
Gesamtstrecke: 57,2 km (Asphalt: 25,4 km; Schotter: 28,3 km; Trail: 3,5 km; Schieben/Tragen: ca. 50 Hm, fakultativ)

HÖCHSTER PUNKT
Dürrenbergalpe, 1438 m

NIEDRIGSTER PUNKT
St. Koloman, 770 m

TOURIST-INFO
Schwangau, Tel. 08362/8 19 80

LANDKARTEN
Kompass Karte Nr. 4; 1:50 000
Füssen/Ausserfern

GPS-ROADBOOK
Tour 14 – Saeuling.GPX

Landschaftlich wie kulturell herausragende Runde, bei der auch der Fahrspaß nicht zu kurz kommt. Zwischen Neuschwanstein und Plansee erwarten den Biker idyllische Almen, ein fulminanter Downhill-Trail, ein Höhenweg und jede Menge bayerische Geschichte am Wegesrand.

Eine Tour der Superlative, die wirklich alles bietet, was eine außergewöhnliche Mountainbiketour ausmacht: sportliche Auffahrten, spannende Trails, landschaftliche Vielfalt und gemütliche Almen. Und sogar noch ein bisschen mehr. Das »Bisschen mehr« ist in diesem Fall Schloss Neuschwanstein, der eigentliche Ausgangs- und Endpunkt der Runde um den Säuling. Nach der ehrfürchtigen Annäherung über die »Romantische Straße« geht es den Schlossberg hoch, anfangs über einen steilen Waldweg, bevor man schließlich die Teerstraße erreicht, über die auch die Masse der Neuschwanstein-Besucher heraufkommt. Zusammen mit dem internationalen »Fußvolk« geht es bis unter die Schlossmauern, bevor der Biker aus der Masse des Besucherstroms ausschert und sich Richtung Marienbergbrücke wendet. Den kurzen Abstecher (ohne Bike!) zu der nach Ludwigs Mutter benannten Brücke sollte man nicht verschmähen. An kaum einem anderen Ort in Deutschland entstehen wohl so viele Fotos wie im Gedränge auf der in 90 Metern Höhe über die Pöllatschlucht führenden Brücke. Kein Wunder, ist doch das Schloss mit jährlich rund 1,3 Millionen Gästen aus aller Welt (bis zu 5000 pro Tag) eines der bedeutendsten Touristenziele Deutschlands. Und dabei sollte das berühmteste von König Ludwigs Märchenschlössern nach seinem Willen eigentlich nie der Öffentlichkeit zugänglich gemacht werden – doch schon sechs Wochen nach seinem Tod wurde es für Besucher geöffnet.

Bergidylle, Downhill-Spaß und Härtetest für Fahrer und Material

Wer jetzt genug hat vom Rummel rund um Neuschwanstein, dem kann geholfen werden. Der sanfte Forststraßenanstieg entlang des Pollatbaches führt zum Berghaus Bleckenau, dem ehemaligen Jagdhaus von König Ludwig II. Dort geht es – trotz Hüttenbus – natürlich unvergleichlich beschaulicher zu. Jenseits der Bleckenau steilt der Weg deutlich auf, und einige geteerte Abschnitte helfen über die anspruchsvollsten Stellen hinweg. Da heißt es die Trittfrequenz hoch zu halten, zumindest bis zur am Ende des Stiegs gelegenen Rastbank auf 1360 Metern, von wo aus auch der Säuling erstmals markant über das Tal hinausragt. Die letzten Meter des Maximilianswegs führen flach hinauf zum Sattel zwischen Hochblassen und Ochsenkopf, wo die idyllische Alpe Jägerhütte den Biker mit offenen Armen

| 57,2 km | 1400 Hm | Tagestour |

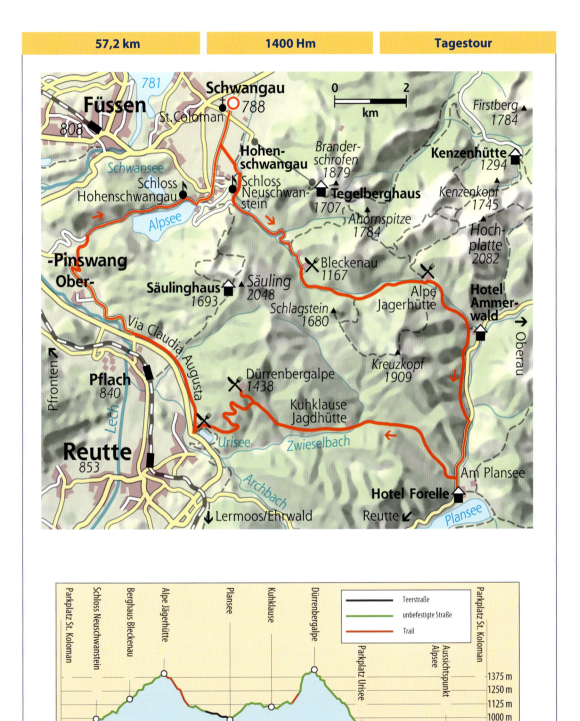

Säuling-Umfahrung und Dürrenbergalpe

empfängt und in den Sommermonaten auch versorgt. So gestärkt geht es in den Jägersteig, der über 350 Höhenmeter hinunter zum Ammerwald führt. Ein Downhill-Trail der Extraklasse, der Fahrer und Bike so einiges abverlangt. Nach einer spektakulären Einfahrt geht es den anhaltend mit kleineren und größeren Felsstufen durchsetzten Trail fahrerisch anspruchsvoll talwärts. Für manchen Biker das Höchste der Gefühle, andere sind froh, wenn der steinige Ritt endlich ein Ende hat.

Ein Anstieg, der es in sich hat

Da kommt die erholsame Forst- und Teerstraßenabfahrt zum Plansee gerade recht. Wer auch noch die Dürrenbergalpe mitnehmen will, der sollte am Ufer jedoch seine Uhr im Blick haben. Immerhin sind knapp 500 Höhenmeter zu bewältigen, bevor man die Terrasse der Alm betritt, wo schon zahlreiche Biker die Nachmittagssonne genießen. Beim Schwätzchen unter Sportskameraden werden Erfahrungen ausgetauscht, und man erkundigt sich, wie es einem ergangen ist an der berüchtigten Rampe (30 Prozent Steigung) oberhalb der Melkalpe. Denn da kommen die wenigsten rauf, heißt es am Bikerstammtisch.

Noch zwei kurze Anstiege fehlen zum Ziel

Der erste über den Lusweg hinauf zum Schwangauer Gatter, wo der schwarz-gelbe Schlagbaum gemächlich unter dichtem Blätterdach vor sich hin rostet und von längst vergangenen Zeiten zeugt. Der zweite folgt nach der Abfahrt hinunter zum Alpsee, wo die Fürs-

Märchenhafter Einstieg in die Säuling-Umfahrung: Die ersten Fahrmeter der Tour werden ganz zweifellos von Schloss Neuschwanstein dominiert.

Eine in jeder Hinsicht königliche Runde, die mit Schloss Neuschwanstein eröffnet wird

Nahe der Marienbrücke schweift der Blick über den Alpsee.

tenstraße entlang des nördlichen Seeufers emporsteigt. Vorbei an inzwischen leer gefegten Busparkplätzen und Schloss Hohenschwangau rollt der Biker durch das Herz des Neuschwanstein-Tourismus. Hier herrscht jetzt am Ende eines schönen Herbsttages relative Ruhe und eine Stimmung, ein bisschen wie an Kehraus. Die Klappen der Verkaufsstände sind dicht, und die letzten Busse und Autos machen sich auf den Nachhauseweg. Darauf freut sich auch der Mountainbiker, der an diesem Tag jede Menge bleibende Eindrücke gesammelt hat: vom Rummel um Schloss Neuschwanstein bis hin zur Bergeinsamkeit am Altenbergweg.

Variante:

Wer gegen Ende der Tour in Zeitnot gerät bzw. Höhenmeter einsparen will, der lässt die Dürrenbergalpe einfach aus und fährt direkt ab zum Urisee. Das spart etwa 300 Höhenmeter, aber man verpasst unter Umständen einen Gratis-Schnaps, mit dem der Wirt der Dürrenbergalpe schon mal ausgelaugte Biker empfängt. Die Schiebe-/Tragepassage (50 Hm) hinauf zur Melkalpe kann auch umfahren werden.

Routenbeschreibung

Start der Tour

Ausgangspunkt: Parkplatz an der Kirche St. Koloman auf 770 m. Von dort rechts ab auf die Romantische Straße Richtung Schloss Neuschwanstein.

Route

GPS-Wegpunkt 1 – 1,3 km – 810 m: Links ab auf die schmale Teerstraße (Weg 7) und direkt auf Schloss Neuschwanstein zu. GPS-Wegpunkt 2 – 2,4 km – 845 m: Nach dem Sägewerk und dem Eingang zur Pöllatschlucht rechts auf den Weg am Waldrand entlang, Weg 7a. GPS-Wegpunkt 3 – 2,5 km – 842 m: Links ab auf den schmalen Pfad, der weiter am Waldrand entlangführt. GPS-Wegpunkt 4 – 3,1 km – 868 m: An der Wegeverzweigung links steil hoch in den Waldweg, der hinauf zum Schloss und zur Marienbrücke führt. GPS-Wegpunkt 5 – 4 km – 890 m: Einmündung in die Teerstraße, die vom Besucherparkplatz kommt, und diese bergan. Hier reiht sich der Biker in den internationalen Besucherstrom ein. GPS-Wegpunkt 6 – 4,7 km – 955 m: Die Straße mündet direkt an den Schlossmauern von Schloss Neuschwanstein. Jetzt rechts am Schloss entlang Richtung Marienbrücke. GPS-Wegpunkt 7 – 5,6 km – 1006 m: An der Wegkreuzung nahe der Marienbrücke geradeaus auf die linke Fahrstraße Richtung Bleckenau. Diesen Weg benutzt auch der Hüttenbus, der Ausflügler zum Berggasthaus Bleckenau bringt. Alternativ auch über den Brunnenstubenweg. Von hier aus vor der Weiterfahrt unbedingt die wenigen Meter zu Fuß links zum Abstecher auf die Marienbrücke. GPS-Wegpunkt 8 – 8,2 km – 1105 m: Forststraßenabzweig nach links ignorieren und geradeaus weiter. GPS-Wegpunkt 9 – 8,3 km – 1108 m: Forststraßenverzweigung an der Haltestelle; geradeaus weiter. Der Linksabzweig führt zur Ahorn-Diensthütte. GPS-Wegpunkt 10 – 9,1 km – 1165 m: An der Forststraßenverzweigung bei den Bergwachthütten links ab zur Berggaststätte. GPS-Wegpunkt 11 – 9,2 km – 1173 m: Berggaststätte Bleckenau. Von dort geradeaus über die schmale Brücke und weiter zur Forststraße. GPS-Wegpunkt 12 – 9,4 km – 1165 m: Der Fußweg mündet in die Forststraße; jetzt links ab entlang der Forststraße, die zur Jägeralpe führt, Weg 201, »Maximiliansweg«. GPS-Wegpunkt 13 – 9,8 km – 1231 m: Forststraßenabzweig nach rechts zur Bächhütte ignorieren und geradeaus weiter der Forststraße folgen. Nach dem Abzweig steilt der Weg deutlich auf, wobei geteerte Abschnitte über die extremsten Passagen helfen. Mit Erreichen von Marterl und Aussichtsbank auf 1360 m flacht der Weg dann deutlich ab. GPS-Wegpunkt 14 – 13,9 km – 1418 m: Am Wegkreuz nach der Alpe Jägerhütte und der Diensthütte geradeaus weiter. Ab km 14,3 auf 1430 m beginnt mit einer spektakulären Einfahrt der Jägersteig, der in zahllosen Kehren zur Ammerwaldstraße hinunterführt. Der Steig, der sich in vielen Serpentinen durch den steilen Bergwald zieht, ist bis auf den untersten Abschnitt anhaltend hart zu fahren und durchsetzt mit diversen gröberen Felsen. GPS-Wegpunkt 15 – 17,1 km – 1111 m: Am Ende des Jägersteigs kurz der Forststraße folgen. GPS-Wegpunkt 16 – 17,3 km – 1099 m: Rechts ab auf den Wanderweg Ammerwald, Weg 821. GPS-Wegpunkt 17 – 18,2 km – 1079 m: Forststraßenverzweigung; rechts ab entlang der anregenden Trassenführung oberhalb der Ammerwald-Straße. GPS-Wegpunkt 18 – 19,4 km – 1058 m: Der Forstweg mündet in die Fahrstraße; dieser nun rechts ab-

Geschichtsträchtige Einkehr im »Berggasthaus Bleckenau«: Das ehemalige Jagdhaus von König Ludwig II. versorgt heute Wanderer und Mountainbiker.

Eine in jeder Hinsicht königliche Runde, die mit Schloss Neuschwanstein eröffnet wird

Selbst an einem so beliebten Ausflugsziel wie dem Plansee lässt sich ein ruhiges Plätzchen finden.

wärts direkt an der Straße entlang immer leicht fallend zum Plansee folgen. **GPS-Wegpunkt 19 – 22,7 km – 980 m:** Parkplatz, Kiosk und Hotel Forelle am Plansee. Zur Weiterfahrt 400 m zurück zum letzten Wegpunkt. **GPS-Wegpunkt 20 – 23,7 km – 1023 m:** Links ab auf den Kiesweg (Weg 824), den Altenbergweg, der mit einem steilen Kiesanstieg beginnt. **GPS-Wegpunkt 21 – 25,5 km – 1140 m:** Forststraßenvereinigung. Jetzt dem gemeinsamen Verlauf (Weg 824, 22) geradeaus über eine Kuppe hinweg folgen. Die anschließende kurvenreiche Abfahrt endet an der Kuhklause. **GPS-Wegpunkt 22 – 28,2 km – 1103 m:** Am Abzweig zur Kuhklause-Jagdhütte geradeaus weiter. **GPS-Wegpunkt 23 – 31 km – 1130 m:** Der Weg endet hier, und es geht links steil bergab auf den Steig Richtung Reutte. Das Rad schiebend und tragend durch die Gehrebachtlschlucht befördern und jenseits der Brücke kurz bergauf. **GPS-Wegpunkt 24 – 31,4 km – 1135 m:** Am Abzweig für den Steigabschneider, der rechts steil hoch zur Melkalpe führt. Der ist kaum fahrbar, deshalb ist Schieben und Tragen angesagt. Alternativ auch geradeaus weiter und anschließend rechts hoch über den Forstweg zur Melkalpe. **GPS-Wegpunkt 25 – 31,8 km – 1186 m:** Der Steig mündet an der Melkalpe in die Forststraße; jetzt rechts hoch über die kurze, aber extrem steile Rampe. **GPS-Wegpunkt 26 – 32,9 km – 1317 m:** An der Forststraßenkreuzung nun rechts ab in den Schlussanstieg zur Dürrenbergalpe. **GPS-Wegpunkt 27 – 34 km – 1438 m:** Die Dürrenbergalpe, das Ende der Stichtour hoch über Reutte, ist erreicht. Die Abfahrt erfolgt bis zum nächsten Wegpunkt entlang des Auffahrtswegs. **GPS-Wegpunkt 28 – 35,1 km – 1320 m:** An der Forststraßenkreuzung jetzt rechts ab auf den Weg 825. **GPS-Wegpunkt 29 – 38,6 km – 1113 m:** Forststraßeneinmündung; geradeaus weiter bergab auf dem Dürrenbergweg (Weg 824, 22). Hier mündet auch der Alternativweg ein, der die Dürrenbergalpe auslässt. **GPS-Wegpunkt 30 – 40,1 km – 950 m:** Kurz vor dem Parkplatz am Urisee rechts ab auf den Kiesweg Richtung Pflach/Mösle. **GPS-Wegpunkt 31 – 40,3 km – 948 m:** An der Wegverzweigung rechts halten Richtung Mösle. **GPS-Wegpunkt 32 – 40,6 km – 953 m:** An der erneuten Wegverzweigung jetzt links in den coupierten und rasanten Trail Richtung »Übers Mösle nach Pflach« einfahren, Weg 14. **GPS-Wegpunkt 33 – 41,4 km – 901 m:** Einmündung in den Radweg entlang der Fahrstraße und diesem geradeaus im Verlauf folgen. **GPS-Wegpunkt 34 – 42,3 km – 895 m:** Der Radweg mündet beim Parkplatz Säuling in den geteerten Radweg; diesem weiter folgen. **GPS-Wegpunkt 35 – 43,7 km – 844 m:** Rechts hoch auf die Fahrstraße Richtung Sternschanze. **GPS-Wegpunkt 36 – 46,5 km – 819 m:** Von der Fahrstraße Unterpinswang – Oberpinswang rechts und bergauf auf den gekiesten »Lusweg« Richtung Fürstenstraße/Schwangauer Gatter. **GPS-Wegpunkt 37 – 48 km – 882 m:** Am Schwangauer Gatter (deutsch-österreichische Grenze) rechts am ehemaligen Grenzposten vorbei auf den geteerten Fürstenweg und schnurgerade bergab zum Alpsee. **GPS-Wegpunkt 38 – 49,2 km – 861 m:** An der Straßenverzweigung geradeaus auf der Fürstenstraße weiter jetzt wieder zunehmend bergauf (rechts: Kitzbergweg). **GPS-Wegpunkt 39 – 51,6 km – 848 m:** Geradeaus über die Wegkreuzung weiter Richtung Neuschwanstein. Rechts am Wegesrand liegt der Aussichtspunkt Alpsee. An den Parkplätzen unterhalb Hohenschwangau und den Verkaufsständen vorbei, durch Hohenschwangau hindurch und auf der Romantischen Straße entlang zurück. Endpunkt 57,2 km – 770 m: Parkplatz an der Kirche St. Koloman.

15 Zur Kenzenhütte
Zum »Matterhorn der Ammergauer Alpen«

Schwierigkeit	Erlebniswert	Länge	Zeit	Höhendifferenz
3	●●●○○	45,5 km	3.45 Std.	1000 m

TOURENCHARAKTER

AUSGANGSPUNKT/ENDPUNKT
Parkplatz bei St. Koloman, 770 m

ANFAHRT
Bahn: Füssen
Auto: Schwangau

KONDITION ●●○○○

FAHRTECHNIK ●●●○○

ERLEBNISWERT
Fahrspaß: ●●○○○
Landschaft: ●●●○○

KULTUR UND GESCHICHTE
●●●○○

EINKEHRMÖGLICHKEITEN
Gasthäuser in Buching
Kenzenhütte, Tel. 08368/390; geöffnet
Christi Himmelfahrt bis Kirchweih

STRECKENPROFIL
Gesamtstrecke: 45,5 km
(Asphalt: 8,8 km; Schotter: 34,4 km;
Trail: 2,3 km)

HÖCHSTER PUNKT
Kenzenhütte, 1294 m

NIEDRIGSTER PUNKT
St. Koloman, 770 m

TOURIST-INFO
Halblech, Tel. 08368/285

LANDKARTEN
Kompass Karte Nr. 4; 1:50 000
Füssen/Ausserfern

GPS-ROADBOOK
Tour 15 – Kenzenhuette.GPX

Die Kenzenhütte am Geiselstein ist ein magischer Anziehungspunkt für Wanderer, Kletterer und andere Berghelden, die am »Matterhorn der Ammergauer Alpen« eine ganz besondere Herausforderung suchen. Für Biker wird es vor allem auf der Abfahrt so richtig interessant.

Wie es fahrerisch um die Auffahrt zur Kenzenhütte bestellt ist, lässt sich abschätzen, wenn man weiß, dass es dort hinauf auch einen Kleinbus-Zubringer gibt, den Kenzenbus. Dieser bringt Wanderer und Ausflügler an den Fuß der Hochplatte, eines der beliebtesten und höchsten Bergziele inmitten der Ammergauer Alpen. Für Biker also kein schwieriger Anstieg, der sich allerdings nur als Stichtour eignet, denn jenseits der Hütte gibt es keinen Weiterweg, der mit dem Bike machbar wäre. Nur den Abstecher zum wenige Hundert Meter hinter der Hütte gelegenen, durchaus mächtigen Wasserfall, dem fast alle Gäste der Kenzenhütte einen Besuch abstatten. Dafür bieten sich unterhalb der Hütte eine Vielzahl von Kombinationen an, um die Tour auszubauen. Besonderes Augenmerk am Streckenrand verdient die idyllisch vor dem Almengrund des Gumpenbaches gelegene Wankerfleckkapelle. In Gedenken an die vielen am Berg verunglückten Bergsteiger wird hier jedes Jahr ein Gottesdienst abgehalten. Die kleine Kapelle ist frei zugänglich, und im Inneren ist in Büchern dokumentiert, wer wo sein Leben lassen musste. Oft taucht als Unglücksort der Name Geiselstein auf. Warum gerade dieser Gipfel so begehrt und gefährlich war und immer noch ist, das lässt sich gleich vor Ort eruieren. Es ist nämlich genau jener beeindruckende Felsendom, der direkt über der Wankerfleckkapelle in den Himmel ragt. Beim Anblick der imposanten Berggestalt wird auch klar, dass er den Titel »Matterhorn der Ammergauer Alpen« fraglos verdient hat. Nicht einmal halb so hoch, aber in der Formgebung durchaus vergleichbar mit seinem großen Schweizer Vorbild, zieht auch dieser Berg die Kletterer magisch an.

Das Hochtal – ein Paradies für Naturfreunde

Für den ehrfürchtig staunenden Biker heißt es aber bald Abschied nehmen vom Geiselstein und den benachbarten Spitzen, denn noch liegt einiges an Wegstrecke vor ihm. Erst die Fahrt über die lichte Almwiese mit den vereinzelt dastehenden knorrigen Ahornbäumen zeigt die ganze Pracht dieses Hochtals. Dazu kommen die nach Niederschlägen und während der Schneeschmelze ringsum aus den Felsschluchten stürzenden Wasserfälle, die dem Tal einen zusätzlichen paradiesischen Anstrich verleihen. Zunächst geht es auf die andere Talseite und vorbei am Bockstall-Stausee hinein ins Lobental. Wenn es einen verwunschenen Wald geben sollte, dann müsste er so aussehen wie hier in der engen Schleife am Eingang ins Lobental. Der dünne Stangenwald der Fichten steht auf tadellosem, grünem Moos, auf das kaum

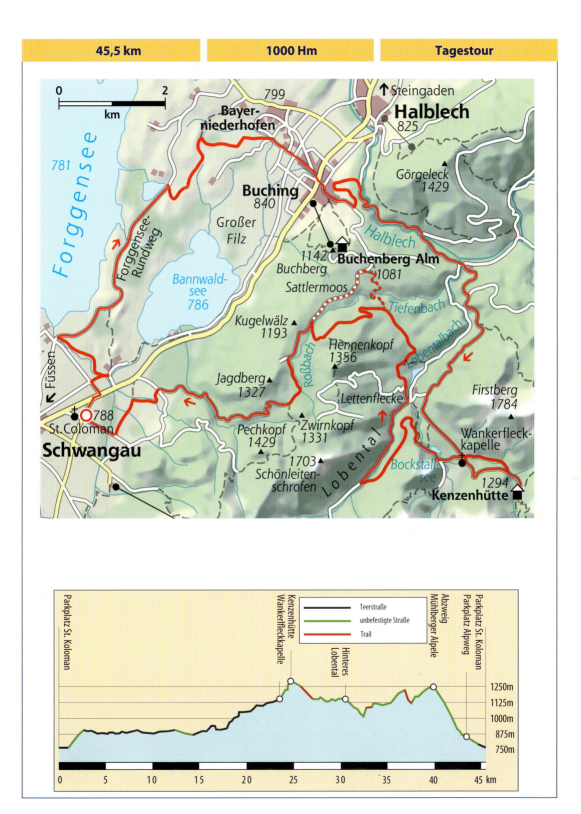

Zur Kenzenhütte

Nach anfänglich längeren Waldpassagen hat der Mountainbiker im oberen Streckenabschnitt das »Ammergauer Matterhorn« stets fest im Visier.

ein Lichtstrahl durch das dichte Nadeldach dringt. An der Brücke über den Lobentalbach beginnt dann die leicht abschüssige Forststraße hinunter ins Lobental. Auf halbem Weg, unten an der Forststraßenkreuzung, muss sich der Bergradler dann entscheiden, wie es weitergehen soll. Geradeaus weiter bergab und hinunter auf schnellstem Wege ins Halblechtal oder auf die vorgeschlagene Route um den Hennenkopf, die ihn hoch über dem Bannwaldsee zurück nach St. Koloman bringt. Wer diese Variante wählt, der darf sich auf einen wurzelbepackten, kurzen Uphill-Trail freuen, der noch vor dem Tiefental-Trail (siehe Tour 16) in die Forststraßenauffahrt hinauf Richtung Hennenkopf führt. Zudem wird er auch anderweitig belohnt, und zwar mit einem ungemein steilen und ungestümen Downhill über einen ehemaligen Karrenweg. Nur aufgrund von seiner Breite kann man hier noch guten Gewissens von einem Weg sprechen. Heil unten angekommen, muss der wilde Tiefenbach überwunden werden. Hier hilft aktuell keine Brücke (wohl früher einmal), was bedeutet, dass diese Variante im Frühjahr unter Umständen problematisch sein kann.

Zum »Matterhorn der Ammergauer Alpen«

Feierabendtour mit Blick auf Schloss Neuschwanstein

Die gesicherten Pfade erreicht man gleich im Anschluss mit der Forststraße, die die Buchenbergalm mit dem Mühlberger Alpele verbindet. Diese führt hinein in die finale Abfahrt bis hinunter zum Bannwald-Parkplatz – ein klassischer Forststraßen-Downhill über 400 Höhenmeter, mit zahlreichen unübersichtlichen, engen Kurven, bei denen man mit jeder Menge Gegenverkehr rechnen muss. Denn das Mühlberger Alpele gilt als eine ausgesprochen beliebte Feierabend-Stichtour unter den einheimischen Bergradlern. Die Feldwege vom Parkplatz führen hinaus auf die Wiesen unterhalb von Schloss Neuschwanstein, das der Biker immer fest im Blick hat, bis er zuletzt den Kurs um 90 Grad ändert und am Ende der Straße mit der strahlend weißen Fassade von St. Koloman sein Ziel erkennt.

Bild unten: Die Terrasse der Kenzenhütte ist für Zweiräder tabu – die Biker selbst sind naturgemäß gern gesehene Gäste.

Bild oben: Konkurrenz von Menschenhand: Die Wankerfleck-Kapelle steht in ihrer formvollendeten Kühnheit dem Geiselstein nur wenig nach

Routenbeschreibung

Auf Abwegen: Zwischen der Kenzenhütte und der Wankerfleck-Kapelle hilft eine schmale Holzbrücke über den Neuweidbach und eröffnet so die Chance auf eine ebenso kurze wie willkommene Traileinlage.

Start der Tour
Ausgangspunkt: Parkplatz an der Kirche St. Koloman auf 770 m. Von dort vor zur B17 Halblech – Schwangau und dieser kurz rechts folgen.

Route
GPS-Wegpunkt 1 – 0,7 km – 770 m: Links ab auf die gegenüberliegende schmale Teerstraße Richtung Brunnen in den beschaulichen Auftakt der Runde. **GPS-Wegpunkt 2 km – 1 km – 780 m:** An der Kreuzung rechts ab auf den Radweg. **GPS-Wegpunkt 3 – 1,3 km – 777 m:** Nach der Brücke über die Mühlberger Ach links ab auf den gekiesten Radweg, Weg 1. **GPS-Wegpunkt 4 – 2,6 km – 790 m:** Am Parkplatz rechts ab auf einen geteerten Radweg, den »Forggensee-Rundweg«, der zwischen Forggensee und Bannwaldsee hindurchführt, ohne jedoch einen der beiden Seen direkt zu erreichen. Den Forggensee selbst bekommt man nur zu Gesicht, wenn man eine der zahlreichen, kurzen Stichstraßen verfolgt, die links vom Radweg um den See führen. Den kleinen Hegratsrieder See, ein Voralpensee wie aus dem Bilderbuch, gibt es dafür en passant. **GPS-Wegpunkt 5 – 6,7 km – 786 m:** Am Seeende des Hegratsrieder See rechts ab auf den Feldweg (Weg 112) Richtung Sportplatz Buching und den Langhaldeweg entlang. **GPS-Wegpunkt 6 – 8,4 km – 781 m:** Vor dem kleinen Wäldchen rechts ab Richtung Sportplatz Buching, Weg 115. **GPS-Wegpunkt 7 – 9,8 km – 800 m:** Nach links zu den Sportplätzen abbiegen, dann nach 100 m rechts und anschließend immer geradeaus hinein in die Ortschaft Buching. **GPS-Wegpunkt 8 – 11,1 km – 817 m:** Geradeaus über die zentrale Straßenkreuzung in der Ortsmitte von Buching. Gegenüber die Bergstraße aufnehmen und diese anhaltend hinauf durch die Ortschaft. **GPS-Wegpunkt 9 – 12,4 km – 911 m:** Nach den letzten Häusern und vor den Parkplätzen der Buchenbergalm links ab auf den Feldweg und kurz bergab über freies Feld zurück an den Ortsrand von Buching. **GPS-Wegpunkt 10 – 13 km – 887 m:** Vor dem Bauernhof rechts ab und wieder bergauf über freies Feld, Weg 136. **GPS-Wegpunkt 11 – 14,3 km – 873 m:** Einmündung in die Straße entlang des Halblechs nach der Karrenwegabfahrt. Jetzt rechts ab auf der Teerstraße und leicht ansteigend entlang des Halblechs. **GPS-Wegpunkt 12 – 16 km – 885 m:** An der Forststraßenverzweigung geradeaus weiter und nicht links ab. **GPS-Wegpunkt 13 – 17,2 km – 914 m:** An der Brücke über den Lobentalbach. Nach der Brücke (!) rechts hoch Richtung Kenzenhütte (den Abzweig direkt vor der Brücke ignorieren) und dem Verlauf der asphaltierten Fahrstraße folgen. Wer die steile Einstiegsrampe erst einmal hinter sich gebracht hat, den erwartet in der Folge kein nennenswerter weiterer Kraftakt. **GPS-Wegpunkt 14 – 20,9 km – 1111 m:** Den Forststraßenabzweig an der Alpe Wank ignorieren und geradeaus weiter. Hier beginnt sich das Hochtal zu öffnen, und zum ersten Mal präsentiert sich auch der Geiselstein dem Biker. **GPS-Wegpunkt 15 – 23,5 km – 1143 m:** An der Wankerfleckkapelle geradeaus weiter und zunehmend steiler auf der Fahrstraße durch den Bergwald, vorbei am Kenzen-Jagdhaus und hinauf zur Kenzenhütte. **GPS-Wegpunkt 16 – 24,6 km – 1294 m:** Kenzenhütte. End-

Zum »Matterhorn der Ammergauer Alpen«

Die beschauliche Auffahrt zum Hennenkopf verwandelt sich kurz nach dem Hochsitz in ein rustikales Downhill-Abenteuer.

punkt der Stichtour. Zu einem Aufenthalt auf der Hütte gehört der obligatorische Abstecher zu dem etwas höher liegenden Wasserfall. Zurück entlang der Auffahrtsroute oder alternativ bei **GPS-Wegpunkt 17 – 25,7 km – 1250 m:** Rechts ab von der Fahrstraße auf die Abfahrtsvariante über den Steig/Trail hinunter ins Bachtal. Der Trail ist anfangs nur teilweise fahrbar und folgt ab der Brücke dem Bach zurück zur Wankerfleckkapelle. **GPS-Wegpunkt 18 – 27 km – 1150 m:** Zurück an der Wankerfleckkapelle jetzt nicht weiter am Auffahrtsweg, sondern geradeaus (bzw. links ab, wer von der Forststraße kommt) am Bach entlang hinaus in den Almengrund Richtung »Hinteres Lobental«. **GPS-Wegpunkt 19 – 27,5 km – 1100 m:** An der Forststraßeneinmündung auf der anderen Talseite rechts ab und dem Verlauf der Forststraße vorbei am Bockstall-Stausee folgen, kleinere Abzweige ignorieren. **GPS-Wegpunkt 20 – 30,5 km – 1145 m:** Nach der Brücke über den Lobentalbach rechts ab und in die Abfahrt (Weg 215) hinunter ins Lobental. **GPS-Wegpunkt 21 – 32,4 km – 1015 m:** Am Forststraßenabzweig vor der Brücke links ab und bergauf Richtung Leiterau. **GPS-Wegpunkt 22 – 32,7 km – 1080 m:** Von der Forststraße in der Linkskurve geradeaus und in den Uphill-Trail einfahren. **GPS-Wegpunkt 23 – 33,3 km – 1083 m:** Der Trail mündet in die Forststraße; und dieser nach links bergauf folgen. Der Weiterweg führt vorbei an der Leiterau-Diensthütte (hier den nachfolgenden Linksabzweig ignorieren) und ansteigend in einem Halbkreis um den Hennenkopf. **GPS-Wegpunkt 24 – 34,6 km – 1117 m:** An der Forststraßenverzweigung jetzt schräg links hoch und dem Verlauf bis oberhalb (200 m) eines prominenten Hochsitzes folgen. **GPS-Wegpunkt 25 – 36,8 km – 1217 m:** Abzweig in Karrenweg, der steil und einen nach rechts in den Wald hinunterführt. **GPS-Wegpunkt 26 – 37,5 km – 1126 m:** Der Karrenweg endet am Tiefenbach. Über den Bach führt an dieser Stelle keine Brücke, bei normalem Wasserstand ist die Überquerung aber kein Problem! Auf der gegenüberliegenden Seite kurz den überwachsenen Feldweg hoch. **GPS-Wegpunkt 27 – 37,7 km – 1156 m:** Der Feldweg mündet in die Forststraße. Jetzt links ab Richtung Mühlberger Alpele (wie ausgeschildert) stetig leicht bergan. **GPS-Wegpunkt 28 – 39 km – 1242 m:** Nach zuletzt 100 m Trail mündet dieser in einer Forststraße. Anschließend links ab der Forststraße entlang. **GPS-Wegpunkt 29 – 39,9 km – 1247 m:** An der Forststraßenverzweigung rechts bergab in die lange, kurvenreiche Forststraßenabfahrt. Geradeaus bergauf führt die Stichstraße zum Dürrenberger Älpele. **GPS-Wegpunkt 30 – 42,9 km – 918 m:** An der Wegkreuzung nach der Kiesgrube am Ende der Abfahrt links Richtung Alpweg-Parkplatz abbiegen. **GPS-Wegpunkt 31 – 43,4 km – 850 m:** Alpweg-Parkplatz. Direkt vor dem Parkplatz schräg gegenüber auf den Feldweg und an der Hütte vorbei durch den im Dickicht verborgenen Hammergraben. Auf der anderen Seite den dort beginnenden Feldweg nach rechts aufnehmen. **GPS-Wegpunkt 32 – 44 km – 792 m:** Der Feldweg mündet in eine schmale Straße; dort dann links ab direkt auf Schloss Neuschwanstein zu. **GPS-Wegpunkt 33 – 44,7 km – 796 m:** An der Wegkreuzung rechts ab auf eine schmale Teerstraße (Weg 66), die direkt zurück zur Kirche führt. Endpunkt 45,5 km – 770 m: St. Koloman.

16 Durchs wilde Halblechtal
Mit Traileinlagen gespicktes Auf und Ab am Hohen Trauchberg

3	●●●●○	46,5 km	4 Std.	1175 m
Schwierigkeit	Erlebniswert	Länge	Zeit	Höhendifferenz

TOURENCHARAKTER

AUSGANGSPUNKT/ENDPUNKT
Parkplatz Bannwaldsee

ANFAHRT
Bahn: Füssen; Auto: Halblech

KONDITION ●●●●○

FAHRTECHNIK ●●●●○

ERLEBNISWERT
Fahrspaß: ●●●●○
Landschaft: ●●●○○

KULTUR UND GESCHICHTE
○○○○○

EINKEHRMÖGLICHKEITEN
Buchenberg Alm,
Tel. 08368/94 07 63;
ganzjährig geöffnet

STRECKENPROFIL
Gesamtstrecke: 46,5 km
(Asphalt: 5,8 km; Schotter: 35,4 km;
Trail: 5,3 km; 2-mal kurz schieben/tragen)

HÖCHSTER PUNKT
Jagdhütten, 1450 m

NIEDRIGSTER PUNKT
Parkplatz Bannwaldsee, 790 m

TOURIST-INFO
Halblech, Tel. 08368/912 22 22

LANDKARTEN
Kompass Karte Nr. 4; 1:50 000
Füssen/Ausserfern

GPS-ROADBOOK
Tour 16 – Halblechtal.GPX

Die Buchenbergeralm mit dem berühmten Zwölf-Seen-Blick ist der perfekte Rahmen für den Biker, den Ritt noch einmal Revue passieren zu lassen: Einsame Forststraßen, steile Karrenwege und abenteuerliche Trailpassagen liegen hinter ihm – doch der Schlussakkord mit dem Downhill bis zum Bannwaldsee steht noch an.

Zwischen dem Ammertal im Osten und dem Forggensee im Westen erhebt sich mit dem Hohen Trauchberg eines der größten zusammenhängenden Waldgebiete Deutschlands. Der nordwestliche Ausläufer der Ammergauer Alpen ist durchzogen von einem breiten Netz an Forststraßen, die seine ausgedehnten bewaldeten Hänge zu einem erstklassigen Revier für Bergradler machen. Dabei gibt es den Hohen Trauchberg als solchen gar nicht. Bezeichnet wird damit ein Sammelsurium von bis zum Gipfel hinauf bewaldeten Erhebungen, das in der Hohen Bleick mit 1600 Metern ihren höchsten Punkt findet. Die hier vorgeschlagene Tour hangelt sich entlang der Südseite der Trauchberg-Ausläufer hinein in den Unterammergauer Forst. Zurück geht es durch das Hochtal zwischen Trauchberg und der Pürschling-Kette in westlicher Richtung ins Halblechtal. Dabei wird an der Wasserscheidhütte auf 1090 Metern die Wasserscheide zwischen Halblech und Halbammer überfahren. Die Wasser der Halblech fließen nach Westen hinaus in den Lech; die Halbammer ihrerseits versorgt die Ammer und in der Folge den Ammersee.

Bergroute wie Achterbahn mit zu überwindenden 700 Höhenmetern

Insgesamt sind drei Anstiege zu meistern; alle führen über erstklassige Forststraßen. Eine kleine Ausnahme stellt dabei der erste Anstieg über den Schwarzengrabenweg hinein ins Halblechtal dar. In seinem Mittelteil verliert der vormals so harmlose Weg völlig seine Contenance und zeigt ein ganz anderes Gesicht. Und der Bergradler sieht sich plötzlich mit einem elend steilen, düsteren Waldweg konfrontiert. Der Wechsel kommt so unvermittelt, dass nicht wenige hier eine Schiebepassage einlegen, zumal der dichte Bergwald über diese kleine Schwäche schützend seinen Mantel deckt. Bald schon wird jedoch klar, dass sich das in Hinblick auf den weiteren Wegverlauf durchaus lohnt, und es geht plan

| 46,5 km | 1175 Hm | Tagestour |

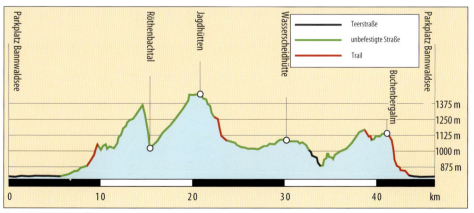

Durchs wilde Halblechtal

und schnell leicht fallend in einen anregenden Trail hinein, der leider viel zu schnell wieder in einer Forststraße aufgeht. Die restlichen Höhenmeter bis kurz unterhalb der Sennalpe sind da fahrerisch schon weit weniger aufregend, dafür gibt es ab und an erfrischende Ausblicke auf die gegenüberliegenden Ammergauer Alpen. Die Abfahrt über den aufgelassenen Karrenweg oberhalb des Miesingbachs ist schon ein ganz anderes Kaliber. Von Downhill-Vergnügen der klassischen Art kann hier nicht gesprochen werden, eher von holprigem Abarbeiten. Gut geschüttelt im Röthenbachtal angekommen, geht die Achterbahnfahrt dann auch gleich weiter, denn der zweite Anstieg des Tages zu den prächtig über dem Hochtal gelegenen Jagdhütten steht an. Die nordseitige Forststraßenauffahrt überwindet dabei weitere 300 Höhenmeter und schraubt die Tagesbilanz auf stolze 700 Höhenmeter, was an eine ausgiebige Pause denken lässt. Die sonnseitig gelegenen Jagdhütten sind dafür wie geschaffen, zumal die nächsten Versorgungsstätten noch in weiter Ferne sind. Glücklich der, der sich vorab ein ordentliches Brotzeitpaket geschnürt hat. Die Stärkung schmeckt in Vorfreude auf das, was da noch kommt, nämlich jede Menge Downhill-Spaß, dann auch besonders gut. Im Slalom geht es teils auf undeutlichen Trailspuren über den gut fahrbaren Waldboden – und jeder Biker, so scheint es, hat sich hier seine eigene Ideallinie durch den Bergwald ausgeguckt. Weiter unten bringt ein überwachsener Karrenweg die Ausreißer wieder auf Kurs und verlangsamt zugleich das Tempo des Bikes. Es geht mäßig geneigt hinunter ins Tal des Angstbach, wo die Reifen dann zunehmend festeren Boden verspüren.

Vorbei am Bannwaldsee führen die ersten Kilometer der Tour entlang des »Bodensee-Königsee-Radweges«.

Mit Traileinlagen gespicktes Auf und Ab am Hohen Trauchberg

Das Zuckerl zum Schluss – der Blick über zwölf Seen von der Buchenbergalm

Zum Abschluss der nachfolgenden »Überführungsfahrt« zum letzten Anstieg über das Lobental hinauf in die Leiterau und zur Buchenbergalm rückt die inzwischen geteerte Fahrstraße ganz nah an den Halblech herab. Nur die betonierte Leitplanke trennt auf diesem klammähnlichen Abschnitt den talwärts dahinbrausenden Biker von den stürzenden Wassern der Halblech. Die läppischen 200 Höhenmeter, die noch fehlen, sind die Anstrengung in jedem Fall wert, lockt doch mit der Buchenbergalm eine ganz besondere Attraktion: der »Zwölf-Seen-Blick«.

Abfahrt über den Kulturenweg bis zur Romantischen Straße

Doch auch fahrerische Highlights stehen noch auf dem Programm, wie z. B. der Trail durchs Tiefental, der kurz und knackig über einen steilen Schotteracker hinab zu einer einsturzgefährdeten kleinen Holzbrücke führt. Beim Wiederanstieg hilft nur, das Rad zu schultern, anders ist der steile Steig nicht zu machen. Wer sich oben auf der Buchenbergalm sattgesehen und alle zwölf Seen entdeckt und benannt hat, der stürzt sich in das letzte Abenteuer des Tages, den Kulturenweg hinunter zur Romantischen Straße. Der Auftakt mit zahllosen engen Spitzkehren durch eine düstere Fichtenschonung ist ein eher mühsames, ja stellenweise sogar gefährliches Unterfangen – auf dem steilen und wurzelüberwachsenen Steig hält sich der Bergradler nur sporadisch im Sattel. Erst unterhalb der Forststraßenquerung erntet man die Früchte der vorangegangenen Mühsal; der Trail verliert an Schärfe und lockert zunehmend auf. Spätestens mit Erreichen der Wiesen unterhalb der Lifttrasse ahnt der Biker, dass hier zum Abschluss noch ein guter Flow zu ernten ist – und er wird nicht enttäuscht.

Ruhepause für Mensch und Material hoch über dem Halblechtal

Routenbeschreibung

Die elegante Linienführung hinauf Richtung Hoher Trauchberg genügt an manchen Stellen höchsten ästhetischen Ansprüchen.

Start der Tour
Ausgangspunkt: Parkplatz Bannwaldsee auf 790 m. Von dort zur Straße, links ab und dem Verlauf des Radwegs Romantische Straße bis zum Halblech folgen. Der Radweg verlässt am Ende des Bannwaldsees die Straße und führt über freie Felder unterhalb der prominent auf einem Hügel platzierten Kirche St. Peter vorbei.

Route
GPS-Wegpunkt 1 – 4,4 km – 790 m: Straßenkreuzung bei Bayerniederhofen; geradeaus weiter. **GPS-Wegpunkt 2 – 5,7 km – 807 m:** Direkt nach der Brücke über den Halblech rechts ab, durch die Straßenunterführung und dem Weg hoch zur Schleuse und zum Parkplatz Bruckschmied folgen. **GPS-Wegpunkt 3 – 6,4 km – 842 m:** Am Parkplatz Bruckschmied direkt gegenüber bergan in die Forststraße einfahren. **GPS-Wegpunkt 4 – 7 km – 903 m:** An der Forststraßenverzweigung rechts ab Richtung Schwarzgrabenweg (Weg 132), der oberhalb von Buching ins Halblechtal führt. **GPS-Wegpunkt 5 – 8,5 km – 986 m:** Schräg links hoch in den Schwarzgrabenweg einfahren: Hier beginnt der breite Trail, der sich bald zum Singletrail verengt. Der finstere, steile Waldweg führt zu Anfang steil und schwer fahrbar bergauf. Hier ist es wichtig, sich nicht entmutigen zu lassen, denn schon bald verwandelt er sich in einen genussvollen Trail über angenehmen Waldboden. **GPS-Wegpunkt 6 – 9,6 km – 1057 m:** Der Trail mündet in die Forststraße; dem Verlauf folgen. **GPS-Wegpunkt 7 – 10,9 km – 991 m:** Forststraßeneinmündung. Der Forststraße nach links oben durch zumeist dichten Bergwald Richtung Görgleck und Sennalpe folgen. **GPS-Wegpunkt 8 – 12,8 km – 1165 m:** Geradeaus weiter dem Verlauf der Straße folgen. **GPS-Wegpunkt 9 – 14,5 km – 1366 m:** Kurz vor der kleinen Lichtung der Sennalpe rechts ab auf die nach unten führende Forststraße, die sich schnell in einen wilden Karrenweg verwandelt und steil bergab durch düsteren Bergwald führt. **GPS-Wegpunkt 10 – 16,3 km – 1023 m:** Die Karrenwegabfahrt mündet in die Forststraße, die sich nach links bergan in das Röthenbachtal hinaufzieht. Hier praktisch direkt gegenüber in den nächsten Forststraßenanstieg einfahren. Es geht nordseitig mäßig steil und ohne große Höhepunkte dem nächsten Scheitelpunkt entgegen. **GPS-Wegpunkt 11 – 20,9 km – 1450 m:** Die beiden Jagdhütten sind der perfekte Brotzeitplatz. Sie liegen direkt gegenüber dem Massiv der Großen Klammspitze auf einer kleinen Lichtung am ansonsten fast zur Gänze mit Wald bedeckten Hohen Trauchberg. Der Weiterweg führt direkt vor den Hütten vorbei in die Abfahrt. **GPS-Wegpunkt 12 – 22,4 km – 1269 m:** Am Ende der Forststraßenabfahrt beginnt der Trail, der im weiteren Verlauf stellenweise fast weglos durch den Bergwald führt und schließlich in einen Feldweg mündet. **GPS-Wegpunkt 13 – 23,5 km – 1143 m:** Weiter dem Wegverlauf bergab folgen. **GPS-Wegpunkt 14 – 23,7 km – 1088 m:** Einmündung in den Holzwirtschaftsweg am Holzlagerplatz. Hier links den Angstbach entlang leicht

Mit Traileinlagen gespicktes Auf und Ab am Hohen Trauchberg

bergab. GPS-Wegpunkt 15 – 24,1 km – 1063 m: Der Holzwirtschaftsweg mündet in einer Furt durch den Angstbach; drüben nach links ab der Forststraße talwärts folgen. GPS-Wegpunkt 16 – 26,1 km – 1039 m: Einmündung des Brameckwegs von rechts; weiter der Forststraße folgen. GPS-Wegpunkt 17 – 27,1 km – 1019 m: An der Wegkreuzung rechts ab Richtung Halblech. Der Linksabzweig führt zum Forsthaus Unternogg. Im Hochtal angekommen, tritt der Wald entlang des dezenten Aufstiegs zur Wasserscheidhütte immer mal wieder kurz zurück. GPS-Wegpunkt 18 – 27,7 km – 1022 m: An der Geometerhütte weiter geradeaus dem Straßenverlauf folgen. GPS-Wegpunkt 19 – 30,1 km – 1090 m: Der Weg passiert die Wasserscheidhütte, mit 1090 m der höchste Punkt des Hochtals. Die Hütte liegt am Rand der Hochmoorausläufer des Krottensteinmooses und ist wegen seiner landschaftlichen Schönheit prädestiniert für einen zweiten Stopp. GPS-Wegpunkt 20 – 31,1 km – 1065 m: Den Linksabzweig zu Krottenstein- und Eckhütte ignorieren und weiter bergab rollen. GPS-Wegpunkt 21 – 32,6 km – 1005 m: Auch am Rechtsabzweig ins Röthenbachtal geradeaus vorbeifahren; ab hier führt die Straße geteert direkt entlang des Halblechs. Nur eine meterhohe Betonmauer trennt den Biker auf der rasanten Fahrt durch die enge Schlucht von den schäumenden Wassern des Halblechs – ein optisch und fahrerisch sehr ansprechendes Spektakel. GPS-Wegpunkt 22 – 33,9 km – 878 m: Am Wegkreuz am Lobentalbach geradeaus über die Brücke und gleich danach (!) links hinauf ins Lobental. Der Weg führt vorbei am Elektrizitätswerk und entlang des Lobentalbachs. Achtung: Der Abzweig vor der Brücke ist die Auffahrt zur Kenzenhütte! Wer diese Variante wählt, der erweitert die Runde um ein beträchtliches Maß. GPS-Wegpunkt 23 – 34,8 km – 950 m: Am Steigabzweig geradeaus weiter der Forststraße folgen. GPS-Wegpunkt 24 – 36,7 km – 1024 m: Forststraßenverzweigung. Nun rechts hoch durch die Leiterau Richtung Buchenberg. GPS-Wegpunkt 25 – 37,4 km – 1083 m: Der Forststraße in die Rechtskurve folgen und den nachfolgenden Linksabzweig sowie weitere minderwertige Holzwirtschaftswege ignorieren (Beschilderung Richtung Buchenberg folgen). GPS-Wegpunkt 26 – 38,7 km – 1170 m: Rechts abbiegen Richtung Buchenberg; nach 200 m wird der Weg zum Trail, der in der Folge über einen steilen Schotteracker hinunter zu einer baufälligen (!) Brücke führt. Für den kurzen, aber steilen Wiederanstieg muss das Bike in die Hand genommen werden. GPS-Wegpunkt 27 – 39,4 km – 1085 m: Nach der kurzen Tragepassage oben angekommen, geradeaus in den »Buchenberg-Rundweg« einfahren, der schon bald den Wald verlässt und die Almwiesen der Buchenbergalm erreicht. GPS-Wegpunkt 28 – 39,8 km – 1068 m: An der Wegverzweigung links ab durchs Gatter über die Weide. GPS-Wegpunkt 29 – 40 km – 1075 m: Am Ende der eingezäunten Weide links hoch entlang der Forststraße zur Buchenbergalm. GPS-Wegpunkt 30 – 41,2 km – 1139 m: Buchenbergalm. Die stets gut besuchte Alm in aussichtsreicher Lage hoch über Bannwaldsee und Forggensee ist eines der beliebtesten Ausflugsziele der Region. Von Buching aus ist die Alm auch bequem mittels eines Doppelses-

In jeder Beziehung rauschend: die Abfahrt durch das Halblechtal

selliftes zu erreichen. Zur Abfahrt am Spielplatz vorbei und links auf den schmalen Kiesweg, den Kulturenweg, der in den steilen Bergwald führt. Der Weg ist vor allem auf dem ersten Teilstück bis zur Forststraße sehr steil, düster und ausgesprochen wurzelig. Wer sich nicht wohl dabei fühlt, der schiebt besser! Oder alternativ: zurück entlang der Fahrstraße und nach Buching abfahren. Von dort aus auf der Romantischen Straße und zuletzt wieder auf dem Radweg zurück zum Ausgangspunkt. GPS-Wegpunkt 31 – 42,2 km – 971 m: Der »Kulturenweg« wird durch eine quer verlaufende Forststraße unterbrochen. Auf der anderen Straßenseite weiter bergab den Trail wieder aufnehmen. Dieser zweite Teil der Abfahrt wird jetzt zunehmend angenehmer zu fahren und führt hinaus unter die Lifttrasse der Buchenbergbahn. GPS-Wegpunkt 32 – 42,8 km – 864 m: An der Wegverzweigung unter der Lifttrasse jetzt spitz links ab (rechts geht's nach Buching) den schmalen Feldweg entlang, der mit angenehmem Flow leicht fallend hinunter an die B17 geleitet. GPS-Wegpunkt 33 – 43,7 km – 805 m: Der Kulturenweg-Trail mündet in einer Sackstraße an der Bundesstraße; dieser kurz nach links bis zum Ende folgen und dann kurz weglos über die Wiese und rechts ab auf die Romantische Straße. Dieser zurück in Richtung Bannwaldsee folgen, zuletzt dann auf dem Radweg, der die Tour auch eröffnet hat.
Endpunkt 46,5 km – 790 m: Parkplatz Bannwaldsee.

17 Königsweg zwischen Pürschling und Wieskirche

Ausrollen auf geschichtsträchtigen Pfaden nach einer strammen Auffahrt

3	✪✪✪✪✪	52,9 km	4.15 Std.	1430 m
Schwierigkeit	Erlebniswert	Länge	Zeit	Höhendifferenz

TOURENCHARAKTER

AUSGANGSPUNKT/ENDPUNKT
Forsthaus Unternogg

ANFAHRT
Bahn: Bad Kohlgrub
Auto: Altenau/Forsthaus Unternogg

KONDITION ✪✪✪✪✩

FAHRTECHNIK ✪✪✪✩✩

ERLEBNISWERT
Fahrspaß: ✪✪✪✩✩
Landschaft: ✪✪✪✪✩

KULTUR UND GESCHICHTE
✪✪✪✪✩

EINKEHRMÖGLICHKEITEN
Forsthaus Unternogg, Tel. 08845/87 72
August-Schuster-Haus/Pürschlinghaus, Tel. 08822/35 67
Gasthaus Schweiger/Wieskirche, Tel. 08862/5 00

STRECKENPROFIL
Gesamtstrecke: 52,9 km (Asphalt: 12,8 km; Schotter: 39,3 km; Trail: 0,8 km)

HÖCHSTER PUNKT
August-Schuster-Haus, 1564 m

NIEDRIGSTER PUNKT
Mayersäge, 810 m

TOURIST-INFO
Bad Kohlgrub, Tel. 08845/742 20

LANDKARTEN
Kompass Karte Nr. 179; 1:50 000 Pfaffenwinkel; Kompass Karte Nr. 5; 1:50 000 Wettersteingebirge/Zugspitzgebiet

GPS-ROADBOOK
Tour 17 – Puerschling.GPX

Zwischen dem Trubel auf der Terrasse des August-Schuster-Hauses am Pürschling und den Touristen an der Wieskirche warten ruhige, genüssliche Waldpassagen und eine kurze Traileinlage über tiefen Waldboden. Dirt-Biker werden hier nur selten enttäuscht.

So unterschiedlich die beiden Ziele auch sein mögen, eins haben sie doch gemeinsam: Sie ziehen die Besucher in Scharen an. Wenn auch mit gänzlich unterschiedlichen Argumenten. Die Wieskirche an der Deutschen Alpenstraße zwischen dem Hohen Trauchberg und Steingaden hat es seit 1983 sozusagen schwarz auf weiß, welche Bedeutung sie als Kulturgut besitzt. Seitdem schmückt sie sich nämlich offiziell mit dem Titel »Weltkulturerbe«. In die Reihe der Besucher aus aller Welt, die vom riesigen Busparkplatz in die so geadelte Einöde kommen, stellt sich auch der Biker, der auf seinem Weg zurück zum Forsthaus Unternogg hier vorbeikommt. Weniger auffällig als unter den Besuchern der Wieskirche bewegt man sich da als Mountainbiker schon oben am August-Schuster-Haus auf dem Pürschling. Ausflügler, Wanderer und eben auch Bergradler kommen

| 52,9 km | 1430 Hm | Tagestour |

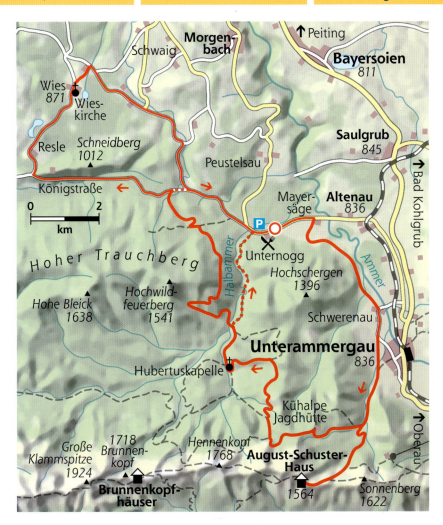

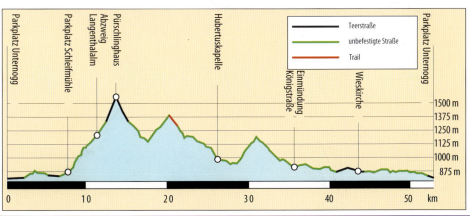

Vom Pürschling über die Königstraße zur Wieskirche

hier herauf und genießen die stolze Aussicht vor allem nach Süden hinein ins Elmautal, auf den Ammerwald und die Ammergauer Alpen. Weite grüne Täler kontrastieren dabei mit den schroffen Kalksteinmassiven der höchsten Gipfel am Horizont. Schon König Maximilian II. wusste diese Gegend zu schätzen und ließ Mitte des 19. Jahrhunderts ein Jagdhaus auf dem Pürschling errichten. Der nahe gelegene Brunnenkopf war damals außerdem ein besonders Erfolg versprechendes Revier für die Gamsjagd.

Ab der Wieskirche geht es in die Vollen

Die Bikeauffahrt hinauf zum Haus entlang der Schleifmühlenlaine ist durchaus als sportlich anzusehen. Vor allem der obere Wegabschnitt nach dem Abzweig zur Langenthalalm bedarf eines steten, kräftigen Trittes. Schließlich sind ab hier immer noch 400 Höhenmeter mit anhaltend 20 Prozent Steigung zu überwinden. Die Beschaffenheit des Fahrbahnbelages hilft (im obersten Bereich geteert), dass der Bergradler sich voll und ganz aufs Pedalieren und auf das Umschiffen der zahlreichen Wanderer konzentrieren kann. Denn der Pürschling ist kein stiller Einzelgänger, sondern ein geselliger Berg – zumindest rund um das August-Schuster-Haus. Spätestens wenn sich über das Stimmengewirr der Terrasse die dröhnende Lautsprecherstimme erhebt und vermeldet; »Die Maccaroni für Tisch 7 sind fertig!«, ist diese Einsicht gesi-

Nach zwei Dritteln des Aufstiegs zum August-Schuster-Haus ist die schmucke Kapelle am Wegesrand ein gern genommener Anlass für einen kurzen Sprung aus dem Sattel.

Ausrollen auf geschichtsträchtigen Pfaden nach einer strammen Auffahrt

chert. Mit dem Abzweig hinüber Richtung Kühalpe und Jagdhaus erreicht man jedoch schnell ruhigere Gefilde. Und bald ist auch die Forststraße Vergangenheit, und ein kurzer, aber intensiver Trail durch den Hengstwald schließt die sich auftuende 800 Meter lange Weglücke bis zur Forststraße hinunter zur Hubertuskapelle. Der Trail führt über tiefen Waldboden, der auch nach längeren Trockenzeiten immer noch sehr nachgiebig und unsauber mit seinen Befahrern umgeht. Ein echtes Dirtbiker-Vergnügen also, bei dem das Vorderrad schon mal tief im schwarzen, aufgeweichten Waldboden versinkt und nur der reaktionsschnelle Sprung aus dem Sattel eine Bauchlandung verhindert. Nach zahlreichen Abfahrtskilometern ist die letzte Hürde auf dem Weg zur Königstraße der Anstieg hinauf in den Sperrgraben und weiter in den Rehgraben unterhalb des Hochwildfeuerbergs.

Königliche Einkehr im Forsthaus

Die abschließende Flachetappe zur Wieskirche ist eine beschauliche Radwanderung, bei der man keine weiteren merklichen Anstiege mehr bewältigen muss. Vielmehr bleibt Zeit und Muße, die idyllischen Hochmoore zu genießen, die große Teile des Weges vor und nach der Wieskirche säumen. Und nach den letzten knapp 20 Kilometern mit einem kulturellen, Mountainbike-untypischen Kontrapunkt kann im Forsthaus Unternogg auf eine insgesamt sehr abwechslungsreiche Runde zurückgeblickt werden. Das traditionsreiche Gasthaus bildet den trefflichen Abschluss für diese »königliche« Runde. Denn in dem 1848 errichteten Forsthaus soll König Ludwig II. regelmäßig seine Reisen zwischen Schloss Neuschwanstein und Schloss Linderhof unterbrochen haben, um sich zu stärken – mit Wildbret versteht sich.

Das Pürschling-Gipfelhaus schon im Blick, wird der Biker von einer grandiosen Aussicht abgelenkt.

Routenbeschreibung

Strahlender Spätherbsttag am August-Schuster-Haus. In der Bildmitte zieht sich der steile und teils asphaltierte Fahrweg als graues Band schräg durch den mit Neuschnee bedeckten Hang.

Start der Tour
Ausgangspunkt: Parkplatz am Forsthaus Unternogg oder alternativ der kurz dahinter gelegene größere Wanderparkplatz. Jeweils rechts ab entlang der Königstraße in Richtung Altenau, Weg AA, BK.

Route
GPS-Wegpunkt 1 – 1,6 km – 810 m: Vor der Mayersäge von der Fahrstraße rechts ab, nach 500 m geht die Teerstraße in einen Kiesweg über (Weg 44). Sie führt in wechselvollem Auf und Ab bis zu dem kleinen Weiler Scherenau. GPS-Wegpunkt 2 – 4 km – 877 m: Links bergab dem Verlauf des Weges folgen. GPS-Wegpunkt 3 – 4,8 km – 857 m: Geradeaus weiter entlang Weg 43, 44 Richtung Scherenau, ab km 5,2 wieder auf Teer. GPS-Wegpunkt 4 – 5,5 km – 834 m: In Scherenau rechts hoch Richtung Kapelle und dem Wegverlauf durch den Ort folgen. GPS-Wegpunkt 5 – 6,0 km – 830 m: An der Wegverzweigung nach dem Ortsausgang rechts hoch. GPS-Wegpunkt 6 – 6,6 km – 828 m: Direkt vor der Brücke kurz vor Unterammergau rechts ab in den Weg und der Schleifmühlenlaine entlang bergan bis zu dessen Ende. GPS-Wegpunkt 7 – 7,5 km – 855 m: Links über die Fußgängerbrücke und drüben rechts die Fahrstraße hoch. GPS-Wegpunkt 8 – 7,8 km – 870 m: Am Parkplatz Schleifmühle vorbei und weiter geradeaus in den Anstieg, Weg 234. Die breite Forststraße, auf der zumeist auch zahlreiche Wanderer unterwegs sind, beginnt mit einem etwas steileren Abschnitt, bevor sie sich auf ein gut fahrbares mittleres Steigungsniveau einpendelt. Der Anstieg verläuft bis zum Abzweig zur Langenthalalm komplett im Wald, erst auf der zweiten Hälfte der Strecke wird das Gelände freier. GPS-Wegpunkt 9 – 9,5 km – 1053 m: An der Wegverzweigung rechts auf dem Fahrweg bleiben; links verläuft der steilere Karrenweg für Wanderer. GPS-Wegpunkt 10 – 10,5 km – 1145 m: Rechtsabzweig zur Kühalpe, geradeaus weiter. GPS-Wegpunkt 11 – 11,1 km – 1202 m: Die Wiedervereinigung von Fahr- und Fußweg. Es geht flach ins Hochtal hinein geradeaus weiter. GPS-Wegpunkt 12 – 11,3 km – 1214 m: An der Wegverzweigung links bergan, ab km 12,5 bis zum Ende auf Asphalt, was das Steigen etwas einfacher macht. Denn gleich von Beginn an wird klar, was den Biker erwartet, steilt doch der Weg jetzt deutlich und anhaltend auf. Einzige Abwechslung und moralisch wertvoll ist die kleine Kapelle am Wegesrand. Hier wird erstmals der Blick frei auf das noch ferne Ziel: das Pürschlinghaus. GPS-Wegpunkt 13 – 13,9 km – 1564 m: Pürschlinghaus, das Ende der Stichtour. Gleich oberhalb befindet sich die Bergwachthütte. Zurück entlang des Auffahrtsweges. In der ersten Linkskurve, wo die Straße dem Grat am nächsten kommt, markiert ein Kreuz einen weiteren Aussichtspunkt. Hier steht man direkt über der Ammerwaldstraße, deren Verlauf man von hier oben sowohl hört als auch sieht. GPS-Wegpunkt 14 – 17,7 km – 1150 m: Nach halber Abfahrt in den Linksabzweig Richtung Kühalpe einfahren, Weg 234A. Die Forststraße

Ausrollen auf geschichtsträchtigen Pfaden nach einer strammen Auffahrt

führt links vorbei an der Alm und einer Jagdhütte auf einen Höhenrücken. GPS-Wegpunkt 15 – 20,5 km – 1387 m: Das Ende der Forststraße ist erreicht, geradeaus weiter führt der Trail in den Hengstwald hinein. GPS-Wegpunkt 16 – 20,6 km – 1399 m: Geradeaus vorbei an der Hengstwald Diensthütte und zunehmend deutlicher bergab in einem aufwühlendem Ritt durch tief ausgefahrene Mulden und zwischen den Bäumen hindurch. GPS-Wegpunkt 17 – 21,3 km – 1287 m: Der Trail mündet leider viel zu früh in eine Forststraße, hier links abbiegen. Es beginnt eine lange Abfahrt, deren Ende erst weit unten am Zusammenfluss von Bayerbach, Weißenbach und Hengstbach erreicht ist. Bis zur so entstandenen Halbammer sind es insgesamt knapp 7 km und 400 Höhenmeter, die man getrost durchrollen kann. Einzig die Hubertuskapelle, errichtet dort, wo einst die Halbammerhütte stand, fällt bei der Abfahrt ins Auge. GPS-Wegpunkt 18 – 23,6km – 1176 m: Dem Forststraßenverlauf weiter bergab folgen. GPS-Wegpunkt 19 – 24,5 km – 1148 m: Dem Straßenverlauf weiter in die lange Gerade folgen. GPS-Wegpunkt 20 – 26,1 km – 977 m: Am Wegabzweig nach der Hubertuskapelle geradeaus weiter. GPS-Wegpunkt 21 – 26,3 km – 975 m: Geradeaus weiter am Hengstbach entlang; der Linksabzweig führt Richtung Trauchgau. GPS-Wegpunkt 22 – 27,8 km – 953 m: Wegkreuzung an den weiten Kiesbänken der Halbammer. Im spitzen Winkel links hoch über zwei Brücken wie ausgeschildert: Durchs Halbammertal. Alternativ lässt sich die Runde schon hier verkürzen, wenn man hier einfach direkt die Halbammer entlang zurück zum Forsthaus Unternogg rollt. GPS-Wegpunkt 23 – 28 km – 952 m: An der Diensthütte mit dem gegenüberliegenden Toilettenhäusl spitz rechts ab (Weg R1) und bald schon mühsam den schier nimmer Enden wollenden Stich hinauf – der letzte substanzielle Anstieg des Tages ist damit geschafft. GPS-Wegpunkt 24 – 30,9 km – 1189 m: Rechts bergab in die Abfahrt zur Königsstraße. Die Forststraße links bergan führt ins Wildschutzgebiet Hochwildfeuerberg (Hinweisschild beachten!). GPS-Wegpunkt 25 – 33,9 km – 959 m: An der Forststraßenkreuzung links bergan. GPS-Wegpunkt 26 – 34,2 km – 956 m: Rechts ab am Forststraßenabzweig. GPS-Wegpunkt 27 – 35,6 km – 911 m: An der Einmündung in die Königstraße links ab (Weg BK) und immer geradeaus weiter dem Verlauf der Königstraße Richtung Wieskirche folgen. Gleich im Anschluss werden zwei Furten durchfahren, die die gemütliche Flachetappe eröffnen. Wer auf die Schleife zur Wieskirche an dieser Stelle verzichten will oder muss, der schwenkt hier rechts ab. GPS-Wegpunkt 28 – 40,3 km – 869 m: An der großen Forststraßenkreuzung nach dem Langenmoos rechts ab Richtung Wildensteig/Wieskirche. Bald verlässt die Forststraße den Wald und führt über offenes Feld (ab km 40,8 geteert) vorbei am Weiler Resle leicht bergauf Richtung Wieskirche. GPS-Wegpunkt 29 – 42,2 km – 902 m: Wegkreuzung am Oberlindegger See (zum See kurz links ab); hier schräg rechts weiter Richtung Wies. GPS-Wegpunkt 30 –43,6 km – 875 m: Wieskirche. Links an der Kirche und den Ständen vorbei zu den Parkplätzen. GPS-Wegpunkt 31 – 44 km – 867 m: Nach den Parkplätzen rechts ab von der Fahrstraße Richtung Schwarzenbach und Schildschweig. GPS-Wegpunkt 32 – 44,7 km – 853 m: Bei den ersten Häusern von Schwarzenbach rechts ab entlang der »Wieskirchrunde«, (Weg BK, R30,9) und vorbei am Gut Schildschweig. GPS-Wegpunkt 33 – 46,6 km – 885 m: Geradeaus über die Kreuzung und in der Folge alle Links- und Rechtsabzweige ignorieren und immer Richtung Forsthaus Unternogg bzw. Atenau fahren. Die letzten Kilometer durch offene Wald- und Hochmoorlanschaft sind dabei klassisches Radwandern. GPS-Wegpunkt 34 – 52,2 km – 850 m: Einmündung in Fahrstraße, rechts ab über die Halbammer-Brücke und am Wanderparkplatz vorbei zum zurück zum Forsthaus.

Endpunkt 52,9 km – 810 m: Parkplatz Forsthaus Unternogg.

Die Pürschlinghäuser und tief unten im Tal das Elmaugries

18 Enningalm und Wiesgraben
Furioser Downhill zwischen Ruine Werdenfels und Pflegersee

Schwierigkeit	Erlebniswert	Länge	Zeit	Höhendifferenz
3	●●●●○	22,5 km	3 Std.	925 m

TOURENCHARAKTER

AUSGANGSPUNKT/ENDPUNKT
Parkplatz Schmölzersee

ANFAHRT
Bahn/Auto: Garmisch

KONDITION ●●○○○

FAHRTECHNIK ●●●●○

ERLEBNISWERT
Fahrspaß: ●●●●○
Landschaft: ●●●○○

KULTUR UND GESCHICHTE
●●●●○

EINKEHRMÖGLICHKEITEN
Werdenfelser Hütte,
Tel. 08821/33 33; ganzjährig geöffnet
Enningalm (im Sommer bewirtschaftet)
Seehaus am Pflegersee,
Tel. 08821/27 71; ganzjährig geöffnet
Kiosk am Pflegersee-Strandbad
(im Sommer geöffnet)

STRECKENPROFIL
Gesamtstrecke: 31 km
(Asphalt: 1,2 km; Schotter: 25,5 km;
Trail: 4,3 km)

HÖCHSTER PUNKT
Enningalm, 1544 m

NIEDRIGSTER PUNKT
Parkplatz Burgrain, 730 m

TOURIST-INFO
Garmisch-Partenkirchen,
Tel. 08821/18 07 00

LANDKARTEN
Kompass Karte Nr. 5; 1:50 000
Wettersteingebirge/Zugspitzgebiet

GPS-ROADBOOK
Tour 18 – Enningalm-Wiesgraben.GPX

Downhill-Fahrspaß pur verspricht der Trail durch den Wiesgraben, denn von der Enningalm hinunter bis fast zum Pflegersee gibt es kaum ein Halten für den versierten Biker.

Die Enningalm ist eines der beliebtesten Ziele für Mountainbiker in der Region rund um Garmisch. Einmal ist sie Durchgangsstation vom Loisachtal hinüber ins Elmautal, zum anderen gilt sie aber auch für viele dank ihrer langen Auffahrt als eigenständiges Ziel. Die strategisch so bedeutsame Alm liegt 500 Meter hoch über dem Elmautal auf 1544 Metern – im Sattel zwischen Windstierlkopf und den Felderköpfen im Norden und dem Hirschbichl im Süden. Dabei sind die vorgenannten Gipfel mit einer beeindruckenden Rundum-Gipfelschau gesegnet: darunter Ettaler Manndl, die Gipfel des Estergebirges und die westlichen Ausläufer des Karwendel; und hinter der Kramerspitze erhebt sich die gesamte Gipfelpracht des Wettersteingebirges mit der Zugspitze als ihrem Kulminationspunkt. Ein sehr lohnendes Bike&Hike-Ziel also, zumal der Steig hinauf zum Grat zwischen Windstierlkopf und Felderkopf keinerlei Schwierigkeiten aufweist und dabei nur 300 Höhenmeter zu überwinden sind. Die Gratwanderung ließe sich dabei über Brünstelskopf, Hasenjöchl und Notkarspitze bis hin zum Ochsensitz fortsetzen, bevor schließlich mit Ettal wieder tiefere Gefilde erreicht würden.

Eine Auffahrt, die die Muskeln spielen lässt

Die Auffahrt aus dem Loisachtal bei Burgrain zur Enningalm ist lang, aber unschwierig, führt sie doch durchwegs über gut ausgebaute, mäßig steile Forststraßen. Lediglich eine kurze Rampe kurz vor Erreichen der Alm hat es in sich: Der steile Karrenweg führt im 90-Grad-Winkel von der Forststraße ab und kurz, aber kompromisslos hinein in den Bergwald. Ein kleiner, aber heilsamer Schock für den Bergradler, der sich seit vielen Kilometern mit der gemütlichen Forststraße arrangiert hat. Wer also diese Herausforderung nach einer langen und kraftraubenden Auffahrt im Sattel bestehen will, für den heißt es: konzentriert und kraftvoll pedalieren. In jedem Fall ein würdiges Finale, bevor entspannt zur Alm hinübergerollt wird. Trotz der zahlreichen Biker, die hierher heraufkommen, macht die Enningalm einen eher beschaulichen Eindruck; alles ist eine Nummer kleiner als bei ähnlich wichtigen Stützpunkten: die Alm selbst, die Terrasse und auch das Speisen- und Getränkeangebot. Dafür sorgen die nebenan weidenden Kälber und jede Menge Hühner im Schwarzweiß-Einheitslook für besonders authentisches Almenambiente.

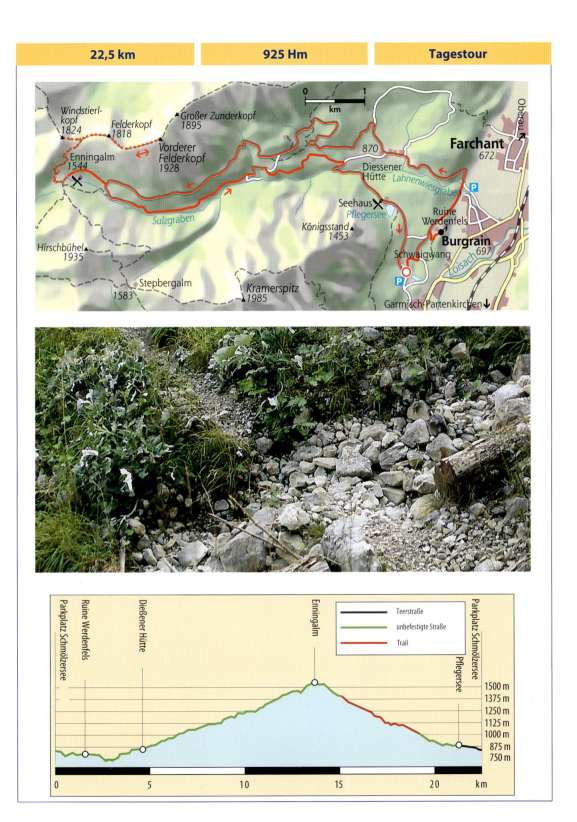

Enningalm und Wiesgraben

> **DIE HEXEN VON BURG WERDENFELS**
>
> Knapp 100 Meter über dem Loisachtal auf einem Felssporn unterhalb des Kramer ragen die Überreste von Burg Werdenfels in den Himmel. Erbaut wurde sie vermutlich Mitte des 13. Jahrhunderts von Herzog Otto VII. von Andechs-Meranien. Die Burg war als Herrschafts- und Machtsymbol angelegt und diente als Residenz für Pfleger und Richter. Berühmtheit erlangte die Burg zur Zeit der Hexenverfolgung gegen Ende des 16. Jahrhunderts. Unter den Pflegern Herwart und Poissl wurden dort die »malefizischen Personen« verhört, nach Hexenmalen untersucht und gefoltert. Um der grausamen Tortur ein Ende zu machen, gaben die Verurteilten schließlich die Namen weiterer »Hexen« preis, und so gab es immer neuen Handlungsbedarf für die Gerichtsbarkeit. Die als Hexen entlarvten Frauen wurden schließlich auf dem Scheiterhaufen verbrannt. Im Jahr 1590 fanden so nicht weniger als 48 Menschen aus der Grafschaft Werdenfels den Tod. Die Burg war nie in kriegerische Auseinandersetzungen verwickelt, sie wurde Mitte des 17. Jahrhunderts schlicht aufgegeben, weil ihr Erhalt zu teuer wurde. Auf 15 Lehrtafeln entlang des Weges erzählt heute der Burglehrpfad, der durch den Schlosswald direkt zur Ruine führt, von der wechselvollen Geschichte von Burg Werdenfels.

Relikt aus düsteren Zeiten: die Überreste der Burg Werdenfels

Furioser Downhill zwischen Ruine Werdenfels und Pflegersee

Die Schautafel an der Ruine Werdenfels hilft, der beeindruckenden Kulisse rund um Garmisch-Partenkirchen Namen zuzuordnen.

Downhill-Gelände mit hohem Erlebnischarakter

So zahm und fahrerisch unaufregend die Auffahrt war, so wild und abwechslungsreich ist der Downhill, der quasi parallel zur Auffahrtsroute verläuft und sich direkt an der Falllinie des Wiesgrabens (oder auch Sulzgraben) entlanghangelt. Vom Ende der Forststraße aus führt der Trail bis fast zum Pflegersee hinunter und bietet so ziemlich alles an Geländeformen auf, ohne dabei extrem zu werden. Genusstrailer werden vor allem die Abschnitte über den butterweichen Waldboden lieben; aber auch mit diffizilen Hangquerungen über groben Schotter, wurzeldurchsetzte Passagen und ruppigen, blankpolierten Fels darf/muss sich der Bergradler auseinandersetzen. Wie so oft liegen auch hier die schwierigsten Abschnitte im oberen Bereich des Trails, wo der Weg, wie es scheint, duldsam um seine Berechtigung ringt. Mit dem Pflegersee rückt dann Abkühlung für das durch die rauschhafte Abfahrt erhitzte Bikergemüt in greifbare Nähe. Zumindest im Sommer ist das Strandbad einfach zu verlockend, um es rechts liegen zu lassen und auf den Sprung ins kühle Nass zu verzichten. So lassen sich denn auch gleich die Spuren beseitigen, die der Trail äußerlich hinterlassen hat. Und den Ausgangspunkt erreicht man dann geläutert und völlig entspannt über die Teerstraße hinunterrollend.

Routenbeschreibung

Start der Tour

Ausgangspunkt: Parkplatz am Schmölzersee auf 830 m oberhalb von Sonnenbichl zwischen Burgrain und Garmisch-Partenkirchen. Die Runde startet mit der Abfahrt direkt vom Parkplatz in den Wald über einen schmalen Kiesweg (Schild: »Reiten verboten«) Richtung Ruine Werdenfels.

Route

GPS-Wegpunkt 1 – 0,4 km – 737 m: Nach der kurzen Abfahrt links ab Richtung Ruine Werdenfels und nach 100 m an der folgenden Wegkreuzung erneut links ab Richtung Burgrain/Farchant und Ruine Werdenfels. **GPS-Wegpunkt 2 – 1,1 km – 858 m:** Den Forststraßenabzweig schräg rechts bergab zur Ruine abfahren und anschließend die kleineren Abzweigungen ignorieren und immer der Beschilderung entlang des Burglehrpfads durch den Schlosswald zur Ruine folgen. **GPS-Wegpunkt 3 – 1,6 km – 800 m:** Der Radweg/Burglehrpfad endet zwischen der Werdenfelser Hütte und der Ruine Werdenfels. Nach der lehrreichen Anfahrt ist jetzt also Zeit, die Überreste aus längst vergangenen Tagen selbst in Augenschein zu nehmen. Wer mit alten Gemäuern so gar nichts am Hut hat, der wird sich zumindest an der stolzen Lage der Burg und der Aussicht über das Loisachtal hinein nach Garmisch-Partenkirchen erwärmen können. Von der Ruine geht es denselben Weg zurück zum letzten Wegpunkt und von dort weiter Richtung Farchant/Burgrain auf der Forststraße. **GPS-Wegpunkt 4 – 3 km – 730 m:** Der Radweg mündet nach einer durchaus schneidigen Abfahrt durch den Schlosswald an dem kleinen Wanderparkplatz bei Burgrain. Hier in die Forststraße links bergan entsprechend dem Schild »Ammergauer Bergziele« einfahren. Es folgt ein erster Anstieg hinauf zur Reschbergwiese. **GPS-Wegpunkt 5 – 4,6 km – 850 m:** Am Abzweig direkt nach der Dießener Hütte links ab Richtung Pflegersee und Ammergebirge hinaus auf das leuchtende Grün der Reschbergwiese. **GPS-Wegpunkt 6 – 5 km – 880 m:** An der Weggabel am Ende der Reschbergwiese rechts ab auf die Forststraße Richtung Enningalm, Weg 256. **GPS-Wegpunkt 7 – 5,6 km – 900 m:** Weiter dem Verlauf der Forststraße in eine Linkskurve folgen und anschließend kleinere Abzweige (Richtung Schafkopf) ignorieren. **GPS-Wegpunkt 8 – 8,3 km – 1117 m:** Dem Verlauf der Forststraße weiter bergan folgen und nicht rechts hoch in den Karrenweg hinauf Richtung Notkarspitze (»Gießenbacher Weg«). **GPS-Wegpunkt 9 – 9 km – 1148 m:** Forststraßenabzweig. Den Linksabzweig ignorieren und weiter geradeaus bergan. **GPS-Wegpunkt 10 – 12,9 km – 1483 m:** Am Scheitelpunkt der Forststraße rechts ab und bergan in den steilen Karrenweg. Vorher vielleicht noch einmal tief Luft holen, damit diese Rampe im Sattel gemeistert werden kann. Nach der kurzen, aber knackigen Auffahrt zuletzt dem flach verlaufenden Kiesweg nach links bis zur Alm folgen. **GPS-Wegpunkt 11 – 13,7 km – 1554 m:** Enningalm. Nach einer langen Auffahrt, die fast komplett vom dichten Bergwald zugedeckt wird, freut man sich hier oben über den Blick zurück über den Wiesgraben. Rundum glücklich macht allerdings erst der Aufstieg (45 Min. über einen unschwierigen Steig) auf einen der umliegenden Gipfel, beispielsweise auf den Felderkopf. Das Bergpanorama ist fast lückenlos, denn im Nahbereich »stört« nur die Kramerspitze die 360-Grad-Rundumschau. Die Abfahrt von der Enningalm erfolgt entlang der Auffahrtsroute zurück zum Scheitel der Forststraße. **GPS-Wegpunkt 12 – 14,5 km – 1485 m:** Jetzt jedoch rechts ab und der Forststraße in einen Bogen in den Wiesgraben (auch: Sulzgraben) nach unten folgen, Weg F5. **GPS-Wegpunkt 13 – 15,1 km – 1402 m:** Am Ende der Forststraße (Wegweiser »Garmisch und Pflegersee«) beginnt der Singletrail durch den Wiesgraben. Er verläuft im Wesentlichen wenig oberhalb des Grabens, teils steil am Hang entlang, immer leicht fallend. An einigen Stellen ist durchaus Vorsicht geboten, vor allem im oberen Teil, wo die Trasse schmal und der Abgrund tief ist. Später entfernt sich der Trail zunehmend vom Graben und bei **GPS-Wegpunkt 14 – 17,6 km – 1100 m** mündet der Trail in einen überwachsenden Karrenweg der bald zum Forstweg wird. Dem Weg geradeaus weiter leicht bergauf folgen und nicht rechts bergab (!) **GPS-Wegpunkt 15 – 18 km – 1105 m:** Die Forststraße nach 400 m wieder verlassen und rechts auf den Pfad in den Wald abfahren (Schild »Garmisch«). Der zweite Teil des Wiesgraben-Trails führt unter dem Blätterdach des dichten Bergwaldes auf geschmeidigen Pfaden talwärts. **GPS-Wegpunkt 16 – 19,2 km – 990 m:** Einmündung in den von links oben kommenden Karrenweg; diesem nach rechts unten Richtung Farchant folgen. Hier findet der Flow ein abruptes Ende, denn plötzlich rumpelt es gewaltig unter den Rädern: Ein ausgetrocknetes Bachbett dient fortan als »Weg«, oder sollte man vielleicht zutreffender sagen, der Weg dient dem Wasser als Bachbett? **GPS-Wegpunkt 17 – 19,7 km – 920 m:** Gut geschüttelt nun rechts abwärts in die Forststraße Richtung Pflegersee und Ruine Werdenfels (Weg 256) einfahren. Alle nachfolgenden kleineren Abzweige ignorieren und der Forststraße talwärts folgen. **GPS-Wegpunkt 18 – 21,3 km – 880 m:** Rechter Hand werden Seehaus, Pflegersee und Strandbad mit Kiosk passiert. Es ist also alles angerichtet, um einen warmen und sonnigen Tag hier würdig ausklingen zu lassen. Die restlichen Meter zurück zum Parkplatz über die Teerstraßenabfahrt reichen gerade einmal zum Trocknen und enden direkt am Parkplatz. Endpunkt 22,5 km – 830 m: Parkplatz Schmölzersee.

Am Ende der schweißtreibenden Auffahrt zur Enningalm steht nicht selten eine wohlverdiente Erfrischung.

Furioser Downhill zwischen Ruine Werdenfels und Pflegersee

19 Rund um die Notkarspitze
Genusstour über die Enningalm mit Traumabfahrt

Schwierigkeit	Erlebniswert	Länge	Zeit	Höhendifferenz
3	✪✪✪✪✪	43,5 km	4 Std.	1000 m

TOURENCHARAKTER

AUSGANGSPUNKT/ENDPUNKT
Parkplatz Farchant in der Spielleitenstraße

ANFAHRT
Bahn/Auto: Farchant

KONDITION ✪✪✪✪✪

FAHRTECHNIK ✪✪✪✪✪

ERLEBNISWERT

Fahrspaß: ✪✪✪✪✪

Landschaft: ✪✪✪✪✪

KULTUR UND GESCHICHTE
✪✪✪✪✪

EINKEHRMÖGLICHKEITEN
Enningalm (im Sommer bewirtschaftet)
Ettaler Mühle, Tel. 08822/1444;
kurzer Abstecher nötig
Gasthäuser in den Ortschaften Graswang und Ettal

STRECKENPROFIL
Gesamtstrecke: 43,5 km (Asphalt: 5,3 km;
Schotter: 33,7 km; Trail: 4,5 km)

HÖCHSTER PUNKT
Enningalm, 1544 m

NIEDRIGSTER PUNKT
Parkplatz Farchant, 670 m

TOURIST-INFO
Oberau, Tel. 08824/93973;
Ettal, Tel. 08822/3534

LANDKARTEN
Kompass Karte Nr. 5; 1:50 000
Wettersteingebirge/Zugspitzgebiet

GPS-ROADBOOK
Tour 19 – Notkarspitze.GPX

Raumgreifende Umfahrung über schattige Ammergauer Forststraßen. Höhepunkt der Tour ist sicherlich der mit Spitzkehren gespickte und durchgehend fahrbare Downhill-Trail hinunter zur Rotmoosalm.

Eine Tour mit zwei Gesichtern: Das erste Teilstück mit der langen Auffahrt hinauf zur Enningalm und dem furiosen Downhill hinunter zur Rotmoosalm markiert den sportlichen Teil. Der zweite Teil ist dann eher als genussvoll zu bezeichnen. Es geht in weitem Bogen durch das Elmautal und ums Kienjoch herum ins Graswangtal und weiter über Ettal zurück zum Ausgangspunkt nach Farchant im Loisachtal. Auf der Enningalm angekommen (siehe Tour 18) hat der Biker also den größten Teil des Tagespensums an Höhenmetern bereits geschafft und kann sich so ganz in ungetrübter Vorfreude auf den kommenden Trail ergehen und den Aufenthalt auf der Enningalm genießen. Bleibt noch Zeit und Energie, sind die aussichtsreichen Gipfel rund um die Alm eine erstklassige Option, sich die Beine zu vertreten. Dann aber ist es endlich so weit: Fahrspaß pur ist angesagt auf dem Trail hinunter zur Rotmoosalm.

Das ungetrübte Trailvergnügen beginnt seit einigen Jahren direkt ab der Enningalm. Früher musste das Bike noch über die sumpfige Wiese unterhalb der Alm geschoben werden; seit ein schmaler Kiesweg angelegt wurde, rollt der Bergradler direkt von der Alm in den Trail hinein. Der Steig, der ohne größere Geländestufen auskommt und also auch für normal belastbare Mountainbiker geeignet ist, schlängelt sich an den Hängen von Krottenköpfel und Hirschbühel entlang über 200 Höhenmeter talwärts. Im Mittelteil erfordert eine Abfolge von engen Spitzkehren ein tadelloses Handling des Sportgerätes, genauso wie beim Überfahren der zahlreichen quer verlaufenden Holzbohlen. Beim Abzweig zur Stepbergalm mündet das rassige Trailspektakel in einen breiten Fahrweg, der zur unbewirtschafteten Rotmoosalm führt.

Durch schattige Waldwege im gemütlichen Tempo

Ab hier eröffnet sich eine links und rechts nahtlos mit dichtem Wald gesäumte Forststraßen-Autobahn, die zunehmend leicht fallend entlang dem Elmaubach ins Elmaugries führt. Ein Abschnitt wie geschaffen, um ordentlich in die Pedale zu steigen oder aber sich im Spaziertempo treiben zu lassen. Direkt unter dem im Norden aufragenden Pürschling schwenkt der Weg dann ins Graswangtal, und zum ersten Mal nach langer Zeit tritt bei Graswang der dichte Nadelwald zurück. Die freie Sicht währt jedoch nur kurz, denn gleich nach dem so prominent auf der Lichtung gelegenen Forsthaus Dickelschwaig wird der Biker wieder vom Wald

| 43,5 km | 1000 Hm | Tagestour |

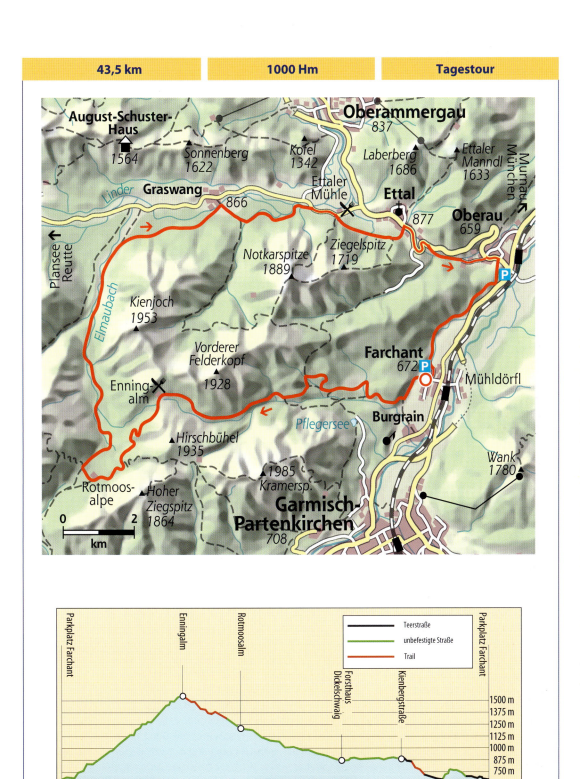

Rund um die Notkarspitze

Gegenverkehr ist auf dem langen Stieg hinauf zur so beliebten Enningalm keine Seltenheit.

geschluckt. Vorbei an der Großen Ammerquelle und durch Mühl- und Notwald wird über den leicht kupierten Radweg der Ettaler Sattel erreicht. Kurz vor Ettal liegt an der Ammerwaldstraße die Ettaler Mühle, eines der beliebtesten Ausflugslokale der Region. Die nostalgische Einkehr liegt allerdings nicht direkt an der Route, sodass ein Abstecher von allerdings nur wenigen Hundert Metern notwendig ist. Nach einem kurzen Intermezzo auf der Bundesstraße geht es hinein in den steilen und tiefen Schotteracker der Kienbergstraße. Über die steile Straße zwischen Oberau und Ettal zogen Jahrhunderte lang Kaufleute, Soldaten, Pilger und Fürsten auf ihrem Weg über die Alpen. Der Weg als Teil der uralten Handelsstraße Augsburg – Venedig war bei den Kaufleuten diesseits und jenseits der Alpen berüchtigt. So sollen sich die Fuhrmänner schon vor der Abfahrt Gedanken darüber gemacht haben, wie der »schaurige Anstieg« zu bewältigen sei. Der Mountainbiker hat Glück mit der Fahrtrichtung und braucht keinen »Vorspanndienst« (zusätzliches Gespann, um den Anstieg zu überwinden) – er braucht nur gut funktionierende Bremsen, um heil den Berg runterzukommen.

Genusstour über die Enningalm mit Traumabfahrt

Das kostenlose Erfrischungsangebot am Wegesrand in der Elmau lässt an heißen Tagen kaum jemand ungenutzt.

Routenbeschreibung

Wie aus dem Bilderbuch: Almidyll auf der Enningalm

Start der Tour

Ausgangspunkt: Parkplatz an der Spielleitenstraße in Farchant auf 670 m (oder die Parkplätze rund um die Kirche). Der Spielleitenstraße 200 m entlang zum Waldrand folgen und beim Spielplatz links auf den Fußweg Richtung Lourdesgrotte und Reschbergwiese fahren. Der entspannte Auftakt führt stetig am Waldrand entlang von Farchant nach Burgrain, ohne dabei an Höhe zu gewinnen.

Route

GPS-Wegpunkt 1 – 1,3 km – 685 m: An der Einmündung in die Forststraße an einem kleinen Wanderparkplatz rechts ab Richtung »Bergziele Ammergebirge«. Hier beginnt die eigentliche Auffahrt zur Enningalm. **GPS-Wegpunkt 2 – 2,9 km – 850 m:** Bei der Forststraßenverzweigung an der Dießener Hütte links abbiegen auf die Reschbergwiese hinaus. Der einzige waldfreie Flecken weit und breit ist übersät mit Heuschobern und auch von weiter oben noch deutlich zu erkennen. **GPS-Wegpunkt 3 – 3,3 km – 875 m:** An der Wegverzweigung am Ende der Reschbergewiese rechts zur Enningalm abbiegen und dem Verlauf der Forststraße folgen Der Linksabzweig führt zum Pflegersee. Im weiteren Verlauf schwenkt die Forststraße über eine ausgeprägtere Geländestufe – die einzige Gelegenheit, Reschbergwiese, Pflegersee und Loisachtal von oben zu Gesicht zu bekommen. Der Rest des Anstieges verläuft oberhalb des Wiesgrabens in den hintersten Talwinkel, was die Aussicht natürlich deutlich einschränkt. **GPS-Wegpunkt 4 – 6,1 km – 1097 m:** Den steilen Rechtsabzweig, den »Gießenbacher Weg«, ignorieren und geradeaus weiterfahren. **GPS-Wegpunkt 5 – 7,1 km – 1125 m:** Auch am folgenden Linksabzweigung geradeaus weiter auf dem Forstweg bergan. **GPS-Wegpunkt 6 – 11,3 km – 1496 m:** In den steil von der Forststraße nach rechts bergauf abgehenden Karrenweg einfahren. Am Ende der sportlichen Herausforderung zweigt links der schmale Pfad ab, der genüsslich am Hang entlang auf die Almwiesen der Enningalm führt. **GPS-Wegpunkt 7 – 12,4 km – 1544 m:** Enningalm. Kleine, aber feine Alm mit viel Getier auf dem Sattel zwischen Hirschbühel und Windstierlkopf mit nur begrenzter Aussicht.

Genusstour über die Enningalm mit Traumabfahrt

Abstecher von der Enningalm: Der Vordere Felderkopf belohnt Gipfelstürmer mit einem fast makellosen 360-Grad-Panorama.

Dafür aber mit großem Potenzial, was den Fahrspaß betrifft. Den Überblick kann man sich schließlich auch auf den umliegenden Gipfeln holen. Von der Alm weiter auf dem schmalen Kiesweg über freies Feld zum Beginn des Trails durch den Bergwald (Weg 265) hinunter zur Rotmoosalm. Zur Qualität des Trails an dieser Stelle nur so viel: Der exzellente Ruf, den der Trail in Bikerkreisen hat, ist vollauf gerechtfertigt. GPS-Wegpunkt 8 – 16,9 km – 1313 m: Den Linksabzweig hoch zur Stepbergalm ignorieren und weiter geradeaus dem Trail folgen, Weg 255. Der Singletrail wird bald zum breiteren Karrenweg. GPS-Wegpunkt 9 – 18 km – 1220 m: Ab der Wendeschleife führt der Weg jetzt als Forstweg vor zur unbewirtschafteten Rotmoosalm. GPS-Wegpunkt 10 – 18,3 km – 1209 m: Nach der schattigen Abfahrt kann an der Rotmoosalm wieder Sonne getankt werden – zumindest theoretisch. GPS-Wegpunkt 11 – 18,9 km – 1190 m: An der Einmündung in die Forststraße jetzt rechts ab Richtung Linderhof, Weg 254. Der Linksabzweig führt zur Ochsenhütte und Richtung Grainau. GPS-Wegpunkt 12 – 19,9 km – 1202 m: Beliebter Zwischenstopp auf dem Weg hinaus ins Elmau-

gries ist ein kleiner Holzbrunnen am Wegesrand, der vor allem an heißen Sommertagen zum Bikertreff mutiert. An dieser Stelle macht die Forststraße auch die einzige bedeutende Richtungsänderung: Sie knickt nach links ab. GPS-Wegpunkt 13 – 24,7 km – 926 m: Nach entspannten 5 Km an der Forststraßenkreuzung im Elmaugries rechts Richtung Graswang. GPS-Wegpunkt 14 – 26,9 km – 889 m: Bei der Forststraßenverzweigung flach links Richtung Graswang durch ein (geöffnetes) Eisentor und bald schon über freies Feld bis kurz vor die Ortschaft. GPS-Wegpunkt 15 – 28,2 km – 869 m: An der Brücke vor dem kleinen Ort Graswang rechts auf die Teerstraße und vorbei am frei stehenden Forsthaus Dickelschwaig; ab km 28,5 endet die Teerstraße wieder. GPS-Wegpunkt 16 – 28,9 km – 866 m: Am Waldrand schräg links Richtung Ettal/Oberammergau. GPS-Wegpunkt 17 – 29,4 km – 888 m: Erneut schräg links Richtung Ettal und vorbei an der »Großen Ammerquelle«. Bei km 30 sind zwei kurz aufeinander folgende Furten zu durchfahren, Achtung! GPS-Wegpunkt 18 – 31,5 km – 856 m: Kurz vor Erreichen der Bundesstraße rechts ab Richtung Ettal über den Mühltalweg und

Routenbeschreibung

weiter immer am Waldrand entlang Richtung Ettal. **GPS-Wegpunkt 19 – 32,8 km – 855 m:** Schräg rechts leicht bergab. Der Linksabzweig führt kurz über freies Feld zur Ettaler Mühle. **GPS-Wegpunkt 20 – 34,4 km – 861 m:** Jetzt vom Waldrand links ab und schräg links Richtung Bundesstraße. Zuletzt entlang des Sträßchens »Am Manndlbach«. **GPS-Wegpunkt 21 – 34,7 km – 879 m:** An der B23 rechts ab und dieser Richtung Oberau folgen. **GPS-Wegpunkt 22 – 35,7 km – 855 m:** Kurz nach dem Parkplatz »Ettaler Sattel« am Ende der Rechtskurve rechts steil ab in den steilen Schotteracker der Kienbergstraße. Die zahlreichen Infotafeln am Wegesrand erzählen von der bewegten Geschichte der alten Handelsstraße. **GPS-Wegpunkt 23 – 37 km – 712 m:** Die ersten Häuser im Gewerbegebiet von Oberau werden erreicht, und es geht geteert immer geradeaus bergab entlang der »Alten Ettaler Straße«. **GPS-Wegpunkt 24 – 38,3 km – 661 m:** Am Parkplatz gegenüber der Kirche in Oberau rechts in den Hirschbergweg Richtung Farchant einfahren und dem Verlauf folgen; bei km 38,8 ist die Teerstraße zu Ende. **GPS-Wegpunkt 25 – 39 km – 674 m:** Der Weg trifft auf die breite Forststraße des Kirchbergrundwegs/Hirschbergwegs diesem rechts bergauf in die letzten Höhenmeter der Runde folgen. **GPS-Wegpunkt 26 – 39,6 km – 730 m:** Von der Forststraße nach links auf den Hirschbergweg. Richtung Farchant einfahren und diesem bis zu seinem Ende folgen. Viele Kurven und Ups und Downs sorgen ein letztes Mal für ordentlichen Schwung unterm Hintern. **GPS-Wegpunkt 27 – 41,2 km – 691 m:** Der gekieste Radweg mündet in die schmale Teerstraße, die im weiteren Verlauf direkt zur Kirche in Farchant führt. Dort rechts ab zurück zum Parkplatz.

Endpunkt 43,5 km – 670 m: Parkplatz Spielleitenstraße in Farchant.

Nach dem aufregenden Downhill-Trail (rechts) kehrt auf den letzten Metern zur Rotmoosalpe wieder Ruhe ein (unten).

Genusstour über die Enningalm mit Traumabfahrt

20 Rund ums Ettaler Manndl
Mit Bike & Hike-Option ab der Soilealm

3	★★★★★	🚵 34,8 km	🕐 3 Std.	📈 950 m
Schwierigkeit	Erlebniswert	Länge	Zeit	Höhendifferenz

TOURENCHARAKTER

AUSGANGSPUNKT/ENDPUNKT
Parkplatz Autobahnausfahrt Eschenlohe

ANFAHRT
Bahn/Auto: Eschenlohe

KONDITION ★★★★☆

FAHRTECHNIK ★★★☆☆

ERLEBNISWERT
Fahrspaß: ★★★☆☆
Landschaft: ★★★★☆

KULTUR UND GESCHICHTE
★★★★☆

EINKEHRMÖGLICHKEITEN
Soilealm (im Sommer bewirtschaftet)
Ettaler Mühle, Tel. 08822/64 22
Diverse Gasthäuser in Oberammergau
und Ettal, darunter auch das Kloster Ettal

STRECKENPROFIL
Gesamtstrecke: 34,8 km
(Asphalt: 10 km; Schotter: 23,8 km;
Trail: 1 km; Schieben/Tragen: 120 Hm)

HÖCHSTER PUNKT
Soilealm, 1297 m (Bike-Depot auf 1340 m)

NIEDRIGSTER PUNKT
Parkplatz Autobahnausfahrt Eschenlohe, 634 m

TOURIST-INFO
Eschenlohe, Tel. 08824/82 28;
Ettal Tel. 08822/35 34

LANDKARTEN
Kompass Karte Nr. 5; 1:50 000
Wettersteingebirge/Zugspitzgebiet

GPS-ROADBOOK
Tour 20 – Ettaler Manndl.GPX

Wer sich von einer kurzen, aber deftigen Schiebe- und Trageeinlage nicht abschrecken lässt, den führt die außergewöhnlich vielseitige Umfahrung mit dem Stich zur Soilealm bis knapp unterhalb des Ettaler Manndls. Von hier aus ist es nur mehr ein Katzensprung hinauf zum Gipfelkreuz.

Den Laberberg zwischen Oberammergau, Ettal und Eschenlohe kennt kaum jemand; anders verhält es sich da schon mit seiner höchsten Erhebung, dem Ettaler Manndl. Um 1000 Meter überragt die markante Spitze das Alpenvorland und kündet schon von Weitem vom Beginn der Ammergauer Alpen. So sanft sich der Berg auch unten herum präsentiert, ganz oben zeigt er dem Wanderer die kalte Schulter. Der Klettersteig hinauf zum Gipfelkreuz ist dann auch genauso kurz wie luftig und sollte deshalb auch nur mit der entsprechenden Erfahrung angegangen werden. Das wird aber auch schon am Einstieg klar, wo dicke Ketten durch den Felsfuß sichern. Aber auch die 150 Höhenmeter vom Bike-Depot kurz unterhalb des Soilesees bis hinauf zum Einstieg lohnen sich bereits, zumal sich das Ganze in eine unschwierige Gratwanderung hinüber bis zum Laberjochhaus ausbauen lässt. Hier beginnt für die meisten Ausflügler ihr Tag am Berg, wenn sie mit der Laber-Bergbahn von Oberammergau heraufkommend am Haus aussteigen.

Der Weg zur Soilealm
Für den Bergradler hingegen ist der Parkplatz direkt an der Autobahnausfahrt Eschenlohe der Ausgangspunkt. Von dort geht es auf geteertem Radweg kurz parallel zur Autobahn entlang, bevor der Weg gen Westen auf den Laberberg einschwenkt und Kurs auf das Höllenstein-Geschäft nimmt. Kurz davor, am »Stiller Berg« beginnt die klassische Forststraßenauffahrt, und gleich zu Beginn folgen kürzere, muntere Aufwärtspassagen, bevor sich die Steigung auf ein gut erträgliches Maß einpendelt. So zieht sich der Weg hinüber bis zum Rauheck und nur sporadisch öffnet sich dabei dem Biker der Blick hinaus ins Murnauer Moos oder ins Eschenlainetal. Dann wird es allerdings richtig anstrengend, denn noch deutlich, bevor sich die Forststraße im Nichts verliert, zweigt im rechten Winkel ein relativ unscheinbarer Karrenweg ab. Dem erfahrenen Bikerauge schwant nichts Gutes beim Anblick der reichlich wild daherkommenden ersten Fahrmeter. Und wie sich schnell herausstellt, trügt der erste Anschein nicht. Der grobschlächtige Weg steilt schnell übel auf und zwingt aus den Pedalen. Spätestens, wenn vom Weg nur mehr ein schmaler Steig übrig ist, ist Schieben angesagt. Das ein oder andere Mal muss das Rad gar über eine größere Felsstufe gewuchtet werden. 120 Höhenmeter gilt es so zu überwinden, bevor die etwas mühevolle Passage in eine

| 34,8 km | 950 Hm | Tagestour |

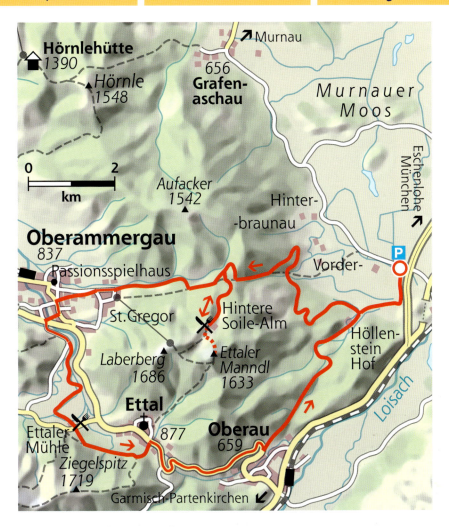

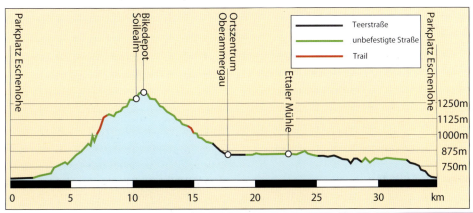

Rund ums Ettaler Manndl

Am Höllenstein-Einödhof schließt sich der Kreis der Umfahrung um das Ettaler Manndl.

Mit Bike & Hike-Option ab der Soilealm

Lichtung mündet und der Biker wieder freudig seinen angestammten Platz einnimmt. Flach und erholsam geht es anschließend über Bärenbadflecken hinein in den Schlussanstieg zur Hinteren Soilealm. Die Alm liegt auf einer kleinen Lichtung in einem Kessel unterhalb der Manndlköpfe. Wer rasten will, der ist hier gut aufgehoben; wer mehr sehen will, der muss hinauf zum Grat.

Von Oberammergau bis zur Ettaler Mühle

Der Weg hinunter nach Oberammergau bis zur Ettaler Mühle quer durchs Naturschutzgebiet hat seine Tücken, gilt es doch auf Wanderer Rücksicht zu nehmen und die Teerabschnitte parallel zur Bundesstraße flott entlangzuradeln. Die Abfahrt folgt bis Bärenbadflecken der Auffahrt und schwenkt dann nach Westen auf Oberammergau zu. Die meisten Wanderer kommen über diese Forststraße herauf; da heißt es defensiv fahren. Das gilt auch für den munteren und steilen Kies-Parcours, der mit der ein oder anderen Stufe und diversen Kehren die 80 Höhenmeter hinunter zur Großen Laine überwindet. Schnurgerade geht es von dort aus hinunter ins Ortszentrum von Oberammergau und weiter zu den Sportstätten und dem Campingplatz, wo der Weg sich an den Verlauf der Ammer schmiegt und durch das Naturschutzgebiet Ettaler Weidmoos zur Ettaler Mühle führt. Die ehemalige Mühle beherbergt heutzutage eine beliebte Einkehr, die auf charmante Weise mit ihren Wurzeln kokettiert. Von Ettal bis kurz vor Oberau folgt die Tour dem Verlauf der B23; ab dem Ettaler Sattel ist das ein rasantes Teerstraßen-Intermezzo begleitet von jeder Menge Ausflugsverkehr. Wichtig im Geschwindigkeitsrausch: die unscheinbare Abfahrt nicht verpassen, über die der Biker am Ende der markanten 180-Grad-Kehre in einem ruppigen Downhill-Stich die motorisierte Welt wieder verlässt und über den Anstieg durch das einsame Katzental auf den Einödhof Höllenstein zusteuert, an dessen irgendwie weltabgeschiedenen Anblick sich der Radler noch vom Tourauftakt erinnert.

Das Sahnehäubchen der Tour: Der Klettersteig auf das Ettaler Manndl ist kurz, aber knackig, und nichts für Ungeübte. Seine prominente Lage am Eingang des Loisachtal macht ihn trotz seiner 1633 m zu einer erstklassigen Aussichtskanzel.

Routenbeschreibung

Benediktinerabtei Ettal: Das berühmte Kloster im Ammertal gehört heute mit Schule, Internat und zahlreichen Betrieben zu den größten Arbeitgebern der Region.

Start der Tour
Ausgangspunkt: Parkplatz an der Autobahnausfahrt Eschenlohe auf 634 m. Von hier nach 50 m links ab auf die schmale Teerstraße, die parallel zur Autobahn verläuft.

Route
GPS-Wegpunkt 1 – 0,8 km – 637 m: Bei der Teerstraßenkreuzung an der Unterführung rechts ab Richtung Ettaler Manndl, Weg 2, 5, 6. Weiterhin auf der Teerstraße jetzt weg von der Autobahn in die Felder um den Höllensteinhof. GPS-Wegpunkt 2 – 1,9 km – 635 m: Am großen Felsen vor dem Höllenstein-Einödhof rechts ab in den Wald auf den Schotterweg (Weg 6) Richtung Ettaler Manndl. Hier endet auch die Teerstraße. GPS-Wegpunkt 3 – 3,4 km – 697 m: Am Ende des Siller Bergs an der Forststraßenverzweigung rechts hoch Richtung Ettaler Manndl. Die Forststraße führt nordwärts durch die bewaldeten Hänge des Rauheck, mit gelegentlichen Ausblicken auf das Eschenloher Moos. GPS-Wegpunkt 4 – 3,9 km – 823 m: Weiter rechts hoch dem Verlauf der Straße Richtung Ettaler Manndl folgen. GPS-Wegpunkt 5 – 7,1 km – 1005 m: Von der Forststraße kurz vor deren Ende rechts ab steil hoch in den Wald auf den Karrenweg Richtung Ettaler Manndl. Die Einfahrt ist mit Wegmarkierungen versehen. Sie führt kurz fahrbar steil in den Wald hinauf; bald jedoch wird der Karrenweg extrem steil, und in Kombination mit dem schwierigen Untergrund bleibt keiner mehr lange im Sattel. Im oberen Bereich können die steilen Serpentinen und Felsstufen dann ohnehin nur mehr zu Fuß bewältigt werden. GPS-Wegpunkt 6 – 7,9 km – 1155 m: Oben auf der kleinen Waldlichtung angekommen, kurz vor und den Steigabzweig links hoch zum Manndl ignorieren. Anschließend weiter auf der beginnenden Forststraße Richtung Ammergau/Eschenlohe. Das Hinweisschild am darauffolgenden Gatter verweist bereits hier auf die nahe Soilealm. GPS-Wegpunkt 7 – 8,1 km – 1161 m: An der Forststraßeneinmündung links abbiegen auf die breite Forststraße. GPS-Wegpunkt 8 – 8,4 km – 1183 m: Links an der Forststraßenkreuzung und dem Verlauf der Straße nach Bärenbadflecken hoch folgen. GPS-Wegpunkt 9 – 9,8 km – 1215 m: Weggabelung unterhalb der Soilealm, die hier schon in Sichtweite ist. Links ab der Forststraße folgen, die einen kleinen Bogen um den Talkessel macht. Rechts beginnt der direktere Fußweg zur Alm. GPS-Wegpunkt 10 – 10,3 km – 1297 m: An der Soile-Alm vorbei weiter bergauf entlang der Straße. Die Alm liegt im Kessel unterhalb des Ettaler Manndls – wer also auf der Suche nach einer prächtigen Aussicht ist, der wird hier nicht fündig werden. Dazu muss man mindestens bis an den Felsfuß des Ettaler Manndls weiterradeln bzw. wandern. GPS-Wegpunkt 11 – 10,7 km – 1335 m: Dem Trail-Abzweig von der Forststraße nach links zum nur periodisch gefüllten Soilesee auf knapp 1400 m folgen. GPS-Wegpunkt 12 – 10,9 km – 1340 m: Bike-Depot und Wegverzweigung bei der ersten großen Baumgruppe. Links weiter führt der Steig hoch zum Ettaler Manndl, der Weg rechts führt direkt zur Bergstation Laberbergbahn – beides kann zu einer Rundtour verbunden werden. Lohnend ist die Überschreitung allemal, allein schon wegen der Aussicht, die von hier weit nach Norden hinaus ins Voralpenland reicht und nach Süden erst durch die höchsten Gipfel des Wettersteinmassivs begrenzt wird. Der Kettersteig aufs Manndl selbst sollte jedoch nur von entsprechend Geübten angegangen werden. Die Abfahrt erfolgt über den Aufstiegsweg bis GPS-Wegpunkt 13 – 13,2 km – 1274 m: An der Einmündung der Forststraße jetzt nach links bergab folgen. Bei der Abfahrt auf die vielen Wanderer achten, die von Oberammergau heraufkommen. GPS-Wegpunkt 14 – 14,5 km – 1073 m: Bei der Ruhebank von der Forststraße nach rechts auf den schmalen Kiesweg abbiegen, der in den Wald führt. Der nachfolgende gekieste Zickzack-Parcours leitet

Mit Bike & Hike-Option ab der Soilealm

Brücke über die Große Laine wenig oberhalb von Oberammergau

schwungvoll hinunter ins Lainetal. **GPS-Wegpunkt 15 – 14,9 km – 1018 m:** Nach der Brücke an der Hütte links auf die schmale Forststraße und immer an der Großen Laine entlang bis zur Talstation (ab hier geteert). **GPS-Wegpunkt 16 – 16,5 km – 934 m:** Talstation Laberbergbahn; geradeaus weiter bergab auf der Teerstraße in die Ludwig-Lang-Straße und dieser geradeaus bergab Richtung Ortszentrum Oberammergau. **GPS-Wegpunkt 17 – 17,1 km – 879 m:** An der Straßengabelung links in die Straße Am Kreuzweg (verkehrsberuhigt, für Kfz gesperrt). **GPS-Wegpunkt 18 – 17,6 km – 860 m:** Erneut links abbiegen in die Deisenberger Straße. **GPS-Wegpunkt 19 – 17,8 km – 840 m:** Der Vorfahrtsstraße im Ortszentrum von Oberammergau nach links folgen (Tiroler Straße) und weiter geradeaus in die Ettaler Straße. **GPS-Wegpunkt 20 – 18,4 km – 827 m:** Die Ettaler Straße nach rechts verlassen, in den Turnerweg abbiegen und in Richtung der Sportstätten abfahren. **GPS-Wegpunkt 21 – 18,6 km – 835 m:** Am Parkplatz schräg links ab auf Kiesweg und am Campingplatz vorbei. **GPS-Wegpunkt 22 – 18,9 km – 830 m:** Links über die Fußgängerbrücke Richtung Graswang/Ettal und gleich darauf über die schmale Teerstraße hoch auf die Brücke und auf die andere Seite der Ammer wechseln; dort rechts runter und unter der Brücke hindurch auf den Radweg. **GPS-Wegpunkt 23 – 19,2 km – 842 m:** Beginn des gekiesten Radwegs entlang der Ammer durchs Weidmoos. **GPS-Wegpunkt 24 – 22 km – 853 m:** An der Radweg-Kreuzung über die Ammer links ab, über die Brücke und geradeaus am Bach entlang Richtung Ettal/Ettaler Mühle. **GPS-Wegpunkt 25 – 22,8 km – 848 m:** Brücke an der Ettaler Mühle nach dem Schützenheim; geradeaus über den Parkplatz und über die Bundesstraße auf den gegenüberliegenden Radweg, der zum Waldrand führt. **GPS-Wegpunkt 26 – 23 km – 822 m:** Am Waldrand links ab Richtung Ettal und weiter am Waldrand entlang. Ab und an wird auch der Blick auf das berühmte Kloster Ettal frei. **GPS-Wegpunkt 27 – 23,2 km – 842 m:** Geradeaus weiter immer am Waldrand entlang dem Verlauf des Radweges folgen. **GPS-Wegpunkt 28 – 24,8 km – 886 m:** Der Radweg gabelt sich; nun schräg links ab vom Waldrand in Richtung der Straße fahren. **GPS-Wegpunkt 29 – 25,1 km – 831 m:** Der Weg »Am Manndlbach« mündet in die Bundesstraße; dieser rechts leicht bergab Richtung Ettaler Sattel/Oberau folgen. **GPS-Wegpunkt 30 – 28,7 km – 783 m:** Achtung: Bei der scharfen Rechtskehre der Bundesstraße rechts auf die Parkbucht ausfahren. Die Ausfahrt ist direkt nach der Kehre, also nicht verpassen! Die Parkbucht bis zu deren Ende ausrollen (!) und wenn der oftmals starke Verkehr es möglich macht, auf die gegenüberliegende Straßenseite wechseln. Das Manöver bitte mit der nötigen Sorgfalt durchführen! Auf der anderen Straßenseite in den direkt an der Straße beginnenden Karrenweg abfahren, der steil in den Wald hinunterführt. **GPS-Wegpunkt 31 – 28,8 km – 748 m:** Nach einer kurzen Abfahrt links über die Fußgängerbrücke und an der Forststraße links hoch Richtung Eschenlohe. Im Sommer ist das nahe gelegene Freibad eine Option – es ist von hier nur wenige Meter entfernt. **GPS-Wegpunkt 32 – 30 km – 741 m:** Dem Verlauf der Forststraße geradeaus weiter Richtung Eschenlohe wieder bergauf durch das Katzental folgen. Ein Abstecher rechts ab vom Weg führt zum Loisachblick. Die Strecke verläuft komplett im Wald, erst kurz vor dem Höllenstein-Einödhof wird wieder freies Gelände erreicht. **GPS-Wegpunkt 33 – 31 km – 872 m:** Zwei direkt aufeinander folgende Abzweige ignorieren und der Straße weiter geradeaus folgen. **GPS-Wegpunkt 34 – 31,7 km – 830 m:** Dem Verlauf der Straße in eine Rechtskurve folgen und weiter bergab; bei km 32,4 wird freies Feld erreicht, und es beginnt die schmale Teerstraße (Weg 2, 5), die am Einödhof Höllenstein vorbeiführt. **GPS-Wegpunkt 35 – 33,1 km – 704 m:** Der Abfahrtsweg trifft am markanten Felsen auf die Auffahrtsroute. Ab hier der geteerten schmalen Straße analog der Auffahrtsroute zurück zum Parkplatz folgen. Endpunkt 34,8 km – 636 m: Parkplatz Eschenlohe.

Zweitagestouren

Nach der rassigen »Gamsreibn« hinunter an den Walchensee folgt mit der Umrundung der Katzenkopf-Halbinsel ein eher beschaulicher Abschnitt

21 Durchs Estergebirge ins Karwendel
Zwei kontrastreiche Tage zwischen Eschenlainetal und Karwendelhaus

4	★★★★☆	150 km (72,6 km/77,5 km)	6.15 Std./ 5 Std. (netto)	2120/880 m
Schwierigkeit	Erlebniswert	Länge	Zeit	Höhendifferenz

TOURENCHARAKTER

AUSGANGSPUNKT/ENDPUNKT
Parkplatz Eschenlohe

ANFAHRT
Bahn/Auto: Eschenlohe

KONDITION ★★★★★/★★★☆☆

FAHRTECHNIK
★★★☆☆/★★☆☆☆

ERLEBNISWERT

Fahrspaß: ★★★☆☆/★★★☆☆

Landschaft: ★★★★★/★★★★☆

KULTUR UND GESCHICHTE
★★☆☆☆

EINKEHRMÖGLICHKEITEN
Gasthof Post Vorderriss, Tel. 08045/277;
Kaiserhütte, Tel. 0043/(0)5245/224;
Karwendelhaus, Tel. 0043/(0)5213/5623;
Larchetalm, Tel. 0043/(0)664/975 93 11,
Mitte Mai – Mitte Oktober;
Beim Bergbauer, Tel. 08823/25 73;
Esterbergalm, Tel. 08821/32 77, bewirtschaftet von 25. Dezember – 31. Oktober

STRECKENPROFIL
Gesamtstrecke: 150 km
72,6 km (Asphalt: 25,8 km;
Schotter: 45,3 km; Trail: 1,5 km)
77,4 km (Asphalt: 23,2 km;
Schotter: 54,2 km)

HÖCHSTER PUNKT
Karwendelhaus, 1771 m

NIEDRIGSTER PUNKT
Eschenlohe Parkplatz an der Asamklamm, 700 m

TOURIST-INFO
Mittenwald, Tel. 08823/339 81 und
Eschenlohe, Tel. 08824/82 28 und das
Karwendel-Infozentrum in Hinterriss;

LANDKARTEN
Kompass Karte Nr. 5; 1:50 000
Wettersteingebirge/Zugspitzgebiet;
Karte Bayerisches Vermessungsamt
1:50 000 Karwendel

GPS-ROADBOOK
Tour 21 – Estergebirge_Karwendel.1.GPX;
Estergebirge_Karwendel.2.GPX

Zwei ganz unterschiedliche Tourentage erwarten den Biker: Der erste fordert ein Höchstmaß an Kondition und Durchhaltevermögen, der zweite belohnt für die vorangegangenen Mühen mit aussichtsreichen, überwiegend flachen Etappen auf gut ausgebauten Radwanderwegen.

Die raumgreifende Runde verbindet zwei Top-Mountainbiker-Reviere, die unterschiedlicher kaum sein könnten. Zum einen das kleine, überschaubare Estergebirge, zum anderen das weite und wilde Karwendelgebirge mit seinen tief eingeschnittenen Tälern. Einer der großen Trümpfe des Estergebirges ist seine Erreichbarkeit, denn mit einem Start ab Eschenlohe verfügt es sozusagen über direkten Autobahnanschluss – ein unschätzbarer Vorteil an schönen Wochenenden, wenn sich die Autokarawanen hinein nach Garmisch-Partenkirchen stauen. Der Kulminationspunkt im Viereck zwischen Eschenlohe, Walchensee, Krün und Garmisch-Partenkirchen ist der Krottenkopf, einer der wenigen Gipfel, der die 2000-Meter-Marke überschreitet. Berühmtester und meistbesuchter Gipfel des Estergebirges ist jedoch der Wank, einer der Hausberge von Garmisch-Partenkirchen. Die Seilbahnauffahrt hinauf zum Gipfelhaus auf 1771 Metern eröffnet weit reichende und beeindruckende Einblicke in das direkt gegenüberliegende Wettersteingebirge. Was den Ausflüglern und Wanderern der Wank, ist den Bikern die Esterberg-

alm. Ein kleiner Durchlass zwischen Wank und Hoher Fricken in der ansonsten schroffen und abweisenden Westflanke über dem Loisachtal ermöglicht den Vorstoß zur Alm und weiter ins Herz des Estergebirges. Ganz anders präsentierte sich das Estergebirge auf seiner Ostseite. Hier ist es eine Vielzahl von eher flachen gemächlichen Anstiegen, die die waldreichen Hänge durchziehen. Beherrschende Kulisse für den Mountainbiker im Estergebirge sind die im Osten angrenzenden Kalktürme des Karwendelmassivs. Gleich jenseits der Isar türmt sich das Massiv auf und ist auf zwei Rädern weitaus schwieriger erfahrbar. Felsbarrieren dominieren die Szenerie, so weit das Auge reicht, und nur einige wenige fahrbare Täler durchschneiden die weit über 2000 Meter in den Himmel ragende Gipfellandschaft. Dort aber unterwegs sein zu können, macht das Radfahren im Karwendel zu einem besonders alpinen Erlebnis. Vor allem, wenn dazu noch ein Vorstoß hinauf in die Gipfelregionen dazukommt, wie das der Fall ist, wenn das auf knapp 1800 Meter gelegene Karwendelhaus angesteuert wird. Zwischen Birgkar-, Ödkar- und

| 150 km (72,6/77,5) | 2120/880 Hm | Zweitagestour |

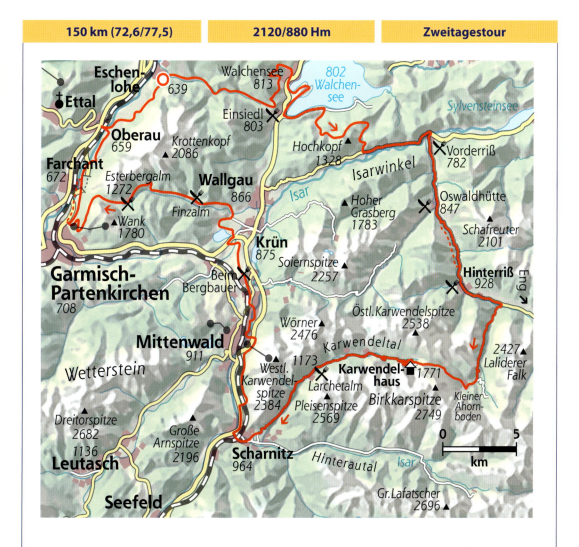

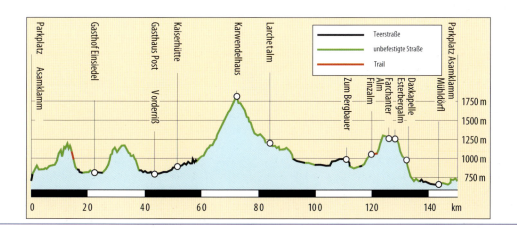

Durchs Estergebirge ins Karwendel

Westlicher Karwendelspitze auf einem schmalen Sattel gelegen, ist die Hütte der Star und die erste Adresse für Karwendelbiker – und nicht nur für diese! Wanderer, Bergsteiger und Kletterer nutzen das so zentral gelegene Haus als Ausgangs- bzw. Endpunkt oder Durchgangsstation für ihre Unternehmungen.

1300 Höhenmeter Überwindung für herrliche Ausblicke

Wer sich das so prominent platzierte Karwendelhaus als Stützpunkt für eine mehrtägige Biketour auswählt, der genießt entscheidende Vorteile. Abgesehen von der strategisch günstigen und landschaftlich so prächtigen Lage, steht das Haus das ganze Jahr über als Station zur Verfügung. Außerhalb der (bewirtschafteten) Saison springt dabei der gut ausgestattete Winterraum in die Bresche. Alles Notwendige ist in ausreichenden Mengen dort oben vorhanden: Betten, Holzofen und Getränke; lediglich den Proviant muss der Biker selbst mitbringen. Der Selbstversorger-Aufenthalt auf 1771 Metern zwischen den steil aufragenden Wänden des Karwendels gibt so einer großartigen Tour einen zusätzlichen abenteuerlichen Anstrich, der fast in Richtung Zeltnacht geht. Bis das Haus aber von Eschenlohe aus erreicht ist, ist eine gehörige Portion Durchhaltevermögen notwendig. Vor allem der Schlussanstieg aus der Eng hinauf zehrt nach knapp 60 Kilometern und bereits 1300 Höhenmetern an den Kräften. Da hilft es, dass die einzigartige Landschaft ihren Teil dazu beiträgt, den Biker abzulenken. Die

Nix für Müßiggänger: Der Trail die Westflanke des Wannig hinunter erfordert auf längeren Teilstücken den kompletten Biker.

Zwei kontrastreiche Tage zwischen Eschenlainetal und Karwendelhaus

Durch den Weiler Zwergern auf der Katzenkopf-Halbinsel.

Auffahrten durch das Johannestal und durch den Kleinen Ahornboden gehören zu den beeindruckendsten Mountainbikerouten der Region. Vor allem im Herbst, wenn der Blätterwald des Bergahorns seine ganze farbenfrohe Pracht aufbietet, um inmitten des gleißenden Karwendelkalks einen Kontrapunkt zu setzen – sicher eines der stimmungsvollsten Bergerlebnisse der nördlichen Alpen.

Alternative: Auffahrt durch das Eschenlainetal mit Abfahrt zum Walchensee

Die Auffahrt über die Forststraße ist dabei weder besonders steil, noch besonders schwierig, ja selbst, wenn die letzten Höhenmeter im Dunkeln mit Stirnlampe zu fahren sein sollten, wäre dies auch kein Problem. Nach so einem langen Tag im Sattel gibt es sicher auch das ein oder andere Wehwehchen, dem man sich widmen kann. Und natürlich bleibt Zeit, die Route noch einmal Revue passieren zu lassen: Der genussvolle Auftakt durch das liebliche Eschenlainetal und der daran anschließende Aufstieg hinein in die rasante Gamsreibn-Abfahrt – ein erster fahrerischer Höhepunkt, der unten am Walchensee sein Ende fand. Oder aber die Umrundung der Katzenkopf-Halbinsel, die mit so vielen schönen Badeplätzen ihren Teil dazu beigetragen hat, dass der Zeitplan mal wieder nicht eingehalten wurde. Der Altlacher Hochkopf wird in der Tagesbilanz vor allem als Zwischenanstieg mit anhaltender Forststraßenabfahrt auftauchen. Auch der

Durchs Estergebirge ins Karwendel

zahlreiche Ausflugsverkehr, der dem Radler am Nachmittag auf der Mautstraße dröhnend entgegengekommen ist, ist kurz wieder präsent, wird aber schnell von der erhabenen Stille hier oben mundtot gemacht.

Abfahrt nach Scharnitz im Isartal am zweiten Tag

Ein letzter kurzer Gegenanstieg und die Finzalm ist nurmehr eine Kurve entfernt.

Am nächsten Tag wird der Biker erst einmal nachhaltig für die Mühen des vorangegangenen Tages entlohnt. Die Abfahrt vom Karwendelhaus ist stolze 20 Kilometer lang. Wer es eilig hat, der überwindet die 800 Höhenmeter hinunter nach Scharnitz ins Isartal fast wie im Flug. Allerdings ist jederzeit mit Gegenverkehr auf breiter Front zu rechnen, denn in Scharen ziehen die Bergradler an den Wochenenden die Straße zum Haus hinauf, unterwegs auf ihrer Karwendeltour. Auch der Schönheit des Karwendeltals wird die Abfahrt im Eiltempo nicht gerecht. Die nachfolgende Flachetappe führt dann durch den Ortskern von Scharnitz und weiter auf dem Isarradweg. Der zweite landschaftliche Höhepunkt nach

Zwei kontrastreiche Tage zwischen Eschenlainetal und Karwendelhaus

der Abfahrt durch das Karwendeltal sind die Buckelwiesen zwischen Mittenwald und Krün. Der Radweg führt über einen Höhenzug mitten durch das grüne Wellenmeer und ist zugleich Aussichtsplattform auf das ferne Zugspitzmassiv oder die zum Greifen nahen Flanken der Westlichen Karwendelspitze. In Ruhe genießen lässt sich das Szenario von der Terrasse des »Bergbauern« aus. Schon bald erfolgt der einzige Anstieg des Tages. Kurz nach dem Barmsee, von wo aus es durch das Finzbachtal zur Esterbergalm geht, zeigt sich, wie die Beine den vergangenen Tag überstanden haben. Bei einem positiven Feedback sollte in jedem Fall darüber nachgedacht werden, die Wildbädermoos-Schleife mitzunehmen. Zusätzliche gut 300 Höhenmeter, die mit der berauschenden Saumweg-Abfahrt hoch über dem Altgraben (siehe Tour 3) belohnt werden. Ein fahrerisches und landschaftliches Erlebnis der Extraklasse, das den Biker über die steilen Abfahrten hinunter nach Garmisch bis hinein ins Pfrühlmoos trägt. Das in seinem Erhaltungszustand dem berühmteren Murnauer Moos in nichts nachstehende Feuchtbiotop begleitet den Radler zurück nach Eschenlohe, bevor mit der Überquerung der Asamklamm die letzten Meter auf dem Weg zurück abgeradelt sind.

Der Panorama-Radweg zwischen Mittenwald und Krün führt durch Buckelwiesen. Als Draufgabe präsentiert sich das Estergebirge mit seinen höchsten Gipfeln in seiner ganzen herbstlichen Pracht.

Routenbeschreibung

Wunderschönes Panorama lässt die vorübergehenden Qualen beim Bergauf radeln vergessen.

Start der Tour
Ausgangspunkt: Vom Parkplatz Eschenlohe an der Asamklamm auf 700 m der Teerstraße bergauf folgen. Neben dem eigentlichen Wanderparkplatz am Tonihof wird auch die Wiese oberhalb des kurzen Waldstücks als Parkplatz genutzt. Wenn die unteren Parkplätze voll sind, also einfach noch ein Stück höher zur Asamklamm fahren.

Route
GPS-Wegpunkt 1 – 0,7 km – 719 m: Rechts ab auf die Forststraße (Weg 475) und flach durch das Tal der Eschenlaine. Ein Auftakt nach Maß zum Warmfahren: leichte Steigungen, kurze Abfahrten und das beständige Plätschern der Eschenlaine begleiten den Biker bis ans Ende des Tals. Nachdem noch jede Menge Wegstrecke zu meistern ist, sollte den Verlockungen am Wegesrand nur maßvoll nachgegeben werden. **GPS-Wegpunkt 2 – 2,3 km – 744 m:** Rechts ab über die Betonbrücke in den ersten kleineren Anstieg. **GPS-Wegpunkt 3 – 7,2 km – 929 m:** Dem Verlauf der Forststraße rechts ab folgen. **GPS-Wegpunkt 4 – 8,5 km – 924 m:** Geradeaus weiter der Forststraße folgen. **GPS-Wegpunkt 5 – 8,9 km – 903 m:** Am Forststraßenabzweig beim Holzlagerplatz kurz vor Einsiedl und dem Walchensee links ab auf den Walchensee-Rundweg. Die Auffahrt in den Gamsreibnweg liegt komplett im Wald – der Anreiz ist also ein rein fahrerischer. **GPS-Wegpunkt 6 – 9 km – 907 m:** Am nächsten Abzweig links ab Richtung »Schöne Aussicht«. **GPS-Wegpunkt 7 – 9,5 km – 954 m:** Rechts hoch Richtung Walchensee. **GPS-Wegpunkt 8 – 10,5 km – 1047 m:** Geradeaus weiter, Linksabzweig ignorieren. **GPS-Wegpunkt 9 – 11,8 km – 1058 m:** Nach der Abfahrt an der Einmündung in die Straße links bergauf Richtung Fünfzig-Gulden-Hütte. Kurz unterhalb des Abzweigs liegt die »Schöne Aussicht« mit Blick über den Walchensee. **GPS-Wegpunkt 10 – 13,1 km – 1192 m:** Der Forststraße in die Rechtskehre Richtung »Schöne Aussicht« folgen. **GPS-Wegpunkt 11 – 14,5 km – 1131 m:** Die Forststraße endet auf einer sonnigen Lichtung bei einer Aussichtsbank. Direkt unterhalb der Bank befindet sich die Einfahrt in den Trail, der als Gamsreibnweg bekannt ist. **GPS-Wegpunkt 12 – 15,5 km – 982 m:** Wenig oberhalb von Walchensee endet der Trail. **GPS-Wegpunkt 13 – 15,9 km – 901 m:** Nach links auf den Justweg abbiegen. **GPS-Wegpunkt 14 – 16 km – 882 m:** Geradeaus Richtung Ortsmitte von Walchensee, immer abwärts (ab km 16,2 auf Teerstraße), und schließlich rechts ab in die Königsstraße. **GPS-Wegpunkt 15 – 17,3 km – 810 m:** Einmündung in die B11, dort rechts ab und nach 200 m bei km 17,5 auf die andere Seite queren auf den Radweg. **GPS-Wegpunkt 16 – 18 km – 810 m:** Links ab vom Radweg durch die großen Felsbrocken auf den Uferweg bei Lobesau. **GPS-Wegpunkt 17 – 18,1 km – 810 m:** Am Eingang des Campingplatzes nach links auf den Uferweg einschwenken und der Uferstraße (Weg 426) rund um die Katzenkopf-Halbinsel folgen. **GPS-Wegpunkt 18 – 22,3 km – 811 m:** Wieder an der B11 am Gasthof Einsiedel. Jetzt links ab auf den Radweg und nach 100 m links auf die Mautstraße (Weg 427), die in die Jache-

Zwei kontrastreiche Tage zwischen Eschenlainetal und Karwendelhaus

nau führt. GPS-Wegpunkt 19 – 25,6 km – 808 m: Kurz vor Altlach rechts ab vom Seeufer auf die Forststraße und bergan Richtung Altlacher Hochkopf. Die Fahrt über den dicht bewaldeten Altlacher Hochkopf führt hinüber ins Isartal. GPS-Wegpunkt 20 – 26,2 km – 843 m: An der Verzweigung rechts auf den Fahrweg. Links ab führt alternativ der steilere Karrenweg, der sich weiter oben wieder mit dem Fahrweg vereint. GPS-Wegpunkt 21 – 27 km – 933 m: Rechtsabzweig ignorieren, weiter der Forststraße bergauf folgen. GPS-Wegpunkt 22 – 29,4 km – 1142 m: Nach links unten abfahren (Achtung: nicht rechts weiter hoch – der Weg endet in einer Sackgasse!). GPS-Wegpunkt 23 – 30,2 km – 1080 m: Rechts hoch in den kurzen Trail; alternativ dem Bogen der Forststraße folgen. GPS-Wegpunkt 24 – 30,7 km – 1142 m: Trail mündet wieder auf der Forststraße. GPS-Wegpunkt 25 – 30,8 km – 1150 m: Der Forststraße nach links folgen; rechts geht der Steig zum Altlacher Hochkopf (1299 m) ab. GPS-Wegpunkt 26 – 32,3 km – 1224 m: An der gekiesten »Einfahrt« rechts auf den Weg, der vom Hochkopf kommt, schwenken, diesem nach links in die lange Waldabfahrt folgen (blaue Markierungen). GPS-Wegpunkt 27 – 33,1 km – 1169 m: Wegverzweigung; nach rechts Richtung Galgenwurfsattel weiter bergab fahren. GPS-Wegpunkt 28 – 34,8 km – 1069 m: Nach einer kleinen Lichtung linker Hand folgt die Einmündung in die Forststraße; hier rechts ab. GPS-Wegpunkt 29 – 37,9 km – 850 m: Die Forststraßenabfahrt mündet in die Mautstraße, die zum Sylvenstein-Speichersee führt. Dieser nach links flussaufwärts der Isar folgen. GPS-Wegpunkt 30 – 43,8 km – 792 m: Gasthaus Post in Vorderriß – die erste von diversen Einkehrmöglichkeiten auf dem Weg hinein in die Eng. Die 15 km bis zum Abzweig ins Johannestal führen leicht, aber konstant bergauf, störend ist dabei vor allem an den Wochenenden der rege Ausflugsverkehr. Der Weiterweg führt am Gasthaus rechts ab entlang der Mautstraße. Die Mautstraße endet nach 27 km am Alpengasthof Eng im Großen Ahornboden. Zwischen Oswaldhütte und Kaiserhütte an der Rißbach-Brücke besteht die Möglichkeit, für 3 km parallel der Fahrstraße auf einen Radweg auszuweichen. GPS-Wegpunkt 31 – 51,6 km – 882 m: Abzweig Kaiserhütte. Auf halbem Weg zwischen der Hütte und dem Abzweig ins Johannestal liegt die kleine Ortschaft Hinterriß mit dem Karwendel-Infozentrum. GPS-Wegpunkt 32 – 58,6 km – 923 m: Rechts ab von der Mautstraße ins Johannestal auf endlich ruhigere Pfade. Dafür heißt es jetzt ordentlich in die Pedale steigen, denn hinauf zum Karwendelhaus sind 800 Hm zu überwinden. Extreme Rampen fehlen dabei genauso wie anspruchsvoller Untergrund, vielmehr ist am Ende des Tages eine gehörige Portion Durchhaltevermögen gefragt. GPS-Wegpunkt 33 – 60,4 km – 1099 m: Traileinmündung von rechts nahe der Johannestalalm. Der von Hinterriß abgehende Wanderweg (für Biker verboten) mündet hier ein. GPS-Wegpunkt 34 – 64,6 km – 1304 m: Rechts ab Richtung Karwendelhaus durch ein landschaftliches Highlight (besonders im Herbst), den Kleinen Ahornboden. GPS-Wegpunkt 35 – 66 km – 1421 m: Wegeverzweigung. Geradeaus weiter auf dem MTB-Weg zum Karwendelhaus. Rechts ab verläuft der Wanderweg. GPS-Wegpunkt 36 – 72,2 km – 1746 m: Nach dem Scheitelpunkt der Strecke, dem Hochalmsattel auf 1803 m, führt der Linksabzweig leicht fallend zum Karwendelhaus. Direkt unter den Wänden des Hochalmkreuzes gelegen, mit Blick nach Westen über das Karwendeltal hinaus, ist das Haus selbst schon die Reise wert.
Endpunkt 1. Tag 72,6 km – 1771 m: Karwendelhaus.

GPS-Wegpunkt 37 – 0,1 km – 1759 m: Der gut ausgestattete Winterraum des Karwendelhauses. Wann immer das Haus selbst nicht bewirtschaftet ist, ist der im Nebengebäude untergebrachte Winterraum offen. Es gibt einen Holzofen, Holz und Getränke. Bei der Bezahlung für Übernachtung und Verzehr wird auf die Redlichkeit der Gäste vertraut. GPS-Wegpunkt 38 – 0,4 m – 1746 m: Links ab und immer dem Verlauf der Straße bergab durch das Karwendeltal folgen, auf Gegenverkehr achten. Hat man die steileren Serpentinen unterhalb des Karwendelhauses und der Hochalm hinter sich gelassen, zieht sich der Weg fortan nur mehr mäßig fallend im Talgrund entlang nach Scharnitz. GPS-Wegpunkt 39 – 7,3 km – 1321 m: Am Abzweig zur Angeralm schräg links weiter der breiten Versorgungsstraße folgen. GPS-Wegpunkt 40 – 11,8 km – 1200 m: Larchetalm auf 1173 m direkt am Wegesrand, am Rande einer kleinen Lichtung. GPS-Wegpunkt 41 – 19,9 km – 990 m: Beginn der Teerstraße bei den ersten Häusern von Scharnitz. GPS-Wegpunkt 42 – 19,9 km – 986 m: Bei den Parkplätzen rechts ab Richtung Ortszentrum. GPS-Wegpunkt 43 – 20 km – 976 m: Nach der Brücke geht es direkt rechts ab auf den Auweg entlang der Isar, die hier noch in ihren Kinderschuhen steckt. GPS-Wegpunkt 44 – 20,8 km – 960 m: Der Straße folgen, jetzt wieder auf Teer. GPS-Wegpunkt 45 – 21,1 km – 964 m: An der Einmündung in die Staatsstraße 177 in Scharnitz rechts ab und dieser folgen. In einem kleinen, aber gut sortierten Lebensmittelmarkt direkt an der Strecke kann Proviant für den Weiterweg gefasst werden. GPS-Wegpunkt 46 – 24,2 km – 943 m: Nach der Tankstelle am Ortsausgang von Scharnitz rechts über die Gleise auf den gekiesten Waldweg Richtung Mittenwald, den Rainspazierweg (Weg 200). Wieder auf deutschem Boden führt der Weg flach entlang der B2 und der Zugstrecke Scharnitz – Garmisch hinein nach Mittenwald. GPS-Wegpunkt 47 – 25,6 km – 956 m: Dem Weg nach links unten folgen. GPS-Wegpunkt 48 – 25,9 km – 954 m: Rechts ab entlang Gleise weiter dem Radweg folgen. GPS-Wegpunkt 49 – 27 km – 913 m: Rechts ab auf den geteerten Radweg und nach 50 m wieder links Richtung Mittenwald; immer geradeaus rechts der Straße. GPS-Wegpunkt 50 – 29,1 km – 971 m: Links ab und durch die Unterführung durch Richtung Karwendelbahn. GPS-Wegpunkt 51 – 29,2 km – 957 m: Nach der Unterführung erneut ab auf die Teerstraße und gleich wieder rechts dem Verlauf der Straße Richtung Ortsmitte von Mittenwald bis zur Isar folgen. GPS-Wegpunkt 52 – 29,7 km – 919 m: Nach der Brücke rechts ab auf den gekiesten Isarradweg. GPS-Wegpunkt 53 – 30,3 km – 918 m: Der Radweg wechselt Seite und Belag. Jetzt rechts an der Isar entlang auf Teer aus Mittenwald hinaus. Dabei lohnt ein

Routenbeschreibung

Wer früh morgens die Abfahrt hinunter ins Karwendeltal in Angriff nimmt, der muss mit jeder Menge Gegenverkehr rechnen.

Blick über die linke Schulter, denn über den Häusern von Mittenwald blitzen kurzzeitig Alpspitze und Zugspitze hervor. **GPS-Wegpunkt 54 km – 31,9 km – 917 m:** Vor dem Sportgelände links über die Brücke und auf der B2 kurz zurück zum Ortseingang von Mittenwald. **GPS-Wegpunkt 55 – 32,9 km – 907 m:** Die B2 spitz rechts zurück bergauf verlassen in Richtung »Kranzberg Wandergebiet«. **GPS-Wegpunkt 56 – 33,6 km – 990 m:** Von der Fahrstraße rechts ab Richtung Bockweg/Tonihof und anschließend immer der geteerten, einspurigen Straße (Weg 409) folgen. Der Biker fährt ein in die bizarre Welt der Buckelwiesen. **GPS-Wegpunkt 57 – 36,2 km – 983 m:** Nach der Jugendherberge links ab Richtung Krün. **GPS-Wegpunkt 58 – 36,4 km – 984 m:** Anschließend gleich wieder rechts hoch abbiegen Richtung Tonihof/Barmsee. **GPS-Wegpunkt 59 – 36,8 km – 987 m:** Die Einkehr »Beim Bergbauer«, auf einer kleinen Anhöhe inmitten der Buckelwiesen gelegen, eignet sich besonders für einen Zwischenstopp. Auch ein kleiner Hofladen ist mit dabei. **GPS-Wegpunkt 60 – 39,1 km – 926 m:** Bei der Kapelle Maria Rast vom Radweg links ab auf den Kiesweg, der direkt an der Kapelle vorbeiführt. Besonders bei der anschließenden kurzen Abfahrt auf Fußgänger achten. **GPS-Wegpunkt 61 – 39,4 km – 894 m:** Nach der Abfahrt links und gleich wieder rechts weiter auf den Fußweg über freies Feld zur B2. **GPS-Wegpunkt 62 – 39,9 km – 886 m:** An der Bundesstraße über die Brücke und die Straße queren und auf der anderen Seite rechts ab auf den Radweg. **GPS-Wegpunkt 63 – 40,3 km – 874 m:** An der Wegverzweigung links ab in den schmalen Kiesweg Richtung Krün. **GPS-Wegpunkt 64 – 41,3 km – 890 m:** Nach der Brücke an der Wegverzweigung links auf die Forststraße (Weg 405), die durch den Bannwald Richtung Barmsee-Badestrand führt. **GPS-Wegpunkt 65 – 42,7 km – 886 m:** Der Waldweg trifft auf eine Forststraße; dieser rechts folgen. Links geht es in wenigen Metern zum Barmsee. **GPS-Wegpunkt 66 – 43,2 km – 942 m:** Dem Wegverlauf geradeaus weiter folgen, ab hier geteert, Weg A1, 406. **GPS-Wegpunkt 67 – 43,9 km – 903 m:** Am ersten Linksabzweig Richtung Finzbach und Esterbergalm geradeaus vorbei (!). **GPS-Wegpunkt 68 – 44,1 km – 898 m:** An der folgenden Wegeverzweigung links ab Richtung Wallgau. **GPS-Wegpunkt 69 – 44,3 km – 885 m:** Wegkreuzung. Jetzt links ab Richtung Finzalm/Finzbachklamm und danach immer entlang der Forststraße und mindere Abzweige ignorieren. **GPS-Wegpunkt 70 – 47,2 km – 1087 m:** Geradeaus flach weiter Richtung Finzalm. Die Forststraße, die rechts abgeht, führt hoch zur Wildbädermoos-Diensthütte und zur Wallgauer und Krüner Alm. Die anschließende Saumwegabfahrt durch den Altgraben macht das Ganze zu einer äußerst lohnenden Erweiterung der Tour – wenn Zeit und Kräfte es erlauben (siehe Tour 3). **GPS-Wegpunkt 71 – 48 km – 1058 m:** An der Wegverzweigung links bergab zur Finzalm. Ab der Alm sorgt der kurze Finzalmtrail für Abwechslung (Weg 452). **GPS-Wegpunkt 72 – 49,6 km – 1071 m:** Dem Wegverlauf geradeaus weiter Richtung Esterbergalm folgen (links: zum Schweizer Alpele). Der Scheitelpunkt des Aufstiegs wird auf knapp 1300 m erreicht. Ab hier geht es dann nur mehr bergab. Mit der Farchanter Alm wird wieder freieres Almengelände erreicht. **GPS-Wegpunkt 73 – 55,3 km – 1269 m:** Esterbergalm. Der Biker und Wanderertreffpunkt im Estergebirge. Ab hier geradeaus weiter der Versorgungsstraße folgen, die zwischen Hoher Fricken und Wank hindurch ein letztes Mal

Zwei kontrastreiche Tage zwischen Eschenlainetal und Karwendelhaus

kurz bergan führt. Anschließend beginnt die gefährlich steile Abfahrt hinunter Richtung Garmisch, Weg 413. Die steilsten Stellen sind geteert, der Belag ist allerdings schon ordentlich ramponiert. GPS-Wegpunkt 74 – 59,3 km – 970 m: Daxkapelle. Logischer Zwischenstopp nach gut der Hälfte der Abfahrt. Für Erfrischung nach dem heißen Downhill sorgt ein Brunnen, noch mehr Anziehungskraft besitzt aber wohl die famose Aussicht über Garmisch-Partenkirchen, die man hier genießt. Außerdem wärmt hier auch dann noch die Herbstsonne, wenn weiter oben die Esterbergalm schon längst im Schatten versunken ist. GPS-Wegpunkt 75 – 60,6 km – 816 m: Rechts weiter bergab zur Talstation Wankbahn, vorbei am Hochseilgarten. GPS-Wegpunkt 76 – 61,8 km – 701 m: Kurz unterhalb der Talstation in den ersten Rechtsabzweig (Parkplatz) einfahren und dort den beginnenden Philosophenweg Richtung Farchant (ausgewiesenen Schiebestrecke!) aufnehmen. Alternativ: Wer nicht aus dem Sattel will, der fährt weiter bergab zur Bundesstraße und folgt dieser bis Farchant. Dort in der Ortsmitte über die Isar nach Mühldörfl und links ab auf den Radweg. GPS-Wegpunkt 77 – 63,9 km – 700 m: Rechts ab weiter dem Philosophenweg folgen. GPS-Wegpunkt 78 – 64,9 km – 690 m: Am Ortsrand von Mühldörfl trifft der Radweg auf die Teerstraße. GPS-Wegpunkt 79 – 65,5 km – 688 m: Vor der Loisachbrücke zwischen Mühldörfl und Farchant rechts ab in die Schrickenstraße/Sportzentrum und weiter dem Radweg (Weg F0) über offenes Gelände bis kurz vor Oberau folgen. GPS-Wegpunkt 80 – 69,5 km – 650 m: Vor der Brücke nach Oberau rechts ab Richtung Eschenlohe und Sieben Quellen, ab km 71,1 wieder auf Kies. Der Weg OE1 führt flach am Waldrand entlang vorbei am Oberfilz und dem Pfrühlmoos, d. h. es bleibt viel Muße für die Moorlandschaft, und mit gutem Timing leuchtet diese im goldenen Licht der untergehenden Sonne. GPS-Wegpunkt 81 – 75 km – 656 m: Bei den Sieben Quellen kurz bevor der Weg den Wald verlässt, rechts ab und steil hinauf Richtung Asamklamm. Nach dem kurzen Stich links flach dem Waldwirtschaftsweg folgen. GPS-Wegpunkt 82 – 75,5 km – 700 m: Schräg über den Parkplatz in den Wald Richtung »Asamklamm-Wanderweg«. Gegen Ende des Fußballplatzes rechts ab und in einen kurzen Downhill und links durch das Bett der Archtallaine. Anschließend den Weg auf der gegenüberliegenden Seite kurz aufnehmen. GPS-Wegpunkt 83 – 76,4 km – 689 m: An der Wegekreuzung links hinunter Richtung Asamklamm nach 50 m. GPS-Wegpunkt 84 – 76,5 km – 686 m: Parkplatz Asamklamm/Krottenkopf. Rechts der Forststraße dem kurzen Anstieg Richtung Asamklamm folgen. GPS-Wegpunkt 85 – 77,2 km – 710 m: Links auf den Pfad bergab zur Klamm, treppab, das Bike über die schmale Brücke hieven, treppauf und kurz auf dem Waldweg bergan zum Parkplatz.

Endpunkt 77,5 km – 700 m: Parkplatz an der Asamklamm.

Mit erreichen der Angeralm öffnet sich das Karwendeltal und es geht deutlich weniger stark fallend hinaus nach Scharnitz.

22 Ins Tegestal und rund um die Mieminger Kette

Zweitägige Paradetour, die fahrerisch und landschaftlich kaum Wünsche offen lässt

Schwierigkeit	Erlebniswert	Länge	Zeit	Höhendifferenz
3		121,5 km (60,6 km/60,9 km)	6 Std./6 Std (netto)	1720/1600 m

TOURENCHARAKTER

AUSGANGSPUNKT/ENDPUNKT
Parkplatz Ehrwald

ANFAHRT
Bahn/Auto: Ehrwald

KONDITION ✪✪✪✪✪

FAHRTECHNIK ✪✪✪✪✪

ERLEBNISWERT
Fahrspaß: ✪✪✪✪✪/✪✪✪✪✪
Landschaft: ✪✪✪✪✪

KULTUR UND GESCHICHTE
✪✪✪✪✪

EINKEHRMÖGLICHKEITEN

Raststation Fernsteinsee,
Tel. 0043/(0)5265/52 10
Tarrentonalpe, Tel. 0043/(0)664/633 25 04, Mitte Juni – Mitte September
Pension Panorama,
Tel. 0043/(0)52 64/81 04
Gasthof Arzkasten,
Tel. 0043/(0)52 64 81 21
Ropferstubn,
Tel. 0043/(0)5262-659 49
Gaistalalm, Tel. 0043/(0)5214/51 90,
Mitte Mai–Mitte Oktober
Ehrwalder Alm,
Tel. 0043/(0)5673/25 34,
Anfang Mai–Ende Oktober

STRECKENPROFIL

1. Tag: 60,6 km (Asphalt: 15,9 km; Schotter: 30,8; Trail: 13,9 km)
2. Tag: 60,9 km (Asphalt: 21,8 km; Schotter: 46,3 km; Trail: 3,7 km)

HÖCHSTER PUNKT

Dirstentrittkreuz, 1860 m

NIEDRIGSTER PUNKT

Telfs, Ortsteil Sagl, 610 m

TOURIST-INFO

Ehrwald, Tel. 0043/(0)5673/200 00

LANDKARTEN

Kompass Karte Nr. 5; 1:50 000
Wettersteingebirge/Zugspitzgebiet;
Kompass Karte Nr. 24; 1:50 000
Lechtaler Alpen

GPS-ROADBOOK

Tour 22 – Tegestal_Mieminger.1.GPX;
Tegestal_Mieminger.2.GPX

Den aussichtreichen Fahrspaß oberhalb des Tegestals muss man sich durch eine abenteuerliche Auffahrt über steile Rampen erst redlich verdienen. Der zweite Tag führt über das sonnige Mieminger Plateau hinein ins Gaistal.

Drei Gebirge in zwei Tagen – das ist eine verlockende Aussicht aber kann das gut gehen? In diesem Fall ja, denn die »Beteiligten« zeigen sich außerordentlich kooperativ. Mit etwas Fantasie sind es sogar vier, denn der Daniel, der höchste Punkt der Ammergauer Alpen hoch über dem Ehrwalder Becken, könnte als eine Art Start- bzw. Zielmarkierung dienen und somit mit einbezogen werden. Im geografischen Zentrum der Tour steht die Mieminger Kette, eine lang gezogene, schmale Felsmauer ohne wirkliche Schwachstelle. Mit ihrer Umrundung kommt man zwangsläufig auch dem nördlich liegenden Wettersteingebirge sehr nahe. Denn gemeinsam bilden sie das wildromantische Gaistal, das Ludwig Ganghofer als Hort der Inspiration für seine berühmten Heimatromane diente. Das Tal ist, man möchte fast sagen »gepflastert mit Almen«. Die liegen vorwiegend im Talgrund, zum Teil aber auch wie Adlerhorste in den links und rechts aufsteigenden Felsflanken. In diesem Zusammenhang wird im Jargon der Tourismusbranche gern auch, nicht ganz zu Unrecht, vom »Almenparadies

Gaistal« gesprochen. Dieses Paradies wird genauso in seiner ganzen Länge durchfahren wie das gegenüberliegende Mieminger Plateau. Ebenfalls ein touristischer Hotspot, der sich allerdings mit der TV-Serie »Der Bergdoktor« eine völlig neue, zusätzliche Zielgruppe erschlossen hat und diese Werbeplattform durchaus zu nutzen weiß. So gibt es inzwischen einen Bergdoktor-Radweg auf dem Plateau, und das Bergdoktor-Haus in Wildermieming (die filmische Heimat des TV-Arztes) hat Eingang in die Kartenliteratur gefunden. Der Dritte im Bunde sind die Lechtaler Alpen, wobei der Vorstoß mit dem Bike auf dieser Tour nur einen kleinen Randbereich dieses Gebirges erfasst. Der aber hat es in sich und rührt kräftig die Werbetrommel für die Region, denn kaum ein Mountainbiker wird die Glanzlichter vergessen, die er im Tegestal erleben durfte.

Ein Paradies für Biker mit Puls und Power

Denn schließlich gelingt es nur wenigen Mountainbikerouten in so überzeugender Weise fahrerisch an-

| 121,5 km (60,6/60,9) | 1720/1600 Hm | Zweitagestour |

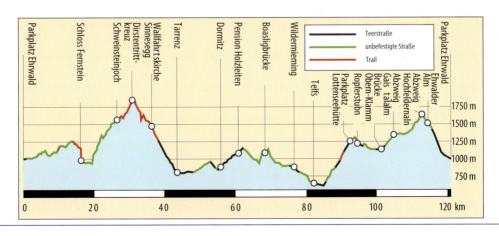

Ins Tegestal und rund um die Mieminger Kette

spruchsvolles und abwechslungsreiches Terrain mit landschaftlicher Schönheit zu verbinden. Oft fällt das eine gegenüber dem anderen etwas ab. Nicht so auf dem ersten Teilstück dieser Zweitagestour zwischen Ehrwald und Tarrenz durchs Tegestal: Beschauliche Forststraßenpassagen, holprige Trails, steilste Rampen, butterweiche Waldwege, coupierte, fein gekieste Trails und schwindelerregende Abfahrten – hier bleibt kaum ein Bikertraum unerfüllt. Und auch die Dramaturgie der Strecke stimmt. Nach einem gemütlichen Auftakt bringen kurze Auf- und Abfahrten den Puls allmählich in Schwung. Allesamt nicht zu lang lassen sie den Biker nicht auf »Automatik« schalten. Immer wieder muss er sich neu positionieren auf seinem Rad und ist so mit seinen Gedanken immer zu 100 Prozent auf der Strecke. Meditatives Bergauffahren, wie man es von vielen klassischen Anstiegen kennt, gibt es hier kaum. Und wenn es schließlich doch zur erwarteten und unvermeidlichen Bergprüfung kommt, dann ist der Biker vorbereitet und warm gefahren. Das ist auch bitter nötig, um an der rassigen Steilauffahrt ins Tegestal nicht zu verzweifeln. Anhaltend über 25 Prozent werden da gefordert. Und wäre es nicht so steil, so würde man seine helle Freude an der abenteuerlichen Streckenführung haben – sogar ein kleiner Tunnel ist mit dabei. Um die Dramaturgie nicht aus dem Auge zu verlieren, flacht die Strecke nach oben hin zunehmend ab und hält damit auch die Motivation im grünen Bereich. Der nachfolgende Trail vom Schweinsteinjoch hinauf ist schlicht ein Traum. Er fordert dem Fahrer an Ausdauer und Fahrgeschick einiges ab, beschenkt ihn aber gleichzeitig mit fantastischen Ausblicken über den Fernpass hinaus auf die Lechtaler Alpen, den nahen Wannig und das Zugspitzmassiv. Der

Mit jedem Höhenmeter hinauf zum Dirstentrittkreuz wächst die Aussicht: Zugspitze, Ehrwalder Becken und Fernpass-Seen schälen sich aus der Landschaft.

Zweitägige Paradetour, die fahrerisch und landschaftlich kaum Wünsche offen lässt

Geschafft! Am Dirstentrittkreuz fühlt man sich auf Augenhöhe mit Deutschlands höchstem Gipfel und freut sich auf anhaltenden Downhill-Plaisir hinunter ins Gurgltal.

Scheitelpunkt der Strecke am Dirstentrittkreuz auf 1860 Metern ist zugleich eine überwältigende Aussichtskanzel, auf der sich der Biker (gefühlt) auf Augenhöhe mit der Zugspitze befindet. Ähnlich rauschhaft und spektakulär ist die Abfahrt hinunter nach Tarrenz; entlang der gähnenden Abergschlucht, über die idyllischen Bergwiesen bei Sinnesbrunn und vorbei an der gleichnamigen Walfahrtskapelle geht es über den rustikalen Tarrenzer Kreuzweg hinunter ins Gurgltal.

Vom Mieminger Plateau nach Telfs mit herrlichen Blicken ins Inntal

Wer den Holzleitensattel am ersten Tag noch geschafft hat, der startet den zweiten Tag direkt hinein ins sonnendurchflutete Mieminger Plateau. Begleitet von den schroffen Kalkwände des Mieminger Gebirges zur Linken und oberhalb der kleinen Ortschaften und verstreuten Weilern zur Rechten geht es verdientermaßen ohne große Gegenanstiege auf feinstem Kies gen Telfs. Höhepunkt und einzig erwähnenswerter Anstieg am Mieminger Plateau ist die kurze, schattige Auffahrt zur Boasligbrücke, direkt am Fuß der höchsten Mieminger-Gipfel gelegen; ein malerisches Fleckchen Bergidyll mit atemberaubenden Ausblicken über das Inntal hinweg zum ewigen Schnee der Stubaier Alpen. Auch die Aussicht auf die nächsten Kilometer muss einem keinesfalls den Angstschweiß auf die Stirn treiben. Im Gegenteil, 500 Höhenmeter Abfahrt, verteilt auf 15 Kilometer, bis hi-

Ins Tegestal und rund um die Mieminger Kette

Auch der abwechslungsreiche Untergrund trägt seinen Teil zum Fahrspaß im Tegestal bei. Ob butterweich wie hinauf zum höchsten Punkt ...

nunter in die Häuserschluchten von Telfs stehen an. Wenn man also hier ins Schwitzen gerät, dann liegt das in der Regel an den hohen Temperaturen, für die das Plateau bekannt ist. Die west-ost-seitig verlaufende Bergkette schirmt das Plateau gen Norden hin ab und staut die südseitige Sonneneinstrahlung gleich einem natürlichen Südbalkon.

Ganz zum Schluss eine Kletterpartie bis zur schön gelegenen Ropferstubn

Fast ganz unten am Inn angekommen, beginnt die mühsame und nicht ganz stressfreie Kletterei aufs Seefelder Plateau. Wo immer möglich, schlägt sich der Biker auf den trailartigen Abschneidern rechts oder links ins Gebüsch, um dem nervenden Verkehr, der die

Zweitägige Paradetour, die fahrerisch und landschaftlich kaum Wünsche offen lässt

... oder klassisch rauh und grobschottrig durch latschenbewachsenen Hänge hinunter zur Walfahrtskapelle Sinnesbrunn.

Passstraße hinaufbrummt, so weit wir möglich aus dem Weg zu gehen. Gut fürs Gemüt und für die Ohren, aber schlecht für den Fahrrhythmus, denn diese Abschneider suchen relativ kompromisslos den Weg nach oben. Nahe der Lottenseehütte am Scheitelpunkt angekommen, leitet eine rasante Waldabfahrt hinunter direkt auf die Terrasse der Ropferstubn mental den Rückweg ein. Dieser schicksalsträchtigen Fügung ergibt man sich gern – zumal nach über 600 Höhenmetern Aufstieg. Und auch die Lage der Hütte, quasi direkt am Wandfuß der Hohen Munde gelegen, überzeugt den Bergradler, hier Station zu machen. Schließlich steht noch der lange Weg durchs Gaistal auf dem Programm. Und der zieht sich zwar flach, aber stetig steigend zwischen den Wänden von Wetterstein und Mieminger Gebirge hinauf zur Ehrwalder Alm. Im Gegensatz zum lieblichen Mieminger Plateau, das auch im Herbst mit viel Sonne und warmen Temperaturen zu begeistern weiß, lässt das enge Gaistal der Herbstsonne nur einen schmalen Ost-West-Korridor zwischen den Gipfeln, und so wird der Rückweg zu einem Wettlauf mit der Sonne, der erst gewonnen ist, wenn die Ehrwalder Alm erreicht ist.

Routenbeschreibung

Durch die steile Abergschlucht auf alten Bergwerksrouten

Start der Tour
Ausgangspunkt: Parkplatz Ehrwald, 990 m, beim Sport- und Kulturzentrum. Zurück zur Hauptstraße hoch und rechts entlang.

Route
GPS-Wegpunkt 1 – 0,9 km – 1006 m: Am Kreisverkehr am Ortsende von Ehrwald links hoch auf den Radweg Richtung Biberwier/Lärchenwald, der zum Auftakt durch einen großartigen Lärchenwald führt. Der Panoramaweg (Weg 836) führt in der Folge auf breiten Forstwegen durch den Bergwald vorbei an Biberwier zum Fernpass. Anstiege und Abfahrten wechseln sich dabei in schöner Regelmäßigkeit ab – insgesamt geht es jedoch leicht bergauf. GPS-Wegpunkt 2 – 6,8 km – 1099 m: An der Kreuzung schräg rechts kurz über die Wiese und über die schmale Holzbrücke. Der Weg verläuft meist parallel zur Staatsstraße 179 und liegt auf der Trassenführung der alten Handelsstraße »Via Claudia Augusta«. Der Weißensee wird passiert, wo einige bissige Rampen und tiefes Geläuf dafür sorgen, dass der Puls nach oben geht. GPS-Wegpunkt 3 – 9,6 km – 1183 m: Geradeaus weiter auf den kurzen Singletrail. Der Karrenweg, der schottrig und steil rechts bergab geht, führt in die Blindseegrube direkt an der Straße und nimmt dort die nachfolgend beschriebene Forststraße auf. GPS-Wegpunkt 4 – 10,2 km – 1185 m: Einmündung in die Forststraße und auf dieser links bergan in wenigen Kehren hinauf zum Aussichtspunkt an der Wegverzweigung über dem Fernpass. GPS-Wegpunkt 5 – 11,2 km – 1262 m: An der Forststraßenkreuzung bei den Infotafeln rechts ab auf den Stuckweg (Weg 836). Die Tafeln informieren über Fernpass und »Via Claudia Augusta«. Ein kurzer Fußweg führt um den Hügel herum und gibt den Blick frei auf den Fernpass und seine Seen. GPS-Wegpunkt 6 – 13,7 km – 1164 m: Nach der Abfahrt mündet der Stuckweg in die Fernpassstraße. Hier kurz rechts und auf die andere Straßenseite in den Karrenweg Richtung Tegestal einfahren. GPS-Wegpunkt 7 – 13,9 km – 1164 m: Nach 200 m links ab über eine kurze Steigeinlage Richtung Schloss Fernstein. Mit der spektakulären Einfahrt über einen hölzernen Balkon beginnt die Abfahrt hinunter zum Schloss. GPS-Wegpunkt 8 – 14,5 km – 1137 m: Dem Weg nach links unten folgen. Dieser wird ab km 14,6 zum breiten Trail und führt oberhalb der Passstraße in anregender Fahrt über groben Schotter zum Fernsteinsee hinunter. GPS-Wegpunkt 9 – 16,2 km – 964 m: Das Ende des Trails bildet die Tordurchfahrt am Schloss Fernstein. Ab hier dem breiten Kiesweg geradeaus folgen, der ab km 16,7 geteert ist und plan durch den Ferienpark Fernsteinsee verläuft. GPS-Wegpunkt 10 – 17 km – 940 m: Rechts ab in den romantischen Lärchenwald Richtung Tarrentonalm und Tegestal. Der wunderschön coupierte Waldweg leitet hinüber zur Einfahrt ins Tegestal. GPS-Wegpunkt 11 – 17,6 km – 940 m: An der Wegverzweigung rechts ab Richtung Nassereith. GPS-Wegpunkt 12 – 19,3 km – 935 m: Der Radweg mündet in die Auffahrt zum Tegestal. Rechts steil bergan und immer der Versorgungsstraße (Weg 633) folgen. Der Uphill wird schnell ordentlich steil und bedarf einiges an Durchhaltevermögen. Gegen oben hinaus nach knapp der Hälfte des

Zweitägige Paradetour, die fahrerisch und landschaftlich kaum Wünsche offen lässt

Aufstiegs zum Schweinsteinjoch wird der Weg dann deutlich angenehmer. Begleitet wird die gesamte Auffahrt vom Felsdom des Wannig, der sich im Rücken des Bikers mit jedem Steigungsmeter mehr und mehr aus der Landschaft schält. GPS-Wegpunkt 13 – 26,5 km – 1570 m: Am Wegekreuz Schweinsteinjoch links ab auf den schmäleren Weg Richtung Sinnesbrunn, Weg 625. Der Weg geradeaus weiter führt als lohnender Abstecher unwesentlich bergab zur Tarrentonalm (1519 m), die von Juni bis Mitte September bewirtschaftet ist. Der anschließende fabelhafte Aufstieg zum Dirstentrittkreuz führt tief hinein ins Reißenschuhtal. Der Auftakt ist flach, mit zunehmender Höhe nimmt jedoch auch die Steigung zu. Zum Ausgleich gibt es dafür immer neue, weiter reichende Ausblicke über den Fernpass hinweg Richtung Zugspitze. GPS-Wegpunkt 14 – 30,8 km – 1860 m: Dirstentrittkreuz. Überragender Aussichtspunkt und Scheitelpunkt der Strecke. Ab hier geht es in leichtem Bergauf und Bergab zum Brandegg, bevor die eigentliche Abfahrt durch die Abergschlucht beginnt. GPS-Wegpunkt 15 – 33 km – 1693 m: Am Steigabzweig zum Alpleskopf geradeaus weiter dem Karrenweg folgen. GPS-Wegpunkt 16 – 34,2 km – 1677 m: Wegweiser am Sinnesgatter am Ende einer kleinen Rampe. Schräg rechts weiter dem Karrenweg folgen. Ein einfaches Rohr auf einem Drehkreuz montiert und mit Gipfellegende versehen, dient hier als Hilfe beim Bestimmen der umliegenden Gipfel. GPS-Wegpunkt 17 – 35 km – 1600 m: Wegekreuz auf der Sinnesegg-Lichtung. Hier schräg links Richtung Sinnesbrunn abfahren. GPS-Wegpunkt 18 – 36,4 km – 1480 m: Vorbei an der Wallfahrtskapelle Sinnesbrunn (mit Brunnen) weiter talwärts. GPS-Wegpunkt 19 – 36,5 km – 1474 m: Parkplatz und Kapelle direkt unterhalb der Wallfahrtskirche. Hier rechts ab auf den alten Kreuzweg oder alternativ geradeaus weiter auf dem Fahrweg bleiben, der über die Peregreithalm hinunter nach Tarrenz führt. Entlang der durchnummerierten Stationen führt der Kreuzweg zuerst in steinigen Kehren und später zunehmend über weicheren Waldboden hinunter nach Obertarrenz. GPS-Wegpunkt 20 – 38,2 km – 1276 m: Der breitere Trail wird beim Kappakreuz zur Fahrstraße; dieser weiter nach unten folgen. GPS-Wegpunkt 21 – 40,3 km – 1023 m: An der Kapelle in Obertarrenz rechts ab und immer der Teerstraße Richtung Tarrenz folgen. GPS-Wegpunkt 22 – 43,3 km – 827 m: Beim Kreuz unter den Kastanienbäumen in einer leichten Rechtskurve links in die Ortsmitte von Tarrenz abfahren. GPS-Wegpunkt 23 – 43,7 km – 800 m: Straßenkreuzung im Ortszentrum von Tarrenz. Die Straße geradeaus überqueren. GPS-Wegpunkt 24 – 44,9 km – 828 m: An der Wegverzweigung an der Kapelle links ab wie bezeichnet »Via Claudia Augusta« (Pfeile auf der Straße), anschließend gleich wieder rechts. GPS-Wegpunkt 25 – 45,2 km – 819 m: An der folgenden Wegverzweigung links ab und über freies Feld auf den gegenüberliegenden Waldrand zusteuern. GPS-Wegpunkt 26 – 45,7 km – 776 m: Vor der Brücke am Pigerbach-Stausee links ab und kurz am Gurglbach entlang Richtung Strad. GPS-Wegpunkt 27 – 46,4 km – 781 m: Nach der Brücke rechts ab und durch Strad geradeaus hindurch. Der Weg

Rassiger Downhill: Der Kreuzweg hinunter nach Obertarrenz.

führt leicht ansteigend (ab km 48,1 auf Kies) in nördlicher Richtung zurück Richtung Nassereith. GPS-Wegpunkt 28 – 48,7 km – 839 m: An der Wegverzweigung rechts halten und anschließend immer geradeaus Richtung Nassereith. GPS-Wegpunkt 29 – 53 km – 963 m: Am Kieswerk an der Straße rechts ab die Straße entlang und durch die Unterführung. Ab hier ist der Radweg wieder geteert. GPS-Wegpunkt 30 – 53,4 km – 930 m: In der Rechtskurve links ab auf die »Via Claudia Augusta« (beschildert). GPS-Wegpunkt 31 – 54,6 km – 860 m: Rechts ab und auf den Radweg über freies Feld nach Dormitz. GPS-Wegpunkt 32 – 55,3 km – 832 m: Am Ortsanfang von Dormitz geradeaus über eine Kreuzung und dem Verlauf der Straße folgen. GPS-Wegpunkt 33 – 55,6 km – 868 m: An der Straßenkreuzung links ab zur Kirche und Richtung Roßbach und der Straße in eine kurze Abfahrt hinunter nach Roßbach folgen. Anschließend geradeaus dem Wegverlauf der alten Teerstraße bergan nach Holzleiten folgen, Weg 4. GPS-Wegpunkt 34 – 58 km – 974 m: Geradeaus weiter über die Brücke Richtung Holzleiten. Der linke Abzweig führt hinauf zum Weiler Aschland und von dort weiter zur Marienbergalm.

Endpunkt 1. Tag 60,6 km – 1080 m: Pension Panorama in Holzleiten direkt an der Straße gegenüber der Kapelle. Übernachtung mit Frühstücksbuffet 40 Euro. Zum Start am nächsten Tag kurz links ab von der Teerstraße auf freies Feld und rechts dem Weg folgen.

GPS-Wegpunkt 35 – 0,4 km – 1091 m: Der Feldweg trifft auf die einspurige Teerstraße; hier links ab Richtung Weisland. Zum Start geht es, noch einmal leicht bergauf, bevor es abgesehen vom kurzen Aufstieg zur Boasligbrücke, bis hinunter

Routenbeschreibung

Marterl am Wegesrand markieren die Stationen des Kreuzweges.

nach Telfs (niedrigster Punkt 610 m) nur mehr wenig zu tun und viel zu genießen gilt. GPS-Wegpunkt 36 – 1,2 km – 1140 m: An der Kapelle in Weisland geradeaus weiter über freies Feld. GPS-Wegpunkt 37 – 1,4 km – 1154 m: Am Gasthaus Arzkasten rechts vorbei und beim anschließenden Parkplatz in den Waldweg »Obsteig« schräg links einfahren, Weg 4. Der Weg führt in der Folge über einen gut ausgebauten Radweg (meist feiner Kies) durch Latschen- und Kiefernwälder über das gesamte Mieminger Plateau bis hinunter nach Telfs. GPS-Wegpunkt 38 – 4,8 km – 964 m: Geradeaus dem Wegverlauf Richtung Kohlplatz folgen, Weg 17. GPS-Wegpunkt 39 – 6,6 km – 950 m: Am Kohlplatz nach rechts kurz bergab fahren. GPS-Wegpunkt 40 – 7,3 km – 928 m: An der Forststraßeneinmündung spitz links bergauf Richtung Boasligbrücke, Weg 14, 13. Hier endet die Fahrt entlang dem Waldrand, und es geht ungewohnt steil bergauf durch den angenehm schattigen Lärchen- und Kiefernwald. GPS-Wegpunkt 41 – 8,9 km – 1073 m: Linksabzweig, dem Wegverlauf nach rechts folgen. GPS-Wegpunkt 42 – 9,1 km – 1100 m: Am Rechtsabzweig geradeaus weiter Richtung Boasligbrücke (rechts: Barwies). GPS-Wegpunkt 43 – 9,6 km – 1112 m: Über die Boasligbrücke drüber und danach rechts bergab. Landschaftlich sicher einer der Höhepunkte des zweiten Tourages. Die kleine Brücke führt hoch über dem Plateau und ganz nah an den steil abstürzenden Wänden der Mieminger Kette über einen rauschenden Gebirgsbach. Noch früh am Tag und erst wenige Kilometer in den Beinen der Platz für ein zweites Frühstück. GPS-Wegpunkt 44 – 10 km – 1058 m: An der Wegverzweigung links kurz hoch und anschließend gleich wieder rechts. GPS-Wegpunkt 45 – 10,4 km – 1123 m: An der Wegekreuzung geradeaus und in die Abfahrt. GPS-Wegpunkt 46 – 12,2 km – 960 m: Forststraßenvereinigung; dem gemeinsamen Verlauf weiter bergab folgen, Weg 12. GPS-Wegpunkt 47 – 12,9 km – 911 m: Nach der Brücke über den Judenbach links ab. GPS-Wegpunkt 48 – 13,7 km – 983 m: Geradeaus bergab Richtung Wildermieming (links: hoch zum Judentörl). GPS-Wegpunkt 49 – 15,1 km – 897 m: Links ab auf geteerten Radweg nach Wildermieming (rechts: Affenhausen) durch die Siedlung Brente durch. Beginn der Teerstraße, die ab hier durch die Wiesen bis zum Beginn des Zimmerbergwegs führt. Am Ortseingang von Wildermieming geradeaus Richtung Gerhardhof. Von hier aus auch ins Ortszentrum und zum Bergdoktor-Haus. GPS-Wegpunkt 50 – 16,4 km – 900 m: Geradeaus über die Straße auf den Feldweg. Der Linksabzweig führt hoch zum Strassberghaus auf 1191 m. GPS-Wegpunkt 51 – 16,6 km – 863 m: Nach 200 m rechts ab auf Teerstraße (geradeaus Sackgasse). GPS-Wegpunkt 52 – 17 km – 815 m: An der Straßenverzweigung nach der kurzen Abfahrt links ab Richtung Gerhardhof. GPS-Wegpunkt 53 – 17,3 km – 812 m: Am nächsten Abzweig links ab auf den Kiesweg (Weg 16A) Richtung Telfs über den Zimmerbergweg. Die zunehmend schwungvollere Waldabfahrt hinunter nach Telfs endet direkt bei den ersten Häusern. GPS-Wegpunkt 54 – 21,4 km – 646 m: Ortsbeginn von Telfs; nach den ersten Häusern rechts ab. GPS-Wegpunkt 55 – 21,5 km – 634 m: An der nächsten Kreuzung links über die Brücke in die Apfertalstraße. GPS-Wegpunkt 56 – 21,6 km – 636 m: Nach der Brücke rechts ab entlang der Niedere-Munde-

Kuriosität im Hennengassl bei Obern

Zweitägige Paradetour, die fahrerisch und landschaftlich kaum Wünsche offen lässt

Die Pension Panorama in Holzleiten hält, was sie verspricht.

Straße. GPS-Wegpunkt 57 – 21,8 km – 625 m: Links in die Ematstraße Richtung Sportplatz Emat. GPS-Wegpunkt 58 – 22,2 km – 615 m: Links ab von der Ematstraße auf den Puelacher Weg durch den Ortsteil St. Georgen, vorbei an Kirche und Friedhof. GPS-Wegpunkt 59 – 23,7 km – 612 m: Der Puelacher Weg mündet in die breitere Teerstraße, die Saglstraße. Dieser weiter leicht fallend entlang. GPS-Wegpunkt 60 – 24,5 km – 610 m: Die Saglstraße mündet in den Kreisverkehr; hier geradeaus drüber und der Passstraße hinauf zum Seefelder Plateau kurz folgen und noch bis vor die letzten Häusern von Sagl. Wer komplett auf die nachfolgend geschilderte ruhigere, aber auch anstrengendere Alternativroute verzichten will, der hält sich ab hier bis Wegpunkt 69 an die Passstraße. GPS-Wegpunkt 61 – 25,1 km – 673 m: Links ab von der Passstraße Richtung Brand und dem Verlauf des Weges nach Bairbach folgen, Weg 71. Der Weg wird schnell zunehmend steiler, auch die Qualität des Untergrundes lässt nach. GPS-Wegpunkt 62 – 26,8 km – 830 m: Am Forststraßenabzweig rechts Richtung Bairbach. GPS-Wegpunkt 63 – 27,7 km – 850 m: Einmündung in die Passstraße; dieser rechts kurz bergab zur Kreuzung folgen, anschließend entlang der Passstraße Richtung Mösern bergauf, vorbei am Restaurant Stefan. GPS-Wegpunkt 64 – 28,9 km – 940 m: Nach links über die Straße auf den Trail wechseln und diesem bis zur nächsten Serpentine folgen und erneut die Passstraße queren. Die einzelnen Trailabschneider entlang der Passstraße sind relativ steil und von minderer Qualität und wohl vornehmlich für Wanderer gedacht. Gemütlicher und rhythmischer, aber auch lauter fährt, wer auf der Passstraße bleibt. GPS-Wegpunkt 65 – 29,2 km – 975 m: Den Karrenweg auf der gegenüberliegenden Seite wieder aufnehmen, Weg 95. GPS-Wegpunkt 66 – 29,6 km – 1015 m: An der Wegverzweigung an der Pferdekoppel links bergan. GPS-Wegpunkt 67 – 30,1 km – 1100 m: Am nächsten Abzweig links ab zurück zur Passstraße (rechts: Mösern). GPS-Wegpunkt 68 – 30,3 km – 1110 m: Einmündung in die Passstraße und an dieser rechts kurz entlang bis zum Abzweig auf der gegenüberliegenden Seite. GPS-Wegpunkt 69 – 30,4 km – 1140 m: Der schmalen, geteerten Fahrstraße am Abzweig von der Passstraße zur Lottenseehütte bergan folgen. Die Straße zum Lottensee hat noch einmal einige Steigungsmeter parat, ist aber deutlich ruhiger als die Passstraße. GPS-Wegpunkt 70 – 32,2 km – 1264 m: Am Parkplatz Lottenseehütte geradeaus kurz steil hoch auf den schmalen Kiesweg Richtung Sunnplatzl. Der See ist genauso wie der nebenan gelegene Wildmoossee nur periodisch mit Wasser gefüllt. Auch auf die Lottenseehütte als Verpflegungsstelle sollte man sich nicht verlassen. GPS-Wegpunkt 71 – 32,6 km – 1275 m: Schräg links ab in den Weg, der mit dem Hinweisschild »Hier beginnt der Golfplatz« gekennzeichnet ist. Es folgt ein munteres Auf und Ab. GPS-Wegpunkt 72 – 32,7 km – 1277 m: Rechts ab Richtung Sunnplatzl. GPS-Wegpunkt 73 – 32,9 km – 1283 m: An der Einmündung des Kieswegs von rechts links hoch. GPS-Wegpunkt 74 – 33,5 km – 1308 m: Links ab Richtung Ropferstubn und anschließend gleich wieder links in die famose Waldabfahrt direkt hinunter zur Ropferstubn. GPS-Wegpunkt 75 – 34,6 km – 1218 m: Ropferstubn. Die Abfahrt endet sozusagen direkt auf der Terrasse der so prächtig unterhalb der Hohen Munde gelegenen Hütte. Dies und die Tatsache, dass man hier direkt mit dem Auto vorfahren kann, sorgen dafür, dass die Terrasse rund um die 400 Jahre alte Esche stets gut besucht ist. Zur Weiterfahrt geradeaus über die Terrasse schieben und die hinter dem Haus beginnende Teerstraße (Weg 27) abfahren. GPS-Wegpunkt 76 – 35,4 km – 1170 m: An der Straßenkreuzung kurz rechts hoch um die Kurve rum. GPS-Wegpunkt 77 – 35,5 km – 1178 m: Nach 100 m gleich wieder links ab auf den gekiesten Weg (Weg 24) durchs sogenannte Katzenloch. GPS-Wegpunkt 78 – 36 km – 1219 m: Geradeaus weiter Richtung Katzenloch. Der Linksabzweig führt hinauf zur Rauthhütte an der Hohen Munde. GPS-Wegpunkt 79 – 36,1 km – 1214 m: Links ab Richtung Katzenloch. GPS-Wegpunkt 80 – 36,9 km – 1200 m: Rechts ab dem Weg folgen. GPS-Wegpunkt 81 – 38 km – 1136 m: Geradeaus weiter Richtung Moos/Obern; jetzt wieder auf Teer. GPS-Wegpunkt 82 – 38,5 km – 1133 m: Bei Moos rechts ab über freies Feld auf den Mooser Weg. GPS-Wegpunkt 83 – 39,5 km – 1131 m: Einmündung in die Teerstraße, hier links ab und anschließend wenige Meter der Straße folgen und gleich wieder links auf den Radweg; diesem im Verlauf folgen bis nach Klamm. Bei der Durchfahrt durch das Hennengassl wird rechter Hand der 24-Stunden-Milchautomat passiert. GPS-Wegpunkt 84 – 40,8 km – 1142 m: Nach der Brücke über die Leutascher Ache links ab entlang der Fahrstraße hinein ins Gaistal. GPS-Wegpunkt 85 – 41,5 km – 1161 m: Kurz nach der St.-

Routenbeschreibung

Die 400 Jahre alte Esche ist der heimliche Star auf der Terrasse der Ropferstubn.

Josef-Kapelle links ab von der Fahrstraße über die Leutasch Richtung Salzbachbrück und auf den Adlerweg, Weg 7. GPS-Wegpunkt 86 – 43,2 km – 1191 m: An der Wegkreuzung rechts erneut über die Leutasch. GPS-Wegpunkt 87 – 43,5 km – 1220 m: Anschließend links hoch auf den Weg 551 durchs Gaistal, ab hier immer geradeaus dem Wegverlauf folgen. Hier am Taleingang befindet sich auch der letzte (gebührenpflichtige) Parkplatz. Auf der Fahrt durch das Gaistal zum 9 km entfernten Scheitelpunkt nahe der Pestkapelle überwindet man von hier ab gut 400 Hm, wobei der Löwenanteil erst gegen Ende fällig wird. GPS-Wegpunkt 88 – 43,7 km – 1255 m: Am Abzweig in den Ganghoferweg; geradeaus weiter. Der etwas oberhalb der Rad- und Fahrstrecke liegende Weg ist Fußgängern und Wanderern vorbehalten, er mündet direkt bei der Gaistalalm. GPS-Wegpunkt 89 – 44,2 km – 1285 m: Geradeaus weiter auf dem Fahrweg entlang, immer weiter hoch über der Leutascher Ache hinein ins Gaistal. GPS-Wegpunkt 90 – 44,4 km – 1334 m: Den Rechtsabzweig zur Gaistalalm ignorieren und geradeaus weiter dem Weg folgen. GPS-Wegpunkt 91 – 45,3 km – 1342 m: Abzweig Tillfußalm mit dem dahinter liegenden »Schloss Hubertus«, Ludwig Ganghofers Jagdhaus. Das Gebäude kann allerdings nur von außen besichtigt werden.

GPS-Wegpunkt 92 – 50 km – 1360 m: An der Wegverzweigung rechts hoch Richtung Pestkapelle, Weg 552. Die bis hierher dezente Auffahrt fordert am Ende des Tages noch einmal vollen Einsatz, um die verbleibenden knapp 300 Hm zu knacken. GPS-Wegpunkt 93 – 52,6 km – 1643 m: Scheitelpunkt im Gaistal und zugleich höchster Punkt am zweiten Tourtag. Den Rechtsabzweig zur Hochfeldernalm ignorieren und links bergab Richtung Pestkapelle fahren – ab hier sind keine Anstiege mehr zu fürchten. GPS-Wegpunkt 94 – 53 km – 1617 m: Die kleine Pestkapelle am Wegesrand wird passiert. GPS-Wegpunkt 95 – 54,2 km – 1500 m: An der Ehrwalder Alm links vorbei, anschließend rechts ab auf den geteerten Fahrweg, der in engen Kehren hinunter zur Talstation führt. Bei der Abfahrt besonders auf den zahlreichen motorisierten Gegenverkehr achten. Im unteren Bereich sorgen kurze Trailabschneider ein letztes Mal für etwas Abwechslung. GPS-Wegpunkt 96 km – 58 km – 1088 m: Talstation Ehrwalder Almenbahnen. An der Talstation vorbei und immer dem Verlauf der Straße hinunter nach Ehrwald folgen. GPS-Wegpunkt 97 – 60,4 km – 997 m: Zuletzt an der Kirche vorbei bis zur zentralen Ortsdurchfahrt; hier dann rechts schwenken zurück zum Parkplatz.
Endpunkt 60,9 km – 990 m: Parkplatz Ehrwald.

Zweitägige Paradetour, die fahrerisch und landschaftlich kaum Wünsche offen lässt

Nach zwei ausgefüllten Tagen beginnt im Schatten der Zugspitze die finale Abfahrt hinunter nach Ehrwald.

Roadbooks zu den Touren

Unterwegs zur Esterbergalm hoch über dem wilden Finzbachtal

Roadbook – 01 Simetsberg-Umfahrung und Rechtlerhütte

GPS-Wegpkt. 1	km 0,3	nach Brücke links ab dem Trail bergauf folgen		GPS-Wegpkt. 12	km 17,4	Neuglägeralm, geradeaus
GPS-Wegpkt. 2	km 0,4	links ab auf Forstweg		GPS-Wegpkt. 13	km 18,1	Singletrail wird zum wilden Holzwirtschaftsweg
GPS-Wegpkt. 3	km 5,5	links bergauf der Forststraße folgen		GPS-Wegpkt. 14	km 18,3	Forststraßeneinmündung, rechts ab, 470
GPS-Wegpkt. 4	km 7	dem Verlauf der Forststraße nach links folgen		GPS-Wegpkt. 15	km 18,7	Aussichtspunkt mit Bank, links ab, 474
GPS-Wegpkt. 5	km 10,5	in die Rechtskehre weiter bergauf		GPS-Wegpkt. 16	km 19,7	geradeaus
GPS-Wegpkt. 6	km 12,3	schräg rechts weiter bergauf		GPS-Wegpkt. 17	km 20,7	Forststraßenkreuzung am Holzlagerplatz, flach links ab durchs Eschenlainetal, 475
GPS-Wegpkt. 7	km 13,1	Jagdhütte, Ende Stichtour, zurück über Auffahrtsweg		GPS-Wegpkt. 18	km 23	geradeaus
GPS-Wegpkt. 8	km 13,3	Steigabzweig Hohe Kisten, Bikedepot		GPS-Wegpkt. 19	km 27,4	geradeaus
GPS-Wegpkt. 9	km 15,6	rechts ab von Forststraße auf Karrenweg		GPS-Wegpkt. 20	km 28,7	alte Holzbrücke, geradeaus weiter
GPS-Wegpkt. 10	km 16,4	in der Rechtskehre links ab auf schmalen Trail		GPS-Wegpkt. 21	km 29	nach Betonbrücke links Wegverlauf folgen
GPS-Wegpkt. 11	km 16,6	links ab, Weg 473		GPS-Wegpkt. 22	km 30,6	links ab auf Teerstraße

Roadbook – 02 Rund um den Wank

GPS-Wegpkt. 1	km 1,2	geradeaus, 413		GPS-Wegpkt. 17	km 23,6	der Linkskurve folgen
GPS-Wegpkt. 2	km 2,1	Daxkapelle, geradeaus weiter, 413		GPS-Wegpkt. 18	km 26,4	rechts ab auf den Karrenweg
GPS-Wegpkt. 3	km 4,9	Steigabzweige, geradeaus weiter, 413		GPS-Wegpkt. 19	km 27,2	Gschwandtnerbauer, geradeaus, K10
GPS-Wegpkt. 4	km 5,9	Esterbergalm, geradeaus weiter, KRE		GPS-Wegpkt. 20	km 28,2	auf Teer rechts bergan nach Abfahrt
GPS-Wegpkt. 5	km 7,1	Farchanter Alm, geradeaus weiter		GPS-Wegpkt. 21	km 28,7	bei ersten Häusern links ab
GPS-Wegpkt. 6	km 7,8	geradeaus weiter		GPS-Wegpkt. 22	km 30,5	am Weidegatter geradeaus
GPS-Wegpkt. 7	km 11,3	vor der Bücke links ab, 452		GPS-Wegpkt. 23	km 30,6	rechts
GPS-Wegpkt. 8	km 12,7	Trailende an der Finzalm, geradeaus		GPS-Wegpkt. 24	km 31,1	geradeaus auf Höhenweg
GPS-Wegpkt. 9	km 12,8	geradeaus der Forststraße folgen		GPS-Wegpkt. 25	km 31,6	links ab
GPS-Wegpkt. 10	km 13,6	Forststraßeneinmündung, geradeaus weiter		GPS-Wegpkt. 26	km 31,8	geradeaus bergab
GPS-Wegpkt. 11	km 15,8	scharf rechts ab auf Waldweg		GPS-Wegpkt. 27	km 32	rechts bergab, Hasenthalstraße, Michael-Sachs-Straße
GPS-Wegpkt. 12	km 16,3	Einmündung in Forststraße, rechts ab		GPS-Wegpkt. 28	km 32,4	rechts ab Brünnhäuslweg, weiter entlang Philosophenweg
GPS-Wegpkt. 13	km 20,2	schräg links hoch, 461		GPS-Wegpkt. 29	km 33,4	schräg rechts hoch zur Talstation
GPS-Wegpkt. 14	km 21	rechts ab, 462				
GPS-Wegpkt. 15	km 22,1	Beginn Trail nach links bergab				
GPS-Wegpkt. 16	km 23,4	Trailende, rechts ab				

Roadbook – 03 Seenrunde zwischen Kranzberg und Krüner Alm

GPS-Wegpkt. 1	km	1,1	P Gröbelalm; rechts ab auf den schmalen Kiesweg	GPS-Wegpkt. 23	km	23,4	Bikedepot Krüner Alm, rechts Steigabzweig
GPS-Wegpkt. 2	km	1,6	Einmündung in Forststraße, links ab	GPS-Wegpkt. 24	km	24,3	rechts ab in den Saumweg, 453
GPS-Wegpkt. 3	km	1,9	die Fahrstraße links entlang	GPS-Wegpkt. 25	km	28	Ende Saumweg/Trail, rechts ab, 452
GPS-Wegpkt. 4	km	2,2	rechts ab auf schmale Teerstraße, Bockweg, 400	GPS-Wegpkt. 26	km	28,8	schräg links zur Finzalm, 452
				GPS-Wegpkt. 27	km	30	Finzalmtrail mündet in Forststraße
GPS-Wegpkt. 5	km	3,3	schräg rechts Bockweg folgen	GPS-Wegpkt. 28	km	30,4	links ab über Brücke, 452
GPS-Wegpkt. 6	km	4,6	beim Bergbauer links ab auf Kiesweg	GPS-Wegpkt. 29	km	32,6	rechts hoch, 461
GPS-Wegpkt. 7	km	5,4	links ab, Weg 403	GPS-Wegpkt. 30	km	33,5	in den linken Abzweig, 461
GPS-Wegpkt. 8	km	6,4	an Gleisen rechts ab, 403	GPS-Wegpkt. 31	km	35,7	links ab, 461
GPS-Wegpkt. 9	km	7,5	rechts ab zum Tennsee	GPS-Wegpkt. 32	km	37,7	Beginn Teerstraße vor Gerold
GPS-Wegpkt. 10	km	8,4	Eingang Campingplatz, rechts ab	GPS-Wegpkt. 33	km	37,9	schräg links zur B 2 und durch Unterführung auf Radweg
GPS-Wegpkt. 11	km	8,9	an der Unterführung links ab auf Radweg, 407	GPS-Wegpkt. 34	km	39,2	geradeaus, geteert
GPS-Wegpkt. 12	km	9,6	rechts ab über Brücke	GPS-Wegpkt. 35	km	40,1	Gasthof Klais, rechts ab
GPS-Wegpkt. 13	km	10,6	rechts ab, 406	GPS-Wegpkt. 36	km	40,7	geradeaus
GPS-Wegpkt. 14	km	11,2	links ab, 405	GPS-Wegpkt. 37	km	41,5	links ab auf die Forststraße, dieser immer bergauf folgen
GPS-Wegpkt. 15	km	14	geradeaus, 406				
GPS-Wegpkt. 16	km	14,5	geradeaus	GPS-Wegpkt. 38	km	44,5	links ab auf Teerstraße
GPS-Wegpkt. 17	km	14,8	links ab, 416	GPS-Wegpkt. 39	km	45,7	am Rondell links Richtung Ehrenmal
GPS-Wegpkt. 18	km	15,1	links ab bergauf Richtung Finzalm	GPS-Wegpkt. 40	km	47,6	links ab der Fahrstraße folgen
GPS-Wegpkt. 19	km	15,6	geradeaus der Forststraße folgen	GPS-Wegpkt. 41	km	48,6	geradeaus
GPS-Wegpkt. 20	km	18	Rechtsschleife bergauf, 450	GPS-Wegpkt. 42	km	49,1	P Gröbelalm, rechts ab zurück entlang der Auffahrtsstraße
GPS-Wegpkt. 21	km	21,8	Wildbädermoos-Diensthütte, geradeaus				
GPS-Wegpkt. 22	km	22,5	Abzweig Altgraben-Saumweg, für Krüner Alm geradeaus weiter				

Roadbook – 04 Durchs Leutaschtal aufs Seefelder Plateau

GPS-Wegpkt.	km	Beschreibung	GPS-Wegpkt.	km	Beschreibung
GPS-Wegpkt. 1	3,2	links ab, 841	GPS-Wegpkt. 28	38,5	Abzweig Wildmoosalm, rechts ab für Abstecher, sonst geradeaus, 3
GPS-Wegpkt. 2	4	links ab, »Bannholzerweg«, 870			
GPS-Wegpkt. 3	7	geradeaus bergab	GPS-Wegpkt. 29	38,7	Wildmoosalm
GPS-Wegpkt. 4	8,6	geradeaus weiter, nach 100 m erneut, 820	GPS-Wegpkt. 30	40,4	rechts ab
GPS-Wegpkt. 5	10,8	Ferchenseehöhe, geradeaus, 872	GPS-Wegpkt. 31	42,1	Fahrstraße, links ab nach 100 m rechts ab, 541
GPS-Wegpkt. 6	11,8	geradeaus auf Teerstraße			
GPS-Wegpkt. 7	13,5	rechts hoch auf die Fahrstraße	GPS-Wegpkt. 32	47,4	Holzlagerplatz, links ab auf Kiesweg, 19
GPS-Wegpkt. 8	15	Höllkapelle; Abstecher zur Geisterklamm	GPS-Wegpkt. 33	48,6	geradeaus, 19
GPS-Wegpkt. 9	17,3	Leutascher Klammstüberl, geradeaus	GPS-Wegpkt. 34	48,9	geradeaus
GPS-Wegpkt. 10	20,3	Reiterklause, links ab auf Achweg	GPS-Wegpkt. 35	50,6	Sportanlagen, geradeaus weiter, 18
GPS-Wegpkt. 11	21,4	rechts ab, 537	GPS-Wegpkt. 36	51,1	geradeaus Radweg Mittenwald
GPS-Wegpkt. 12	24,2	Einmündung in Fahrstraße, kurz folgen, dann links ab	GPS-Wegpkt. 37	51,7	Ende Teerstraße, Feldweg entlang Isar folgen
GPS-Wegpkt. 13	26,2	Ahrn, über die Brücke und links ab	GPS-Wegpkt. 38	52	Porta Claudia, rechts bergab
GPS-Wegpkt. 14	27	erneut über die Leutasch	GPS-Wegpkt. 39	52,1	links auf Mittenwald-Radweg, 802
GPS-Wegpkt. 15	27,7	Achweg quert Fahrstraße	GPS-Wegpkt. 40	52,4	rechts ab auf Isarradweg, 802
GPS-Wegpkt. 16	28,5	über die Fahrstraße	GPS-Wegpkt. 41	56,3	nach Brücke links auf Uferweg
GPS-Wegpkt. 17	29,3	geradeaus, A01	GPS-Wegpkt. 42	56,8	Einmündung Fahrstraße, links ab
GPS-Wegpkt. 18	29,9	Fahrstraße queren	GPS-Wegpkt. 43	56,9	links hoch, 820
GPS-Wegpkt. 19	31,4	an Brücke links ab nach Obern, rechte Auffahrt	GPS-Wegpkt. 44	57,3	Spitzkehre, rechts ab, 820
			GPS-Wegpkt. 45	58,1	rechts ab auf Kiesweg
GPS-Wegpkt. 20	31,5	Kapelle, links ab und nach 50 m rechts ab in Hennengassl	GPS-Wegpkt. 46	58,7	geradeaus bergab zum See
			GPS-Wegpkt. 47	59,9	Lauterseestubn, steil rechts hoch
GPS-Wegpkt. 21	32,6	Fahrstraße schräg rechts queren und in rechte Auffahrt, 3	GPS-Wegpkt. 48	60,3	Einmündung in Forststraße, rechts ab, 872
			GPS-Wegpkt. 49	62,7	rechts ab
GPS-Wegpkt. 22	32,8	rechts ab, Schlagweg, 3	GPS-Wegpkt. 50	63,9	links ab auf schmäleren Weg (Variante)
GPS-Wegpkt. 23	35,8	links hoch	GPS-Wegpkt. 51	64,8	links ab
GPS-Wegpkt. 24	36	Straßenverlauf folgen	GPS-Wegpkt. 52	65,7	Parkplatz, Teerstraße links folgen
GPS-Wegpkt. 25	36,3	links hoch	GPS-Wegpkt. 53	65,8	nach Gasthof rechts ab über Brücke auf Schachenweg, erneut rechts
GPS-Wegpkt. 26	36,6	rechts bergab, 37			
GPS-Wegpkt. 27	37,9	schräg links, 3			

Roadbook – 05 Vom Eckbauer zum Kranzberg

GPS-Wegpkt. 1	km	0,15	rechts ab auf Kiesweg, WB
GPS-Wegpkt. 2	km	3	Kreuzung Wamberg, rechts hoch
GPS-Wegpkt. 3	km	3,7	links ab, WB1
GPS-Wegpkt. 4	km	4,6	rechts ab, WB1
GPS-Wegpkt. 5	km	5,9	Eckbauer; Ende Abstecher - zurück
GPS-Wegpkt. 6	km	7,5	schräg links auf Höhenrückenweg, PE2, 860
GPS-Wegpkt. 7	km	9,5	Ende Trail
GPS-Wegpkt. 8	km	10,6	links ab auf Forststraße
GPS-Wegpkt. 9	km	10,9	rechts ab
GPS-Wegpkt. 10	km	11,3	Elmauer Alm, Weiterweg an der Terrasse
GPS-Wegpkt. 11	km	11,8	geradeaus bergab, 862
GPS-Wegpkt. 12	km	12,7	links ab auf Radweg, 843
GPS-Wegpkt. 13	km	14,5	links ab auf Mautstraße
GPS-Wegpkt. 14	km	15,6	rechts ab auf Forststraße
GPS-Wegpkt. 15	km	17,3	links bergan folgen
GPS-Wegpkt. 16	km	18	rechts ab
GPS-Wegpkt. 17	km	19,3	schräg links hoch
GPS-Wegpkt. 18	km	20	schräg rechts auf schmalen Weg
GPS-Wegpkt. 19	km	20,2	Einmündung in Gipfeltrail, links ab
GPS-Wegpkt. 20	km	20,9	links hoch
GPS-Wegpkt. 21	km	21,1	Kranzberghaus; Endpunkt, zurück entlang Auffahrtsweg
GPS-Wegpkt. 22	km	21,9	geradeaus
GPS-Wegpkt. 23	km	22	Trailgabel, links an
GPS-Wegpkt. 24	km	22,1	geradeaus weiter, nach 100 m beginnt schmale Forststraße
GPS-Wegpkt. 25	km	23,2	Straße in die Rechtskehre folgen, 812
GPS-Wegpkt. 26	km	25,7	Verlauf der Forststraße nach links folgen, 812
GPS-Wegpkt. 27	km	27,3	geradeaus für Ferchensee-Abstecher
GPS-Wegpkt. 28	km	28,2	Ferchensee; zurück zum letzten Wegpunkt
GPS-Wegpkt. 29	km	29,2	links ab und nach 100m rechts ab entlang Ferchenbach
GPS-Wegpkt. 30	km	31,2	Forststraßenverzweigung; links ab
GPS-Wegpkt. 31	km	31,6	links ab über Brücke
GPS-Wegpkt. 32	km	32,1	Radweg mündet in Parkplatz, links ab der Teerstraße folgen zum Gasthof
GPS-Wegpkt. 33	km	32,4	nach Gasthof rechts ab über Brücke, rechts ab
GPS-Wegpkt. 34	km	32,5	links hoch am P vorbei
GPS-Wegpkt. 35	km	33,6	rechts ab, PE1, 843
GPS-Wegpkt. 36	km	34,7	rechts bergan Forststraße folgen
GPS-Wegpkt. 37	km	35,2	geradeaus
GPS-Wegpkt. 38	km	36,1	links ab auf den Karrenweg
GPS-Wegpkt. 39	km	37	Wegekreuz; geradeaus zurück Richtung GAP über Auffahrtsweg

Roadbook – 06 Über Graseck zum Schachen

GPS-Wegpkt. 1	km	0,7	nach der Brücke an den Infotafeln links ab
GPS-Wegpkt. 2	km	1,7	am Eingang der Klamm links die Teerrampe hoch, P6
GPS-Wegpkt. 3	km	2,4	links hoch
GPS-Wegpkt. 4	km	3,6	Hintergraseckhöfe, geradeaus, PE1
GPS-Wegpkt. 5	km	5,4	geradeaus weiter
GPS-Wegpkt. 6	km	6,6	geradeaus weiter
GPS-Wegpkt. 7	km	7,8	am Schachenparkplatz rechts ab, 841
GPS-Wegpkt. 8	km	10,4	links ab, 841
GPS-Wegpkt. 9	km	10,5	dem Bach rechts bergan folgen, 841
GPS-Wegpkt. 10	km	11,1	schräg rechts Richtung Wettersteinalm/Schachen, 841
GPS-Wegpkt. 11	km	12,4	Ende Forststraße, Anfang Karrenweg
GPS-Wegpkt. 12	km	13,1	Abzweig Schachen – Wettersteinalm, rechts hoch Richtung Schachen, geradeaus zur Wettersteinalm (300 m)
GPS-Wegpkt. 13	km	13,3	Wettersteinalm
GPS-Wegpkt. 14	km	15,9	am Gatter
GPS-Wegpkt. 15	km	17,7	Alpengarten
GPS-Wegpkt. 16	km	17,9	Schachenhaus und Schachenschloss, zurück über den Auffahrtsweg
GPS-Wegpkt. 17	km	29,2	links ab, Weg 844
GPS-Wegpkt. 18	km	33	links ab, R
GPS-Wegpkt. 19	km	35,1	rechts hoch, R
GPS-Wegpkt. 20	km	35,5	rechts ab Richtung Reintaler Hof, R
GPS-Wegpkt. 21	km	36	Reintaler Hof, geradeaus weiter, Hoher Weg 831
GPS-Wegpkt. 22	km	36,8	geradeaus, 831
GPS-Wegpkt. 23	km	38,2	Partnachalm, geradeaus weiter, R
GPS-Wegpkt. 24	km	40	links ab Richtung Olympia-Skistadion, 834

Roadbook – 07 Auf den Osterfelderkopf

GPS-Wegpkt. 1	km	0,2	links ab in Teerstraße	GPS-Wegpkt. 14	km	22,4	Abzweig Kreuzalm, links ab
GPS-Wegpkt. 2	km	0,8	Aulealm, rechts ab	GPS-Wegpkt. 15	km	23,6	links bergab folgen
GPS-Wegpkt. 3	km	1,1	links ab, K1	GPS-Wegpkt. 16	km	24,2	rechts und nach 50 m links bergab
GPS-Wegpkt. 4	km	2,4	Rechtskehre bergan folgen	GPS-Wegpkt. 17	km	24,8	Garmischer Haus, geradeaus weiter
GPS-Wegpkt. 5	km	3,5	Steigeinmündung, geradeaus weiter	GPS-Wegpkt. 18	km	25,8	Bayernhaus, bergab, P2
GPS-Wegpkt. 6	km	4,4	Tonihütte, geradeaus weiter	GPS-Wegpkt. 19	km	28,1	links ab auf Rießersee-Höhenweg
GPS-Wegpkt. 7	km	7,4	weiter links bergan	GPS-Wegpkt. 20	km	29,2	nach Furt geradeaus weiter
GPS-Wegpkt. 8	km	10,5	rechts ab	GPS-Wegpkt. 21	km	30,1	892, Einmündung in Forststraße, rechts
GPS-Wegpkt. 9	km	12,4	Kreuzeckalm, rechts weiter bergan	GPS-Wegpkt. 22	km	30,3	rechts ab auf Waldweg
GPS-Wegpkt. 10	km	13	schräg links	GPS-Wegpkt. 23	km	30,6	Wegverlauf zum Rießersee folgen
GPS-Wegpkt. 11	km	14,5	Hochalm, rechts bergan	GPS-Wegpkt. 24	km	31	Restaurant Rießersee, über Terasse
GPS-Wegpkt. 12	km	14,8	Wegkreuz oberhalb Hochalm, links	GPS-Wegpkt. 25	km	31,5	am Bob rechts ab auf Radweg
GPS-Wegpkt. 13	km	18,7	Osterfelderkopf, Ende Stichtour	GPS-Wegpkt. 26	km	32	Einmündung in Forststraße, rechts

Roadbook – 08 Durchs Reintal zur Reintalangerhütte

GPS-Wegpkt. 1	km	0,7	an Wandertafeln rechts ab, 834	GPS-Wegpkt. 11	km	17	Reintalangerhütte – zurück entlang Auffahrt
GPS-Wegpkt. 2	km	2,9	Partnachalm, geradeaus, R				
GPS-Wegpkt. 3	km	4,3	rechts hoch Hoher Weg, 831	GPS-Wegpkt. 12	km	25,8	rechts bergab, R1
GPS-Wegpkt. 4	km	5,1	geradeaus	GPS-Wegpkt. 13	km	30,3	Wegtafeln oberhalb Partnachklamm, der Forststraße rechts bergan folgen, 844
GPS-Wegpkt. 5	km	5,8	schräg rechts				
GPS-Wegpkt. 6	km	6	Laubhütte, links ab in den Karrenweg	GPS-Wegpkt. 14	km	32,2	links ab hoch in die Kehre, 843, PE1
GPS-Wegpkt. 7	km	7,3	geradeaus	GPS-Wegpkt. 15	km	34,6	links ab von der Forststraße, PE1
GPS-Wegpkt. 8	km	8,3	geradeaus, nach 100 m Versorgungsparkplatz und Hütte	GPS-Wegpkt. 16	km	35,7	Beginn der Teerstraße
				GPS-Wegpkt. 17	km	38,5	rechts Richtung Graseck-Häuser
GPS-Wegpkt. 9	km	10,4	geradeaus dem Trail folgen	GPS-Wegpkt. 18	km	39,4	Eingang Partnachklamm, rechts ab zum Olympia-Skistadion
GPS-Wegpkt. 10	km	10,8	Bockhütte, weiter der Partnach entlang, 801				
				GPS-Wegpkt. 19	km	40,8	rechts ab an den Wandertafeln

Fahrerisch gnadenlos und optisch beeindruckend: die Rampe ins Tegestal hinauf ist ein echter Härtetest in Sachen Steilheit.

Unterwegs zur Esterbergalm hoch über dem wilden Finzbachtal

Roadbook – 09 Hochthörlehütte und Eibseerunde

GPS-Wegpkt. 1	km	2,2	links ab auf schmale Teerstraße	GPS-Wegpkt. 16	km	23,5	links ab, E1
GPS-Wegpkt. 2	km	2,6	vor der Alm geradeaus weiter	GPS-Wegpkt. 17	km	23,8	Frillensee, geradeaus weiter
GPS-Wegpkt. 3	km	2,9	Wegverlauf geradeaus folgen, 831	GPS-Wegpkt. 18	km	28,3	geradeaus
GPS-Wegpkt. 4	km	3,3	rechts ab auf Eibsee-Höhenweg, 831	GPS-Wegpkt. 19	km	30,7	P Eibsee, links ab auf Teerstraße
GPS-Wegpkt. 5	km	4,2	Einmündung in Forststraße, rechts bergab	GPS-Wegpkt. 20	km	30,9	links ab, Kiesweg, E
GPS-Wegpkt. 6	km	5,8	nach den Gleisen links ab zur Eibsee-Alm	GPS-Wegpkt. 21	km	31,1	weiter rechts Richtung Grainau
GPS-Wegpkt. 7	km	5,9	Eibsee-Alm, rechts bergab zur Seepromenade	GPS-Wegpkt. 22	km	31,3	am P vorbei und links bergab
				GPS-Wegpkt. 23	km	32,1	geradeaus
GPS-Wegpkt. 8	km	6,5	links ab, 21	GPS-Wegpkt. 24	km	32,6	geradeaus über die Straße auf Weg G3
GPS-Wegpkt. 9	km	8,3	Forststraße in Rechtskurve folgen	GPS-Wegpkt. 25	km	33,2	schräg links hoch
GPS-Wegpkt. 10	km	10,5	Steigabzweig, geradeaus weiter	GPS-Wegpkt. 26	km	34	Badersee, rechts ab
GPS-Wegpkt. 11	km	11,7	Beginn Karrenweg, dann Trail	GPS-Wegpkt. 27	km	34,2	geradeaus weiter, G1
GPS-Wegpkt. 12	km	12,2	Beginn Forststraße	GPS-Wegpkt. 28	km	34,7	links ab auf die Teerstraße
GPS-Wegpkt. 13	km	13,3	links bergab, 42	GPS-Wegpkt. 29	km	35	rechts ab in Waxensteinstraße, weiter Zugspitzstraße
GPS-Wegpkt. 14	km	14,5	Hochthörlehütte				
GPS-Wegpkt. 15	km	15,2	Eibsee-Blick	GPS-Wegpkt. 30	km	35,7	rechts ab in Hammersbacher Fußweg

Roadbook – 10 Seebensee und Rotmoosalm

GPS-Wegpkt. 1	km	3,9	Ehrwalder Alm, geradeaus	GPS-Wegpkt. 11	km	21,4	Gaistalalm, geradeaus, 533
GPS-Wegpkt. 2	km	4,2	geradeaus, Weg 813	GPS-Wegpkt. 12	km	23,6	Steigabzweig Hämmermoos, geradeaus
GPS-Wegpkt. 3	km	5,6	Forststraße in Rechtskurve folgen, 813	GPS-Wegpkt. 13	km	24,4	Forststraße in die Linkskehre folgen
GPS-Wegpkt. 4	km	6	geradeaus, 812	GPS-Wegpkt. 14	km	26,7	Rotmoosalm, Ende Stichtour, zurück entlang Auffahrtsweg
GPS-Wegpkt. 5	km	8,7	Abzweig Seebenalm, links hoch, 813				
GPS-Wegpkt. 6	km	10,2	Seebensee – Ende Stichtour, zurück entlang Auffahrt	GPS-Wegpkt. 15	km	31,7	rechts ab, 551
				GPS-Wegpkt. 16	km	34,6	rechts ab, 652
GPS-Wegpkt. 7	km	14,2	rechts ab, Adlerweg, 551	GPS-Wegpkt. 17	km	37,5	Abzweig Hochfeldernalm, links bergab, 3
GPS-Wegpkt. 8	km	18,3	geradeaus weiter, 551	GPS-Wegpkt. 18	km	39,1	rechts ab
GPS-Wegpkt. 9	km	20	Abzweig Tilfußalm, geradeaus weiter, 551	GPS-Wegpkt. 19	km	39,4	Ehrwalder Alm, geradeaus, nach 100 m schräg rechts, 813
GPS-Wegpkt. 10	km	21,2	Abzweig Gaistalalm, links ab, 533				

Roadbook – 11 Wanning-Umfahrung

GPS-Wegpkt. 1	km	0,4	links ab auf geteerten Radweg/Teerstraße	GPS-Wegpkt. 9	km	15,5	Trailende; links ab auf Forststraße
				GPS-Wegpkt. 10	km	16,8	geradeaus, 3, 24
GPS-Wegpkt. 2	km	1,8	links ab von Teerstraße, 836	GPS-Wegpkt. 11	km	18,8	schräg links bergab, 3, 24
GPS-Wegpkt. 3	km	4	links hoch, 836	GPS-Wegpkt. 12	km	19,9	Aschland, geradeaus weiter, 24
GPS-Wegpkt. 4	km	5,5	links hoch	GPS-Wegpkt. 13	km	20,6	links ab von Teerstraße Marienbergweg, 27
GPS-Wegpkt. 5	km	7	Forststraße in Rechtskurve folgen				
GPS-Wegpkt. 6	km	9,4	Nassereither Alm; links ab in den Talboden	GPS-Wegpkt. 14	km	22,5	schräg links bergan, 27
				GPS-Wegpkt. 15	km	25,1	Marienbergalm, links ums Marterl rum der Straße folgen
GPS-Wegpkt. 7	km	11,4	Scheitelpunkt, bergab auf Riffeltalweg	GPS-Wegpkt. 16	km	26,8	Marienbergjöchl, geradeaus, 813
GPS-Wegpkt. 8	km	13	kurz vor Ende Forststraße beginnt Trail, Weg 25	GPS-Wegpkt. 17	km	27,9	Sunnalm, 813

Roadbook – 12 Plansee-Runde mit Altenbergweg

GPS-Wegpkt. 1	km	0,9	links ab, Weg 253	GPS-Wegpkt. 23	km	33,7	nach Abfahrt vor zur Brücke, links ab
GPS-Wegpkt. 2	km	2,3	Holzlagerplatz, schräg rechts ins Gries (Steinmarkierungen)	GPS-Wegpkt. 24	km	33,9	nach Brücke links ab entlang Planseewerk
				GPS-Wegpkt. 25	km	34,7	rechts hoch Richtung Urisee
GPS-Wegpkt. 3	km	3	Beginn Feldweg oberhalb Wildgehege, folgen	GPS-Wegpkt. 26	km	35	Einmündung in Fahrstraße, rechts ab
				GPS-Wegpkt. 27	km	35,4	nach Tunnel rechts ab auf Urisee-Rundweg
GPS-Wegpkt. 4	km	4,7	Einmündung in Forststraße, rechts ab immer entlang Neidernach, 6, 11	GPS-Wegpkt. 28	km	36,8	Parkplatz Dürrenberger Alm, rechts hoch 825
GPS-Wegpkt. 5	km	11,8	geradeaus, 820	GPS-Wegpkt. 29	km	38,5	rechts ab, 824
GPS-Wegpkt. 6	km	13,4	am Plansee, rechts ab auf Uferweg, 25	GPS-Wegpkt. 30	km	39,2	rechts leicht bergab
GPS-Wegpkt. 7	km	19	rechts ab	GPS-Wegpkt. 31	km	39,7	links ab, Beginn Trailpassage, 22
GPS-Wegpkt. 8	km	20,5	geradeaus weiter	GPS-Wegpkt. 32	km	40,2	Ende Tragepassage, Beginn Forststraße, 824
GPS-Wegpkt. 9	km	22,3	rechts ab auf Uferweg				
GPS-Wegpkt. 10	km	23,1	Fischer am See, geradeaus durch Campingplatz	GPS-Wegpkt. 33	km	43	Abzweig Kuhklause, geradeaus weiter
				GPS-Wegpkt. 34	km	47,5	Einmündung in Ammerwaldstraße, rechts bergab
GPS-Wegpkt. 11	km	23,4	nach Brücke links ab, Moorlehrpfad	GPS-Wegpkt. 35	km	47,9	Kiosk, links ab zum Campingplatz
GPS-Wegpkt. 12	km	24,5	rechts ab nach Reitstall	GPS-Wegpkt. 36	km	48,9	geradeaus, 820
GPS-Wegpkt. 13	km	25,6	spitz rechts ab, 8	GPS-Wegpkt. 37	km	49,6	Seeende, schräg links zurück entlang Hinweg, 820
GPS-Wegpkt. 14	km	26,2	links hoch Weg folgen				
GPS-Wegpkt. 15	km	27,1	geradeaus, 8				
GPS-Wegpkt. 16	km	27,8	Aussichtsbank, links hoch, 8	GPS-Wegpkt. 38	km	57,6	Einmündung Jägersteig, geradeaus weiter, 6, 11
GPS-Wegpkt. 17	km	29,6	geradeaus bergab	GPS-Wegpkt. 39	km	57,9	geradeaus
GPS-Wegpkt. 18	km	30	schräg rechts Forststraße folgen	GPS-Wegpkt. 40	km	58,5	Einmündung in B 23, links ab
GPS-Wegpkt. 19	km	31,2	Waldhof, rechts ab auf Fahrstraße	GPS-Wegpkt. 41	km	58,7	Grenzstüberl, rechts ab auf Radweg nach GAP
GPS-Wegpkt. 20	km	31,5	durch Schranke in Kiesgrube				
GPS-Wegpkt. 21	km	32	Ende Kiesgrube über Schnellstraße, geradeaus	GPS-Wegpkt. 42	km	62,6	Straße und Gleise überqueren und links zurück zum P
GPS-Wegpkt. 22	km	32,4	rechts ab auf Kiesstraße				

Roadbook – 13 Rund um den Daniel über die Tuftlalm

GPS-Wegpkt. 1	km	7,5	geradeaus, Weg 820	GPS-Wegpkt. 16	km	29,5	bei Rautängerle links ab, durch Unterführung, rechts ab
GPS-Wegpkt. 2	km	9,2	Plansee, links ab auf Uferweg, 25				
GPS-Wegpkt. 3	km	13,8	Trailende, Beginn Forststraße	GPS-Wegpkt. 17	km	30,1	rechts ab, 805
GPS-Wegpkt. 4	km	15,3	rechts ab	GPS-Wegpkt. 18	km	30,5	Parkplatz unter Straße, geradeaus weiter
GPS-Wegpkt. 5	km	16	Brücke, geradeaus weiter am Uferweg	GPS-Wegpkt. 19	km	32,4	geradeaus weiter, 805
GPS-Wegpkt. 6	km	19,5	an Grundbachbrücke links ab	GPS-Wegpkt. 20	km	35,2	links ab auf Fahrweg bleiben, 805
GPS-Wegpkt. 7	km	21,3	vor Straße links ab auf Pfad Zugspitz-Panoramaweg	GPS-Wegpkt. 21	km	36,6	geradeaus
				GPS-Wegpkt. 22	km	36,9	Tuftlalm/Lermooser Alm, geradeaus
GPS-Wegpkt. 8	km	22,8	links ab	GPS-Wegpkt. 23	km	38,8	geradeaus, kurz darauf geteert immer bergab
GPS-Wegpkt. 9	km	23,2	schräg rechts				
GPS-Wegpkt. 10	km	24,4	geradeaus weiter	GPS-Wegpkt. 24	km	43	vor der Straße links ab, Schanzsteig
GPS-Wegpkt. 11	km	25,1	geradeaus, 832	GPS-Wegpkt. 25	km	45,9	Ehrwald-Schanz, auf die andere Straßenseite, kurz folgen
GPS-Wegpkt. 12	km	27,6	rechts ab				
GPS-Wegpkt. 13	km	27,7	geradeaus, 832	GPS-Wegpkt. 26	km	46,2	nach Unterführung links, 7
GPS-Wegpkt. 14	km	28,1	vor Gleisen links ab in Panoramaweg	GPS-Wegpkt. 27	km	51,6	über Gleise auf Radweg an der Straße
GPS-Wegpkt. 15	km	29	über die Gleise kurz auf die Straße				

Roadbook – 14 Säuling-Umfahrung und Dürrenbergalpe

GPS-Wegpkt. 1	km	1,3	links ab, 7	GPS-Wegpkt. 23	km	31	Ende Forstweg, links bergab, schieben und tragen
GPS-Wegpkt. 2	km	2,4	nach Sägewerkrechts ab 7a				
GPS-Wegpkt. 3	km	2,5	links ab auf schmalen Pfad	GPS-Wegpkt. 24	km	31,4	Abzweig Steigabschneider, rechts hoch
GPS-Wegpkt. 4	km	3,1	links steil bergan auf Waldweg	GPS-Wegpkt. 25	km	31,8	Steigeinmündung in Forstweg bei Melkalpe, rechts ab
GPS-Wegpkt. 5	km	4	Einmündung in Teerstraße				
GPS-Wegpkt. 6	km	4,7	Schloss Neuschwanstein, rechts ab	GPS-Wegpkt. 26	km	32,9	rechts ab
GPS-Wegpkt. 7	km	5,6	Wegekreuz Marienbrücke, geradeaus auf linke Fahrstraße	GPS-Wegpkt. 27	km	34	Dürrenberger Alm; zurück kurz entlang Auffahrtsweg
GPS-Wegpkt. 8	km	8,2	geradeaus	GPS-Wegpkt. 28	km	35,1	rechts ab, 825
GPS-Wegpkt. 9	km	8,3	Haltestelle, geradeaus	GPS-Wegpkt. 29	km	38,6	geradeaus weiter »Dürrenbergweg«, 824
GPS-Wegpkt. 10	km	9,1	Bergwachthütten, links ab	GPS-Wegpkt. 30	km	40,1	kurz vor P am Urisee rechts ab, Kiesweg nach Mösle
GPS-Wegpkt. 11	km	9,2	Bleckenau, rechts ab über kleine Brücke				
GPS-Wegpkt. 12	km	9,4	Weg mündet in Forststraße, links ab Maximiliansweg, Weg 201	GPS-Wegpkt. 31	km	40,3	rechts Richtung Mösle
				GPS-Wegpkt. 32	km	40,6	links, »Übers Mösle nach Pflach«, 14
GPS-Wegpkt. 13	km	9,8	geradeaus Forststraße folgen	GPS-Wegpkt. 33	km	41,4	Einmündung in Radweg, geradeaus
GPS-Wegpkt. 14	km	13,9	Wegekreuz nach Alpe Jägerhütte	GPS-Wegpkt. 34	km	42,3	Parkplatz Säuling, geradeaus weiter
GPS-Wegpkt. 15	km	17,1	Ende Jägersteig, Beginn Forstweg	GPS-Wegpkt. 35	km	43,7	rechts hoch auf Fahrstraße
GPS-Wegpkt. 16	km	17,3	rechts ab Wanderweg Ammerwald, 821	GPS-Wegpkt. 36	km	46,5	rechts ab von Fahrstraße auf »Lusweg«, Richtung Schwangauer Gatter
GPS-Wegpkt. 17	km	18,2	rechts ab				
GPS-Wegpkt. 18	km	19,4	Forstweg mündet in Ammerwaldstraße, rechts folgen	GPS-Wegpkt. 37	km	48	Schwangauer Gitter (Grenze), rechts ab »Fürstenweg«
GPS-Wegpkt. 19	km	22,7	Parkplatz/Kiosk Plansee; Ende Plansee Abstecher, kurz zurück	GPS-Wegpkt. 38	km	49,2	geradeaus weiter
				GPS-Wegpkt. 39	km	51,6	Wegekreuz am Aussichtspunk Alpsee, immer geradeaus zurück zum Ausgangspunkt
GPS-Wegpkt. 20	km	23,7	links ab von der Teerstraße, auf Kies, 824				
GPS-Wegpkt. 21	km	25,5	geradeaus, »Altenbergweg«, 824				
GPS-Wegpkt. 22	km	28,2	Abzweig Kuhklause, geradeaus weiter				

Roadbook – 15 Zur Kenzenhütte

GPS-Wegpkt. 1	km	0,7	links ab von der Bundesstraße auf schmale Teerstraße	GPS-Wegpkt. 17	km	25,7	rechts ab auf den Trail (Variante)
GPS-Wegpkt. 2	km	1	rechts ab auf Radweg	GPS-Wegpkt. 18	km	27	Karrenweg mündet an der Wankerfleckkapelle, geradeaus ins Lobental
GPS-Wegpkt. 3	km	1,3	nach Brücke links ab auf Kiesweg, 1	GPS-Wegpkt. 19	km	27,5	rechts ab
GPS-Wegpkt. 4	km	2,6	rechts ab auf geteerten Forggensee-Rundweg	GPS-Wegpkt. 20	km	30,5	Brücke Lobentalbach, rechts ab, 215
GPS-Wegpkt. 5	km	6,7	am Seende rechts ab	GPS-Wegpkt. 21	km	32,4	vor Brücke links ab
GPS-Wegpkt. 6	km	8,4	rechts ab Richtung Sportplatz, 112	GPS-Wegpkt. 22	km	32,7	geradeaus in den Trail
GPS-Wegpkt. 7	km	9,8	links ab und nach 100 m rechts und immer geradeaus	GPS-Wegpkt. 23	km	33,3	Traileinmündung in Forststraße, links bergauf
GPS-Wegpkt. 8	km	11,1	geradeaus über Kreuzung, Bergstraße bergauf	GPS-Wegpkt. 24	km	34,6	schräg links hoch
GPS-Wegpkt. 9	km	12,4	vor Parkplatz links ab auf Feldweg und bergab	GPS-Wegpkt. 25	km	36,8	rechts steil bergab in den Karrenweg
				GPS-Wegpkt. 26	km	37,5	Bachdurchquerung, danach kurz bergan
GPS-Wegpkt. 10	km	13	am Bauernhof rechts und bergauf, 136	GPS-Wegpkt. 27	km	37,7	Einmündung in Forststraße, links ab
GPS-Wegpkt. 11	km	14,3	Einmündung in geteerte Halblech-Bergstraße	GPS-Wegpkt. 28	km	39	nach kurzem Trail links ab entlang der Forststraße
GPS-Wegpkt. 12	km	16	geradeaus	GPS-Wegpkt. 29	km	39,9	rechts bergab
GPS-Wegpkt. 13	km	17,2	nach Lobentalbachbrücke rechts bergan	GPS-Wegpkt. 30	km	42,9	nach Kiesgrube am Wegekreuz links ab
GPS-Wegpkt. 14	km	20,9	geradeaus weiter	GPS-Wegpkt. 31	km	43,4	vor Alpweg-Parkplatz links ab auf Feldweg über Hammergraben
GPS-Wegpkt. 15	km	23,5	Abzweig Wankerfleckkapelle, geradeaus	GPS-Wegpkt. 32	km	44	Feldweg mündet in schmale Straße, links ab
GPS-Wegpkt. 16	km	24,6	Kenzenhütte, Ende Stichtour	GPS-Wegpkt. 33	km	44,7	rechts ab auf St. Coloman zu

Roadbook – 16 Durchs wilde Halblechtal

GPS-Wegpkt. 1	km	4,4	geradeaus, Radweg Romantische Straße	GPS-Wegpkt. 18	km	27,7	Geometerhütte, geradeaus
GPS-Wegpkt. 2	km	5,7	Halblech-Brücke, danach rechts ab	GPS-Wegpkt. 19	km	30,1	Wasserscheidhütte, geradeaus
GPS-Wegpkt. 3	km	6,4	P Bruckschmid, gegenüber bergan in Forstweg	GPS-Wegpkt. 20	km	31,1	geradeaus
GPS-Wegpkt. 4	km	7	rechts ab Schwarzgraben, 132	GPS-Wegpkt. 21	km	32,6	geradeaus, direkt am Halblech entlang
GPS-Wegpkt. 5	km	8,5	schräg links, Beginn Karrenweg/Trail	GPS-Wegpkt. 22	km	33,9	nach Lobentalbachbrücke links ab
GPS-Wegpkt. 6	km	9,6	Ende Trail, Forststraße folgen	GPS-Wegpkt. 23	km	34,8	geradeaus weiter
GPS-Wegpkt. 7	km	10,9	links bergauf	GPS-Wegpkt. 24	km	36,7	rechts hoch »Leiterau«
GPS-Wegpkt. 8	km	12,8	Forststraße im Verlauf folgen	GPS-Wegpkt. 25	km	37,4	der Rechtskurve folgen
GPS-Wegpkt. 9	km	14,5	rechts ab von Forststraße in Karrenweg	GPS-Wegpkt. 26	km	38,7	rechts ab, nach 200 m Trailbeginn
GPS-Wegpkt. 10	km	16,3	Einmündung in Forststraße, schräg gegenüber wieder bergauf	GPS-Wegpkt. 27	km	39,4	Ende Tragepassage
				GPS-Wegpkt. 28	km	39,8	links durchs Gatter
GPS-Wegpkt. 11	km	20,9	Jagdhütten, geradeaus weiter	GPS-Wegpkt. 29	km	40	Ende der Weide, links hoch auf Forstweg
GPS-Wegpkt. 12	km	22,4	Trail beginnt	GPS-Wegpkt. 30	km	41,2	Buchenbergalm, Abfahrt vorbei am Spielplatz in Kulturenweg
GPS-Wegpkt. 13	km	23,5	Wegverlauf folgen				
GPS-Wegpkt. 14	km	23,7	Einmündung in Forstweg an Holzlagerplatz, links ab	GPS-Wegpkt. 31	km	42,2	geradeaus über die Forststraße, Trail wieder aufnehmen
GPS-Wegpkt. 15	km	24,1	Fahrt durch Angstbach, beginnenden Forstweg links folgen	GPS-Wegpkt. 32	km	42,8	Wegverzweigung unter Lifttrasse, dem Feldweg nach links folgen
GPS-Wegpkt. 16	km	26,1	geradeaus weiter	GPS-Wegpkt. 33	km	43,7	Trailende, links ab und zuletzt weglos auf B17 zurück zum P
GPS-Wegpkt. 17	km	27,1	rechts ab				

Roadbook – 17 Königsweg zwischen Pürschling und Wieskirche

GPS-Wegpkt. 1	km	1,6	rechts ab auf Kies, Weg 44	GPS-Wegpkt. 18	km	23,6	geradeaus weiter
GPS-Wegpkt. 2	km	4	links bergab Weg folgen	GPS-Wegpkt. 19	km	24,5	Wegverlauf bergab folgen
GPS-Wegpkt. 3	km	4,8	geradeaus, 43, 44	GPS-Wegpkt. 20	km	26,1	Wegabzweig nach Hubertuskapelle, geradeaus
GPS-Wegpkt. 4	km	5,5	in Scherenau rechts hoch Wegverlauf folgen	GPS-Wegpkt. 21	km	26,3	geradeaus weiter
GPS-Wegpkt. 5	km	6	rechts hoch	GPS-Wegpkt. 22	km	27,8	spitz links ab über 2 Brücken »Durchs Halbammertal«
GPS-Wegpkt. 6	km	6,6	vor Brücke rechts ab auf Weg	GPS-Wegpkt. 23	km	28	an Diensthütte spitz rechts ab, R1
GPS-Wegpkt. 7	km	7,5	links über Brücke, anschließend rechts bergan	GPS-Wegpkt. 24	km	30,9	rechts bergab
GPS-Wegpkt. 8	km	7,8	Parkplatz Schleifmühle, geradeaus, Weg 234	GPS-Wegpkt. 25	km	33,9	links bergab
				GPS-Wegpkt. 26	km	34,2	rechts bergab
GPS-Wegpkt. 9	km	9,5	rechts dem Versorgungsweg folgen	GPS-Wegpkt. 27	km	35,6	Einmündung in Königstraße, links ab, Weg BK
GPS-Wegpkt. 10	km	10,5	geradeaus weiter bergan				
GPS-Wegpkt. 11	km	11,1	geradeaus	GPS-Wegpkt. 28	km	40,3	rechts ab Richtung Wildensteig/Wieskirche
GPS-Wegpkt. 12	km	11,3	links bergauf	GPS-Wegpkt. 29	km	42,2	schräg rechts Richtung Wies
GPS-Wegpkt. 13	km	13,9	Pürschlinghaus; Ende Stichtour, zurück entlang Auffahrt	GPS-Wegpkt. 30	km	43,6	Wieskirche, geradeaus direkt vorbei
				GPS-Wegpkt. 31	km	44	rechts ab von Fahrstraße Richtung Schildschweig
GPS-Wegpkt. 14	km	17,7	links ab Richtung Kuhalpe				
GPS-Wegpkt. 15	km	20,5	Ende Forststraße, geradeaus in Trail einfahren	GPS-Wegpkt. 32	km	44,7	bei den ersten Häusern rechts ab, Wieskirche
GPS-Wegpkt. 16	km	20,7	Hengstwald-Diensthütte, geradeaus, dem Trail folgen	GPS-Wegpkt. 33	km	46,6	geradeaus
				GPS-Wegpkt. 34	km	52,2	Einmündung in Fahrstraße, rechts ab
GPS-Wegpkt. 17	km	21,3	Einmündung in Forststraße, links ab				

Roadbook – 18 Enningalm und Wiesgraben

GPS-Wegpkt. 1	km	0,4	links ab und nach 100 m erneut links	GPS-Wegpkt. 11	km	13,7	Enningalm
GPS-Wegpkt. 2	km	1,1	schräg rechts bergab (Burglehrpfad)	GPS-Wegpkt. 12	km	14,5	links ab, F5
GPS-Wegpkt. 3	km	1,6	Ruine Werdenfels und Werdenfelser Hütte	GPS-Wegpkt. 13	km	15,1	Ende Forststraße, Trailbeginn, F5
GPS-Wegpkt. 4	km	3	links bergauf, 256 a	GPS-Wegpkt. 14	km	17,6	Trail mündet in Forstweg, geradeaus leicht bergan
GPS-Wegpkt. 5	km	4,6	Dießener Hütte, links ab				
GPS-Wegpkt. 6	km	5	rechts ab, 256	GPS-Wegpkt. 15	km	18	rechts ab auf Trail »Garmisch«
GPS-Wegpkt. 7	km	5,6	links ab, 256	GPS-Wegpkt. 16	km	19,2	rechts bergab
GPS-Wegpkt. 8	km	8,3	geradeaus, 256	GPS-Wegpkt. 17	km	19,7	rechts ab auf die Forststraße, 256, später 262
GPS-Wegpkt. 9	km	9	geradeaus				
GPS-Wegpkt. 10	km	12,9	rechts ab auf Karrenweg	GPS-Wegpkt. 18	km	21,3	Pflegersee, geradeaus weiter auf Teer

Roadbook – 19 Rund um die Notkarspitze

GPS-Wegpkt. 1	km	1,3	rechts ab »Bergziele Ammergebirge«
GPS-Wegpkt. 2	km	2,9	Dießener Hütte, links ab
GPS-Wegpkt. 3	km	3,3	rechts ab, 256 a
GPS-Wegpkt. 4	km	6,1	links ab, 256
GPS-Wegpkt. 5	km	7,1	geradeaus
GPS-Wegpkt. 6	km	11,3	rechts ab auf Karrenweg
GPS-Wegpkt. 7	km	12,4	Enningalm, geradeaus weiter
GPS-Wegpkt. 8	km	16,9	Steigabzweig Stepberg, geradeaus weiter
GPS-Wegpkt. 9	km	18	Wendeschleife, bergab auf Forststraße zur Rotmoosalm, 255
GPS-Wegpkt. 10	km	18,3	Rotmoosalm, geradeaus weiter
GPS-Wegpkt. 11	km	18,9	rechts ab, Weg 6
GPS-Wegpkt. 12	km	19,9	am Brunnen schräg links der Forststraße folgen
GPS-Wegpkt. 13	km	24,7	rechts ab
GPS-Wegpkt. 14	km	26,9	durchs Eisentor links ab
GPS-Wegpkt. 15	km	28,2	Brücke vor Graswang, rechts ab
GPS-Wegpkt. 16	km	28,9	am Waldrand nach Forsthaus Dickelschwaig links
GPS-Wegpkt. 17	km	29,4	schräg links
GPS-Wegpkt. 18	km	31,5	kurz vor Bundesstraße rechts ab entlang Mühltalweg
GPS-Wegpkt. 19	km	32,8	schräg rechts bergab
GPS-Wegpkt. 20	km	34,4	links ab vom Waldrand zur Straße
GPS-Wegpkt. 21	km	34,7	an der Bundesstraße rechts ab
GPS-Wegpkt. 22	km	35,7	rechts ab in Karrenweg Kienbergstraße
GPS-Wegpkt. 23	km	37	Ortsbeginn Oberau, geradeaus weiter
GPS-Wegpkt. 24	km	38,3	Parkplatz gegenüber Kirche Oberau, rechts ab, Hirschbergweg
GPS-Wegpkt. 25	km	39	Trail trifft auf »Hirschbergweg«, rechts bergauf folgen
GPS-Wegpkt. 26	km	39,6	Forststraße links ab auf Hirschbergweg verlassen
GPS-Wegpkt. 27	km	41,2	Radweg trifft auf Teerstraße, geradeaus weiter

Roadbook – 20 Rund ums Ettaler Manndl

GPS-Wegpkt. 1	km	0,8	rechts ab, Weg 2, 5, 6
GPS-Wegpkt. 2	km	1,9	rechts ab, 6
GPS-Wegpkt. 3	km	3,4	rechts ab
GPS-Wegpkt. 4	km	3,9	geradeaus
GPS-Wegpkt. 5	km	7,1	rechts ab auf Karrenweg, 16
GPS-Wegpkt. 6	km	7,9	am Steigabzweig der beginnenden Forststraße nach rechts folgen
GPS-Wegpkt. 7	km	8,1	links ab
GPS-Wegpkt. 8	km	8,4	links ab bergauf
GPS-Wegpkt. 9	km	9,8	schräg links der Fahrstraße folgen
GPS-Wegpkt. 10	km	10,3	Hintere Soilealm, geradeaus weiter
GPS-Wegpkt. 11	km	10,7	links ab auf den Trail
GPS-Wegpkt. 12	km	10,9	Bike-Depot an der Baumgruppe vor dem See
GPS-Wegpkt. 13	km	13,2	links ab
GPS-Wegpkt. 14	km	14,5	bei der Bank rechts ab auf den Kiesweg
GPS-Wegpkt. 15	km	14,9	Brücke und Jagdhütte, links ab
GPS-Wegpkt. 16	km	16,5	Talstation Laberbergbahn, geradeaus weiter bergab
GPS-Wegpkt. 17	km	17,1	schräg links, »Am Kreuzweg«
GPS-Wegpkt. 18	km	17,6	links in die Deisenberger Straße
GPS-Wegpkt. 19	km	17,8	links in die Tiroler Straße, später geradeaus weiter Ettaler Straße
GPS-Wegpkt. 20	km	18,4	rechts ab in den Turnerweg
GPS-Wegpkt. 21	km	18,6	am P schräg links zum Camping
GPS-Wegpkt. 22	km	18,9	links über Fußgängerbrücke
GPS-Wegpkt. 23	km	19,2	Beginn gekiester Radweg an der Ammer entlang
GPS-Wegpkt. 24	km	22	an der Brücke links ab und geradeaus
GPS-Wegpkt. 25	km	22,8	Ettaler Mühle, geradeaus über die Straße
GPS-Wegpkt. 26	km	23	am Waldrand links ab auf Radweg
GPS-Wegpkt. 27	km	23,2	geradeaus weiter
GPS-Wegpkt. 28	km	24,8	links ab Richtung B 23
GPS-Wegpkt. 29	km	25,1	rechts ab der Bundesstraße folgen
GPS-Wegpkt. 30	km	28,7	in der Rechtskehre auf die Parkbucht, gegenüber in den Karrenweg einfahren
GPS-Wegpkt. 31	km	28,8	nach der Brücke links ab auf die Forststraße, OE4
GPS-Wegpkt. 32	km	30	geradeaus dem Wegverlauf folgen
GPS-Wegpkt. 33	km	31	Links- und Rechtsabzweig ignorieren, geradeaus weiter
GPS-Wegpkt. 34	km	31,7	der Rechtskurve folgen, 2, 5
GPS-Wegpkt. 35	km	33,1	geradeaus, ab hier entlang Auffahrtsweg, 2, 5, 6

Roadbook – 21 Durchs Estergebirge ins Karwendel

GPS-Wegpkt. 1	km	0,7	rechts ab auf Forststraße, 475	GPS-Wegpkt. 45	km	21,1	Einmündung in Staatsstraße, rechts ab
GPS-Wegpkt. 2	km	2,3	rechts ab über Brücke	GPS-Wegpkt. 46	km	24,2	nach Tankstelle rechts ab über Gleise auf Waldweg
GPS-Wegpkt. 3	km	7,2	Verlauf der Forststraße nach rechts folgen	GPS-Wegpkt. 47	km	25,6	Weg nach links unten folgen
GPS-Wegpkt. 4	km	8,5	geradeaus weiter	GPS-Wegpkt. 48	km	25,9	rechts ab auf Radweg entlang Gleise
GPS-Wegpkt. 5	km	8,9	links ab auf Walchensee-Rundweg	GPS-Wegpkt. 49	km	27	rechts ab auf geteerten Radweg, nach 50 m links
GPS-Wegpkt. 6	km	9	links ab Richtung »Schöne Aussicht«	GPS-Wegpkt. 50	km	29,1	links ab durch Unterführung
GPS-Wegpkt. 7	km	9,5	rechts hoch	GPS-Wegpkt. 51	km	29,2	nach Unterführung erneut links der Straße folgen
GPS-Wegpkt. 8	km	10,5	geradeaus weiter	GPS-Wegpkt. 52	km	29,7	nach Brücke links ab auf Isarradweg
GPS-Wegpkt. 9	km	11,8	nach Abfahrt nun links bergauf	GPS-Wegpkt. 53	km	30,3	Radweg wechselt die Seite
GPS-Wegpkt. 10	km	13,1	in die Rechtskehre, Gamsreibnweg	GPS-Wegpkt. 54	km	31,9	beim Sportgelände links ab über Brücke und auf Bundesstraße
GPS-Wegpkt. 11	km	14,5	Ende Forststraße, geradeaus in Trail	GPS-Wegpkt. 55	km	32,9	die B 2 spitz rechts verlassen
GPS-Wegpkt. 12	km	15,5	Trailende, Wegverlauf folgen, 445	GPS-Wegpkt. 56	km	33,6	rechts ab von Fahrstraße auf Bockweg, 409
GPS-Wegpkt. 13	km	15,9	links ab auf den Justweg	GPS-Wegpkt. 57	km	36,2	nach Jugendherberge links ab
GPS-Wegpkt. 14	km	16	geradeaus Richtung Ortsmitte	GPS-Wegpkt. 58	km	36,4	rechts hoch Richtung Tonihof, 400
GPS-Wegpkt. 15	km	17,3	Einmündung in B 11, rechts ab, nach 200 m über Straße auf Radweg	GPS-Wegpkt. 59	km	36,8	»Beim Bergbauer«, geradeaus
GPS-Wegpkt. 16	km	18	links ab durch Felsbrocken auf Uferweg	GPS-Wegpkt. 60	km	39,1	Kapelle Maria Rast, links ab auf Kiesweg, 402
GPS-Wegpkt. 17	km	18,1	links ab auf Uferweg um Katzenkopf-Halbinsel, 426	GPS-Wegpkt. 61	km	39,4	links und gleich wieder rechts
GPS-Wegpkt. 18	km	22,3	Gasthof Einsiedl an B 11, links ab und nach 100 m auf Mautstraße	GPS-Wegpkt. 62	km	39,9	an Brücke rechts über Bundesstraße und drüben rechts Radweg
GPS-Wegpkt. 19	km	25,6	rechts ab auf die Forststraße, 491	GPS-Wegpkt. 63	km	40,3	links ab, 405
GPS-Wegpkt. 20	km	26,2	rechts dem Fahrweg folgen	GPS-Wegpkt. 64	km	41,3	nach Brücke links auf Forststraße, 405
GPS-Wegpkt. 21	km	27	der Linkskehre folgen	GPS-Wegpkt. 65	km	42,7	rechts ab, 406, A1
GPS-Wegpkt. 22	km	29,4	Straßenverlauf nach links bergab folgen	GPS-Wegpkt. 66	km	43,2	geradeaus, A1, 406
GPS-Wegpkt. 23	km	30,2	rechts hoch in den kurzen Trail	GPS-Wegpkt. 67	km	43,9	geradeaus
GPS-Wegpkt. 24	km	30,7	zurück auf der Forststraße, dieser folgen	GPS-Wegpkt. 68	km	44,1	links ab
GPS-Wegpkt. 25	km	30,8	Forststraße nach links folgen	GPS-Wegpkt. 69	km	44,3	links ab Richtung Finzalm
GPS-Wegpkt. 26	km	32,3	an der gekiesten Einfahrt rechts ab von der Forststraße (blaue Markierungen)	GPS-Wegpkt. 70	km	47,2	geradeaus, 452
GPS-Wegpkt. 27	km	33,1	rechts ab Richtung Galgenwurfsattel	GPS-Wegpkt. 71	km	48	Finzalm, geradeaus, 452
GPS-Wegpkt. 28	km	34,8	Einmündung in Forststraßenschleife, rechts ab	GPS-Wegpkt. 72	km	49,6	geradeaus weiter Richtung Esterbergalm, 452
GPS-Wegpkt. 29	km	37,9	Einmündung in Mautstraße, links ab folgen	GPS-Wegpkt. 73	km	55,3	Esterbergalm, geradeaus, 413
GPS-Wegpkt. 30	km	43,8	am Gasthaus Vorderriß, rechts ab Richtung Eng	GPS-Wegpkt. 74	km	59,3	Daxkapelle, geradeaus bergab
GPS-Wegpkt. 31	km	51,6	Abzweig Kaiserhütte, geradeaus	GPS-Wegpkt. 75	km	60,6	rechts weiter bergab
GPS-Wegpkt. 32	km	58,6	rechts ab von der Mautstraße ins Johannestal	GPS-Wegpkt. 76	km	61,8	unterhalb Talstation in Parkplatz rechts ab und in Philosophenweg
GPS-Wegpkt. 33	km	60,4	Fußwegeinmündung nahe Johannestalam (verf.), geradeaus	GPS-Wegpkt. 77	km	63,9	rechts ab weiter Philosophenweg
GPS-Wegpkt. 34	km	64,6	rechts ab Richtung Karwendelhaus	GPS-Wegpkt. 78	km	64,9	links ab auf Teerstraße nach Mühldörfl
GPS-Wegpkt. 35	km	66	gerdeaus auf den MTB-Weg Richtung Karwendelhaus	GPS-Wegpkt. 79	km	65,5	vor Brücke rechts ab in Schrickenstraße, F0
GPS-Wegpkt. 36	km	72,2	links ab zum Haus	GPS-Wegpkt. 80	km	69,5	vor Brücke nach Oberau rechts ab, OE1
GPS-Wegpkt. 37	km	0,1	Winterraum Karwendelhaus	GPS-Wegpkt. 81	km	75	rechts ab steil bergauf
GPS-Wegpkt. 38	km	0,4	links bergab	GPS-Wegpkt. 82	km	75,5	schräg über Parkplatz Richtung Asamklamm, am Fußballplatz
GPS-Wegpkt. 39	km	7,3	Abzweig Angeralm, links vorbei	GPS-Wegpkt. 83	km	76,4	kurz links hinunter Richtung Klamm
GPS-Wegpkt. 40	km	11,8	Larchetalm	GPS-Wegpkt. 84	km	76,5	Parkplatz Asamklamm/Krottenkopf, Forststraße bergauf folgen
GPS-Wegpkt. 41	km	19,8	Beginn Teerstraße	GPS-Wegpkt. 85	km	77,2	links ab von Forststraße auf Trail zur Asamklamm, über Brücke
GPS-Wegpkt. 42	km	19,9	Parkplätze, rechts ab nach Scharnitz				
GPS-Wegpkt. 43	km	20	nach Brücke rechts auf Auweg				
GPS-Wegpkt. 44	km	20,8	der Straße folgen, jetzt geteert				

Roadbook – 22 Ins Tegestal und rund um die Mieminger Kette

Wegpunkt	km	Beschreibung
GPS-Wegpkt. 1	0,9	am Kreisverkehr am Ortsende, links hoch, 814
GPS-Wegpkt. 2	6,8	schräg rechts über Wiese und zuletzt über schmale Brücke
GPS-Wegpkt. 3	9,6	geradeaus in den kurzen Singletrail
GPS-Wegpkt. 4	10,2	Einmündung in Forststraße, links bergan
GPS-Wegpkt. 5	11,2	Infotafeln, links bergab auf Stuckweg, 836
GPS-Wegpkt. 6	13,7	Einmündung Fernpassstraße, kurz rechts ab und in Karrenweg einfahren
GPS-Wegpkt. 7	13,9	links ab Richtung Schloss Fernstein
GPS-Wegpkt. 8	14,5	Karrenweg nach links unten folgen
GPS-Wegpkt. 9	16,2	Schloss Fernstein, Ende Trail, geradeaus weiter
GPS-Wegpkt. 10	17	rechts ab Richtung Tegestal
GPS-Wegpkt. 11	17,6	rechts ab
GPS-Wegpkt. 12	19,3	Radweg mündet in Auffahrt Tegestal, rechts bergan
GPS-Wegpkt. 13	26,5	Schweinsteinjoch, links ab
GPS-Wegpkt. 14	30,8	Dirstentrittkreuz, geradeaus weiter
GPS-Wegpkt. 15	33	Steigabzweig, geradeaus weiter
GPS-Wegpkt. 16	34,2	Sinnesgatter, schräg rechts bergab
GPS-Wegpkt. 17	35	Sinnesegg-Lichtung, schräg links
GPS-Wegpkt. 18	36,4	Walfahrtskapelle Sinnesbrunn, weiter talwärts
GPS-Wegpkt. 19	36,5	Parkplatz, rechts ab auf Kreuzweg
GPS-Wegpkt. 20	38,2	Trail wird zur Fahrstraße
GPS-Wegpkt. 21	40,3	Kapelle Obertarrenz, links ab
GPS-Wegpkt. 22	43,3	Kreuz unter Kastanienbäumen, links ab
GPS-Wegpkt. 23	43,7	Orstdurchfahrt Tarrenz, überqueren, geradeaus
GPS-Wegpkt. 24	44,9	links ab an Kapelle »Via Claudia Augusta« (Pfeile), gleich wieder rechts
GPS-Wegpkt. 25	45,2	links ab
GPS-Wegpkt. 26	45,7	vor Brücke links ab
GPS-Wegpkt. 27	46,4	an Brücke rechts ab, anschließend geradeaus
GPS-Wegpkt. 28	48,7	rechts halten, anschließend immer geradeaus
GPS-Wegpkt. 29	53	Kieswerk, rechts ab auf Straße und durch Unterführung
GPS-Wegpkt. 30	53,4	in Rechtskurve links ab, VCA
GPS-Wegpkt. 31	54,6	rechts ab auf Feldweg
GPS-Wegpkt. 32	55,3	Ortsrand Dormitz, geradeaus
GPS-Wegpkt. 33	55,6	links ab Richtung Kirche und Roßbach entlang bergauf
GPS-Wegpkt. 34	58	geradeaus weiter bergauf über Brücke Richtung Holzleiten
GPS-Wegpkt. 35	0,4	Feldweg trifft Teerstraße, links ab
GPS-Wegpkt. 36	1,2	Kapelle Weisland, geradeaus
GPS-Wegpkt. 37	1,4	am Gasthaus Arzkasten vorbei und am P in Obststeig Weg 4 einfahren
GPS-Wegpkt. 38	4,8	geradeaus, 17
GPS-Wegpkt. 39	6,6	Kohlplatz, rechts ab
GPS-Wegpkt. 40	7,3	spitz links bergauf, 13, 14
GPS-Wegpkt. 41	8,9	Wegverlauf rechts folgen
GPS-Wegpkt. 42	9,1	geradeaus Richtung Boasligbrücke
GPS-Wegpkt. 43	9,6	Boasligbrücke, rechts bergab
GPS-Wegpkt. 44	10	links kurz hoch, anschließend gleich wieder rechts
GPS-Wegpkt. 45	10,4	geradeaus über Kreuzung in Abfahrt
GPS-Wegpkt. 46	12,2	geradeaus bergab, Weg 12
GPS-Wegpkt. 47	12,9	nach Brücke links ab Richtung Wildermieming
GPS-Wegpkt. 48	13,7	geradeaus bergab Richtung Wildermieming
GPS-Wegpkt. 49	15,1	links ab auf geteerten Radweg
GPS-Wegpkt. 50	16,4	geradeaus
GPS-Wegpkt. 51	16,6	rechts auf Teerstraße
GPS-Wegpkt. 52	17	links ab auf geteerten Radweg und duch die Siedlung durch
GPS-Wegpkt. 53	17,3	links ab auf Kiesweg »Zimmerbergweg«, 16A
GPS-Wegpkt. 54	21,4	nach ersten Häusern rechts ab
GPS-Wegpkt. 55	21,5	links ab über Brücke
GPS-Wegpkt. 56	21,6	nach Brücke rechts ab
GPS-Wegpkt. 57	21,8	links Richtung Sportplatz Emat
GPS-Wegpkt. 58	22,2	links ab in den Puelacherweg
GPS-Wegpkt. 59	23,7	Puelacherweg mündet in Saglstraße, links ab
GPS-Wegpkt. 60	24,5	geradeaus über Kreisverkehr
GPS-Wegpkt. 61	25,1	links ab von der Passstraße Riichtung Brand, 71
GPS-Wegpkt. 62	26,8	rechts ab Richtung Bairbach
GPS-Wegpkt. 63	27,7	Einmündung in Passtraße, rechts ab und Straße folgen
GPS-Wegpkt. 64	28,9	links ab auf Karrenweg
GPS-Wegpkt. 65	29,2	Einmündung in Passtraße, Karrenweg auf der anderen Seite wieder aufnehmen
GPS-Wegpkt. 66	29,6	links bergan
GPS-Wegpkt. 67	30,1	links ab zur Passtraße
GPS-Wegpkt. 68	30,3	Karrenweg mündet in Passtraße, kurz rechts bergan
GPS-Wegpkt. 69	30,4	links ab auf schmale Fahrstraße, bergan folgen
GPS-Wegpkt. 70	32,2	am Parkplatz Lottenseehütte, geradeaus auf Kiesweg
GPS-Wegpkt. 71	32,6	schräg links ab, Schild: Golfplatz
GPS-Wegpkt. 72	32,7	rechts ab Richtung Sunnplatzl
GPS-Wegpkt. 73	32,9	links hoch
GPS-Wegpkt. 74	33,5	links ab, anschließend nochmal links Richtung Ropferstubn

Roadbook – 22 Ins Tegestal und rund um die Mieminger Kette

GPS-Wegpkt. 75	km	34,6	Ropferstubn, geradeaus über Terrasse auf Teerstraße bergab	GPS-Wegpkt. 86	km	43,2	rechts ab über Brücke
GPS-Wegpkt. 76	km	35,4	Einmündung in Straße, rechts um Kurve rum	GPS-Wegpkt. 87	km	43,5	links hoch auf Weg 551 durchs Gaistal
				GPS-Wegpkt. 88	km	43,7	geradeaus
GPS-Wegpkt. 77	km	35,5	links ab auf Kiesweg, 24	GPS-Wegpkt. 89	km	44,2	geradeaus
GPS-Wegpkt. 78	km	36	geradeaus weiter	GPS-Wegpkt. 90	km	44,4	Abzweig Gaistalalm, geradeaus, 551
GPS-Wegpkt. 79	km	36,1	rechts ab Wegverlauf folgen	GPS-Wegpkt. 91	km	45,3	Abzweig Tillfußalm, geradeaus
GPS-Wegpkt. 80	km	36,9	rechts ab Wegverlauf folgen	GPS-Wegpkt. 92	km	50	rechts ab, 552
GPS-Wegpkt. 81	km	38	geradeaus weiter, ab hier geteert	GPS-Wegpkt. 93	km	52,6	Abzweig Hochfedernalm, links bergab Richtung Pestkapelle
GPS-Wegpkt. 82	km	38,5	rechts ab auf »Mooser Weg«, 3	GPS-Wegpkt. 94	km	53	Pestkapelle, geradeaus
GPS-Wegpkt. 83	km	39,5	Einmündung in Fahrstraße, kurz links anschließend nach 50 m wieder links auf Radweg	GPS-Wegpkt. 95	km	54,2	Ehrwalder Alm, geradeaus vorbei, anschließend rechts ab auf Versorgungsweg, 813
GPS-Wegpkt. 84	km	40,8	nach Brücke in Klamm links ab entlang Fahrstraße Richtung Gaistal	GPS-Wegpkt. 96	km	58	Talstation Ehrwalder Almenbahn, geradeaus bergab nach Ehrwald
GPS-Wegpkt. 85	km	41,5	nach Kapelle über Leutasch-Brücke und rechts ab	GPS-Wegpkt. 97	km	60,4	Ortsdurchfahrt Ehrwald, rechts ab und kurz zurück zum Parkplatz

Fahrradservice

Fahrrad- und Mountainbike-Verleih, Radsportgeschäfte und Reparaturservice

Garmisch-Partenkirchen

Fahrrad Ostler
Kreuzstr. 1,
Tel. 08821/3362
E-Mail: fahrrad-ostler@gaponline.de
Mountain-, City- und Trekkingbikes,
Kindersitze und Fahrradanhänger
Reparaturservice, Verkauf und Verleih
Wenn möglich telefonische Vorreservierung
Mo-Fr 8–12 Uhr, Sa 9–12 Uhr

Sport Neuner
Zugspitzstr. 10,
Tel. 08821/2675
www.sport-neuner.de
E-Mail: sport-neuner@t-online.de
Nur Citybikes, Verkauf, Verleih
Mo–Fr 8–12.30 Uhr und 14–18 Uhr,
Sa 8–12 Uhr, Mi und So ganz geschlossen

Trek-Pro-Shop Stefan Leiner
Wildenauerstr. 22,
Tel. 08821/54844
www.trekproshop.de
E-Mail: info@trekproshop.de
Reparaturservice, Hol- und Bringdienst in alle Hotels und Gästehäuser
Rückgabe der Fahrräder nach Vereinbarung
Geführte Radtouren möglich
Mo-Fr 9–18 Uhr, Sa 8.30–13 Uhr,
bei längerer Regenperiode nicht geöffnet

Zweirad-Pedalo
Hindenburgstr. 26,
Tel. 08821/79161
www.zweirad-pedalo.de
E-Mail: info@zweirad-pedalo.de
Verleih, Reparaturservice, Verkauf, Kinderzubehör
Mo-Fr 9–18 Uhr, Sa 9–12.30 Uhr

Bike Center Garmisch-Partenkirchen
Ludwigstr. 90,
Tel. 08821/54946,
Mobil 0151/12224466 (ganzjährig)
www.bikeverleih.de
E-Mail: info@bikeverleih.de
Mountainbikes, Fahrräder, Trekkingräder und Kinderräder, Kindersitze und Anhänger
Soforthilfewerkstatt mit Kaffee und Internetterminals,
Hol- und Bringdienst in alle Hotels und Gästehäuser
Samstags 10 Uhr geführte MTB-Tour, sonntags
10 Uhr geführte Rennrad-Tour
Mo-Mi 9–18 Uhr, Do–Sa 9–20 Uhr,
So 9–18 Uhr (auch feiertags)

Reparaturservice (ohne Verleih)

Radsport Burda
Von-Müller-Str. 11,
Tel. 08821/53611
E-Mail: burda@gap-online.de
Reparaturservice

Schöch, Shimano-Center
Ludwigstr. 39, Tel. 08821/948207
www.schoech-skiservice.de
E-Mail: info@schoech-skiservice.de
Reparaturservice
Mo-Fr 10–13 und 15–19 Uhr, Sa 9–13 Uhr

Fahrradservice

Oberau

Fahrrad- und Mountainbike-Verleih und Reparaturservice

Fahrradcenter Oberland
Am Kreuzacker 1,
82496 Oberau,
Tel. 08824/930 43
www.fahrradcenter-oberland.de
E-Mail: info@fahrradcenter-oberland.de

Mittenwald

Fahrrad- und Mountainbike-Verleih und Reparaturservice

Fahrräder Kittmann
In der Wasserwiese 1 (Osteingang),
Tel. 08823/9 40 26
Verleih von Tourenrädern,
Kinderrädern und Bikes, Reparaturservice
Mo-Fr 9–12 Uhr und 14.30–18 Uhr, Sa 9–12 Uhr

Firma Adolf Frank
Dammkarstr. 39, Tel. 08823/12 93
Verleih von Tourenräder und Bikes,
Reparaturservice
Mo-Fr 8.30–12 Uhr und 14–18 Uhr,
Sa 8.30–12 Uhr

Radl & Skistation, Ski + Snowboard-schule, Verleih + Sportshop
Dekan-Karl-Platz 9,
Tel. 08823/93 89 72
www.radl-ski-station.de
E-Mail: office@radl-ski-station.de
Verleih von Mountainbikes, Bikerservice
Mo-Fr 9–12 und 15–18 Uhr,
Sa: 9–12 und 17–18 Uhr,
So 9–11 und 17–18 Uhr

Region Ehrwald

Fahrrad- und Mountainbike-Verleih und Reparaturservice

Mobiles Bikecenter Sport Nagele
Kirchhof 61,
6621 Bichlbach,
Tel. +43/(0)5674/64 11
www.sportnagele.at
E-Mail: info@sportnagele.at
Mo-Sa 8:30–12 und 13:15–18 Uhr,
So/Feiertag 9:30–12 und 15–16 Uhr

Intersport Leitner
Kirchplatz 13,
6632 Ehrwald,
Tel. +43/(0)5673/23 71
www.intersport-leitner.com
E-Mail: intersport-leitner@aon.at
Mo-Fr 8.30–12 und 14.30–18 Uhr

Zweirad Zirknitzer
Zugspitzstr. 16,
6632 Ehrwald,
Tel. +43/(0)5673/32 19
E-Mail: 2rad.zirknitzer@aon.at
Mo-Fr 8.30–12 und 13–17 Uhr

Sport Schuster
Unterdorf 2,
6631 Lermoos,
Tel. +43/(0)5673/23 88
www.sport2000rent.at
E-Mail: schuster-gesmbH@sport2000.at
Verleih von Trekkingbikes

Fahrradservice

NTC-Sport
Juch 2,
6631 Lermoos,
Tel. +43/(0)5673/34 93
www.ntc-sport.com
E-Mail: simon.mathis@ntc-sport.com
Mo-So 8.30–17.30 Uhr

Sportalm
Mitterdorf 30,
6622 Berwang,
Tel. +43/(0)5674/73 03
www.sport-alm.at
E-Mail: info@sport-alm.at

NTC-Sport
Marienbergweg 16,
6633 Biberwier,
Tel. +43/(0)5673/21 11 54
www.ntc-sport.com
E-Mail: office@ntc-sport.com
Sommersaison: tägli. 9–12 Uhr und 13–17 Uhr

Schwangau

Fahrrad- und Mountainbike-Verleih und Reparaturservice

TODOS Fahrradverleih und Second Hand Sports
Füssener Str. 13,
87645 Schwangau,
Tel. 08362/98 78 88
www.fahrradverleih-todos.de
E-Mail: lang.h.g@t-online.de
Mo-Fr 9–19 Uhr, Mi 9.30–13 Uhr, Sa 9.30–13.30 Uhr

Halblech

Reparaturservice

Hofmann Bike Sport
Raiffeisenstr. 3,
87642 Halblech,
Tel. 08368/92 07
www.hofmann-bikes.de
E-Mail: info@hofmann-bikes.de
Sommersaison: Mo-Fr 17–18.30 Uhr,
Sa nach Vereinbarung

Register

A

Achweg 40
Adlerweg 79
Alenbergweg 91
Alpe Jägerhütte 100
Alpengarten 50
Alpengasthof Elmau 41
Alpenrandklassiker 56
Alpsee 102
Alpspitzbahn 56
Alpspitze 54
Altgraben 28, 151
Altlacher Hochkopf 149
Ammerwald 102
Angeralm 153
Angerlgraben 22
Angstbach 114
Asamklamm 17, 151
Aschenköpfe 56
Aschland 82
Aschlandhof 85
August-Schuster-Haus 118

B

Badersee 71
Bannholzerweg 52
Bannwaldsee 108, 116
Bärenbadflecken 141
Barmsee 26
Bauerngraben 24
Bayernhaus 57
Bergbauer 26
Bergdoktor 156
Berghaus Bleckenau 100
Bichlbach 98
Blindsee 80
Boasligbrücke 159
Bockhütte 60
Bockstall-Stausee 106
Buchenberg-Alm 115
Buching 110, 117
Buckelwiesen 26, 151
Burg Werdenfels 126

C

Coburger Hütte 76

D

Daniel 94
Daxkapelle 20, 155
Deutsche Alpenstraße 28, 118
Diessener Hütte 128, 134
Dirstentrittkreuz 159
Dürrenbergalm 91, 102

E

Eckbauer 42
Ehrwalder Alm 76
Ehrwalder Almenbahn 76
Ehrwalder Becken 156
Ehrwald-Schanz 99
Eibsee 66
Elmauer Alm 45
Elmaugries 130
Elmautal 120
Ennigalm 124, 130
Eschenlaine 17
Eschenlainetal 17
Esterbergalm 20, 146, 154
Ettaler Manndl 138
Ettaler Mühle 132, 141

F

Farchanter Alm 24
Felderkopf 124
Ferchenbach 52
Ferchensee 36, 45
Fernpass 80, 158, 162
Finzalm 22
Finzbach 22
Finzbachklamm 25
Finzbachtal 151
Fludertal 38
Foggensee-Rundweg 110
Forsthaus
Dickelschwaig 130, 135
Forsthaus Unternogg 118
Frillensee 70
Fürstenstraße 102 f

G

Gaistal 156, 165 f
Gaistalalm 74, 79, 166
Gamsreibn 149
Ganghofer Rast 78
Garmischer Haus 59
Gasthaus Arztkasten 164
Gasthaus
Gletscherschliff 40
Gasthaus Post in
Vorderriß 153
Gehrebachtlschlucht 93
Geiselstein 106
Geisterklamm 36
Geroldsee 26
Graseck 52
Graswangtal 130
Griesen 90, 94
Gröbelalm 29
Große Ahrnspitze 36
Große Laine 141
Gschwandtnerbauer 23
Gurgltal 159

H

Halbammer 123
Halblechtal 112
Hammersbach 69
Hanneslabauer 63
Hausberg 59
Hegratsrieder See 110
Heiterwanger See 88, 96
Hengstwald 121
Hintere Soilealm 141
Hinteres Lobental 111
Hintergraseck 63
Hinterriß 153
Hochalm 56, 153
Hochalmbahn 56
Hochfelderalm 74
Hochhörlehütte 66
Hochmoossattel 38
Hochwildfeuerberg 121
Hohe Kiste 14
Hohe Munde 36, 74
Hoher Trauchberg 112
Höllenstein 141
Höllentalklamm 68
Hotel Fischer am See 88
Hotel Forelle 88
Hotel Forelle am
Plansee 105
Hubertuskapelle 121

I

Iglsee 79
Isar 36

J

Jagdhaus Hubertus 77
Johannestal 148

K

Kaiserhütte 153
Kapelle Maria Rast 154
Karwendelhaus 146
Katzenkopf-Halbinsel 149
Kenzenhütte 106
Kienbergstraße 132
Klais 28
Kleiner Ahornboden 149
Kloster Ettal 143
Kochelberg 57
König Ludwig II 48, 121
König Maximilian II 120
Königstraße 122

Königsweg 48
Kranzbach 29, 42
Kranzberglist 30
Kranzberghaus 42
Kreuzalm 56
Kreuzeckbahn 56
Krottenkopf 14
Krottensteinmoos 117
Kuhklause 91
Kulturenweg 115

L

Laber-Bergbahn 138
Lähn 98
Larchetalm 153
Lautersee 36, 45
Lauterseestub´n 41
Lechtaler Alpen 94
Leiterau 115
Leiterau-Diensthütte 111
Lermooser Alm 99
Leutascher Ache 165
Leutascher Klammstüberl 40
Leutasch-Schanz 38
Leutaschtal 36
Lobental 106, 115
Loisach 36, 94, 96
Loisachtal 124
Lottenseehütte 161
Ludwig Ganghofer 74, 156
Luttensee 29

M

Marienbergalm 82
Marienbergbrücke 100
Marienbergjöchl 82
Marienbergspitzen 82
Mäuerle 91
Maximiliansweg 100
Meilerhütte 51
Melkalpe 91, 102
Mieminger Kette 74, 94
Mieminger Plateau 156
Mühlberger Alpele 109
Murnauer Moos 138

N

Nassereither Alm 80, 82
Naturschutzgebiet Geißschädel 30
Neidernach 90, 94
Neuglägeralm 18
Neuneralm 68
Neuwaldalpe 91

O

Oberammergau 138
Oberau 136
Obergrainau 69
Ochsenhütte 90
Olympia-Bobbahn 57
Olympia-Skistadion 45, 65
Ostefelderkopf 54
Oswaldhütte 153

P

Parkplatz Bruckschmied 116
Partenkirchener Dreitorspitze 51
Partnach 60
Partnachalm 44, 60
Partnachklamm 50, 63
Pestkapelle 74, 166
Pfeifferalm 25
Pflach/Mösle 105
Pflegersee 127
Pfrühlmoos 151
Philosophenweg 25, 155
Plansee 88, 94, 102
Plansee-Metallwerk 91
Pöllatschlucht 100
Porta Claudia 38
Pürschling 118, 130

R

Rautängerle 98
Rechtlerhütte 14
Reintal 46
Reintalangerhütte 60
Reintaler Hof 52
Reschbergwiese 128, 134
Resle 123
Reutte 105
Riedboden 38
Rießer Höhenweg 57
Romantische Straße 100, 117
Ropferstubn 161
Röthenbachtal 114
Rotmoosalm 74, 130

S

Säuling 100
Schachen 48
Schachenhaus 48
Schachenpavillon 48
Schachenschloss 48
Schachensee 50
Scharnitz 41, 150
Schlagweg 38
Schlattan 23
Schleifmühle 122
Schleifmühlenlaine 120
Schloss Elmau 45, 51
Schloss Hohenschwangau 103
Schloss Hubertus 166
Schloss Linderhof 121
Schloss Neuschwanstein 100, 109, 121
Schlosshotel Elmau 29
Schmalensee 26
Schmölzersee 128
Schwarzgrabenweg 116
Schweizer Alple 22
Seebenalm 76
Seebensee 76
Seefelder Plateau 38, 160
Seehotel Rießersee 57
Simetsberg 14
Soilesee 138
Sonnenspitze 76
St. Koloman 105, 108
Stepbergalm 130
Stuckweg 83
Sunnalm 83

T

Tarrenz 159
Tegestal 156
Telfs 159
Tennsee 30
Thörlerunde 69
Tillfußalm 74
Tonihof 152
Tröglhütte 59
Tuftalm 94

U

Unterammergauer Forst 112
Untersee 71
Urisee 91, 105

V

Via Claudia Augusta 80, 97, 162

W

Walchensee 17, 149
Wallgauer Alm 29
Wamberg 42
Wank 146
Wankbahn 23
Wankerfleckkapelle 106
Wannig 80, 159
Wasserscheidhütte 112
Waxenstein 46, 54, 68
Weidach 36
Weilheimer Hütte 24
Weißensee 80, 162
Wettersteinalm 50
Wiesgraben 127
Wieskirche 118
Wildbädermoos 26
Wildensee 47
Wildermieming 156
Wildmoosalm 38
Wildsee 14, 29

Z

Zimmerbergweg 164
Zugspitze 65, 80, 94
Zugspitzmassiv 159

Impressum

Unser komplettes Programm:
www.bruckmann.de

Produktmanagement: Carina Jungchen
Lektorat: Anette Späth, Karin Weidlich
Layout: Creative Pool Munich, Josef Fendt
Umschlaggestaltung: Waldmann & Weinold, Augsburg
Repro: Cromika, Verona
Kartografie: Christian Rolle, Holzkirchen
Herstellung: Thomas Fischer
Printed in Italy by Printer Trento S.r.l.

Alle Angaben dieses Werkes wurden vom Autor Hans-Peter Wedl sorgfältig recherchiert und auf den aktuellen Stand gebracht sowie vom Verlag geprüft. Für die Richtigkeit der Angaben kann jedoch keine Haftung übernommen werden.

Für Hinweise und Anregungen sind wir jederzeit dankbar.
Bitte richten Sie diese an:
Bruckmann Verlag
Postfach 40 02 09
D-80702 München
E-Mail: lektorat@bruckmann.de

Bildnachweis:
Alle Fotos im Innenteil und auf dem Umschlag stammen vom Autor.

Umschlagvorderseite: Aussichtsreicher Streckenabschnitt beim Aufstieg zur Nassereither Alm mit freier Sicht auf Fernpass und Zugspitze. (Foto: Hans-Peter Wedl)
Umschlagrückseite: Im langgezogenen Forststraßenanstieg hinauf zum Altlacher Hochkopf. (Foto: Hans-Peter Wedl)

Deutsche Nationalbibliothek – CIP-Einheitsaufnahme
Ein Titeldatensatz für diese Publikation ist bei der Deutschen Nationalbibliothek erhältlich.

© 2009 Bruckmann Verlag GmbH, München
ISBN 978-3-7654-5203-1